广西大学"211工程"三期重点学科建设项目资助
课题名称：北部湾旅游可持续发展战略研究（国家社科基金项目）
课题合同编号：08XJY023

广西大学中国—东盟研究院文库

总编◎阳国亮

北部湾旅游可持续发展战略研究

陈文捷◎著

中国社会科学出版社

图书在版编目（CIP）数据

北部湾旅游可持续发展战略研究/陈文捷著 . —北京：中国社会
科学出版社，2011.8
ISBN 978 - 7 - 5161 - 0085 - 1

Ⅰ.①北…　Ⅱ.①陈…　Ⅲ.①北部湾—旅游业发展—可持续
发展战略—研究　Ⅳ.①F592.767

中国版本图书馆 CIP 数据核字（2011）第 177746 号

责任编辑　王　茵
责任校对　王有学
封面设计　回归线视觉传达
技术编辑　王炳图

出版发行　中国社会科学出版社
社　　址　北京鼓楼西大街甲 158 号　　　　邮　编　100720
电　　话　010—84029450（邮购）
网　　址　http：//www.csspw.cn
经　　销　新华书店
印　　刷　北京君升印刷有限公司　　　　　装　订　广增装订厂
版　　次　2011 年 8 月第 1 版　　　　　　印　次　2011 年 8 月第 1 次印刷
开　　本　710×1000　1/16
印　　张　21　　　　　　　　　　　　　　插　页　2
字　　数　318 千字
定　　价　45.00 元

总　序

阳国亮

正当中国与东盟各国形成稳定健康的战略伙伴关系之际，我校以经济学、经济管理、国际贸易等经济学科为基础，整合法学、政治学、公共管理学、文学、新闻学、外语、教育学、艺术等学科力量，经广西壮族自治区政府批准于 2005 年成立了广西大学中国—东盟研究院；同时将"中国—东盟经贸合作与发展研究"作为"十一五"时期学校"211工程"的重点学科来进行建设。这两项行动所要实现的目标，就是要加强中国与东盟合作研究，发挥广西大学智库的作用，为国家和地方的经济、政治、文化、社会建设服务，并逐步形成具有鲜明区域特色的高水平的文科科研团队。几年来，围绕中国与东盟的合作关系及东盟各国的国别研究，研究院的学者和专家们投入了大量的精力并取得了丰硕的成果。为了使学者、专家们的智慧结晶得以在更广的范围内展示并服务于社会，发挥其更大的作用，我们决定将其中的一些研究成果结集并以《广西大学中国—东盟研究院文库》的形式出版。同时，这也是我院中国—东盟关系研究和"211工程"建设成果的一种汇报和检阅的形式。

中国与东盟各国的关系研究是国际关系中区域国别关系的研究，这一研究无论对国际经济与政治还是对我国对外开放和现代化建设都非常重要。广西在中国与东盟的关系中处于非常特殊的位置，特别是在广西的社会经济跨越式发展中，中国与东盟关系的发展状况会给广西带来极大的影响。因此，中国与东盟及各国的关系是非常值得重视的研究课题。

中国与东盟各国的关系具有深厚的历史基础。古代中国与东南亚各国的经贸往来自我国春秋时期始已有两千多年的历史。由于中国与东南亚经贸关系的繁荣，秦汉时期的番禺（今广州）就已成为"珠玑、犀、玳瑁"等海外产品聚集的"都会"（《史记》卷69《货殖列传》）。自汉代以来，经三国、两晋、南北朝至隋唐，中国与东南亚各国的商贸迅速发展。大约在唐朝开元初年，唐朝在广州创设了"市舶使"，作为专门负责管理对外贸易的官员。宋元时期鼓励海外贸易的政策促使中国与东南亚各国经贸往来出现了前所未有的繁荣。至明朝，郑和下西洋加强了中国与东南亚各国的联系，把双方的商贸往来推向了新的高潮。自明代始，大批华人移居东南亚，带去了中国先进的生产工具和生产技术。尽管明末清初，西方殖民者东来，中国几番海禁；16世纪开始，东南亚各国和地区相继沦为殖民地；至1840年中国也沦为半殖民地半封建社会，中国与东南亚各国的经贸往来呈现复杂局面，但双方的贸易仍然在发展。第二次世界大战以后，受世界格局的影响以及各国不同条件的制约，中国与东南亚各国的经济关系经历了曲折的历程。直到20世纪70年代，国际形势变化，东南亚各国开始调整其对华政策，中国与东南亚各国的国家关系逐渐实现正常化，双方经济关系得以迅速恢复和发展。20世纪80年代末期冷战结束至90年代初，国际和区域格局发生重大变化，中国与东南亚各国的关系出现了新的转折，双边经济关系进入全面合作与发展的新阶段。总之，中国与东盟各国合作关系由来已久，渊源深厚。

发展中国家区域经济合作浪潮的兴起和亚洲的觉醒是东盟得以建立的主要背景。20世纪60—70年代，发展中国家区域经济一体化第一次浪潮兴起，拉美和非洲国家涌现出中美共同市场、安第斯集团、加勒比共同市场等众多的区域经济一体化组织。20世纪90年代，发展中国家区域经济一体化浪潮再次兴起。在两次浪潮的推动下，发展中国家普遍意识到加强区域经济合作的必要性和紧迫性，只有实现区域经济一体化才能顺应经济全球化的世界趋势并减缓经济全球化带来的负面影响。亚洲各国正是在这一背景下觉醒并形成了亚洲意识。战前，亚洲是欧美的殖民地；战后，亚洲各国尽管已经独立，但仍未能摆脱大国对亚洲地区事务的干涉和控制。20世纪50—60年代，亚洲各国民族主义意识增强，已经显示出较强烈的政治自主意愿，要求自主处理地区事务，不受大国支配，努力维护本国的独立和主权。亚洲各国都意识到，要实现这种意愿，弱小国家必须组织起来协同合作，由此"亚洲主义"得以产生。东盟就是在东南亚国家这种意愿的推动下，经过艰难曲折的过程而建立起来的。

"东盟"是东南亚国家联盟的简称，在国际关系格局中具有重要的战略地位。东盟的战略地位首先是由其所具有的两大地理区位优势决定的：一是两洋的咽喉门户。东南亚处于太平洋与印度洋的"十字路口"，既是通向亚、非、欧三洲及大洋洲的必经航道，又是南美洲与东亚国家间物资、文化交流的海上门户。其中，世界上每年50%的船只通过马六甲海峡，这使得东南亚成为远东制海权的战略要地。二是欧亚大陆"岛链"重要组成部分。欧亚大陆有一条战略家非常重视的扼制亚欧国家进入太平洋的新月形的"岛链"，北起朝鲜半岛，经日本列岛、琉球群岛、我国的台湾岛，连接菲律宾群岛、印度尼西亚群岛。东南亚是这条"岛链"的重要组成部分，是防卫东亚、南亚大陆的战略要地。其次，东盟的经济实力也决定了其战略地位。1999年4月30日，以柬埔寨加入东盟为标志，东盟已成为代表全部东南亚国家的区域经济合作组织。至此，东盟已拥有10个国家、448万平方公里土地、5亿人口、7370亿美元国内生产总值、7200亿美元外贸总额，其经济实力在国际上已是一支重要的战略力量。再次，东盟在国际关系中还具有重要的政治战略地位，东盟所处的亚太地区是世界大国多方力量交会之处，中国、美国、俄罗斯、日本、印度等大国有着不同的政治、经济和安全利益追求。东盟的构建在亚太地区的国际政治关系中加入了新的因素，对于促进亚太地区国家特别是大国之间的磋商、制衡大国之间的关系、促进大国之间的合作具有极重要的作用。

在保证了地区安全稳定、推进国家间的合作、增强了国际影响力的同时，东盟也面临一些问题。东盟各国在政治制度等方面存在较大差异，政治多元的状况会严重影响合作组织的凝聚力；东盟大多数成员国经济结构相似，各国间的经济利益竞争也会直接影响到东盟纵向的发展进程。长期以来，东盟缺乏代表自身利益的大国核心，不但影响政治经济合作的基础，在发生区域性危机时更是无法整合内部力量来抵御和克服，外来不良势力来袭时会呈现群龙无首的状态，这对于区域合作组织抗风险能力的提高极为不利。因此，到区域外寻求稳定的、友好的战略合作伙伴是东盟推进发展必须要解决的紧迫的问题。中国改革开放以来的发展及其所实行的外交政策、在1992年东亚金融危机中的表现以及加入WTO，使东盟不断加深了对中国的认识；随着中国与东盟各国的关系不断改善和发展，进入21世纪后，中国与东盟也进入了区域经济合作的新阶段。

发展与东盟的战略伙伴关系是中国外交政策的重要组成部分。从地缘上看，东南亚是中国的南大门，是中国通向外部世界的海上通道；从国际政治上看，亚太地区是中、美、日三国的战略均衡区域，而东南亚是亚太地区的"大国"，对中、美、日都具有极重要的战略地位，是中国极为重要的地缘战略区域；从中国的发展战略要求看，东南亚作为中国的重要邻居是中国周边发展环境的一个重要组成部分，推进中国与东盟的关系，还可以有效防止该地区针对中国的军事同盟，是中国稳定周边战略不可缺少的一环；从经济发展的角度说，中国与东盟的合作对促进双方的贸易和投资、促进地区之间的协调发展具有极大的推动作用，同时，这一合作还是以区域经济一体化融入经济全球化的重要步骤；从中国的国际经济战略要求来说，加强与东盟的联系直接关系到中国对外贸易世界通道的问题，预计在今后15年内，中国制造加工业将提高到世界第二位的水平，中国与海外的交流日益增强，东南亚水域尤其是马六甲海峡是中国海上运输的生命线，因此，与东盟的合作具有保护中国与海外联系通道畅通的重要意义。总之，中国与东盟各国山水相连的地理纽带、源远流长的历史交往、共同发展的利益需求，形成了互相合作的厚实基础。经过时代风云变幻的考验，中国与东盟区域合作的关系不断走向成熟。东盟已成为中国外交的重要战略依托，中国也成为与东盟合作关系发展最快、最具活力的国家之一。

中国—东盟自由贸易区的建立是中国与东盟各国关系发展的里程碑。中国—东盟自由贸易区是一个具有较为严密的制度安排的区域一体化的经济合作形式，这些制度安排涵盖面广、优惠度高，它涵盖了货物贸易、服务贸易和投资的自由化及知识产权等领域，在贸易与投资等方面实施便利化措施，在农业、信息及通信技术、人力资源开发、投资以及湄公河流域开发五个方面开展优先合作。同时，中国与东盟的合作还要扩展到金融、旅游、工业、交通、电信、知识产权、中小企业、环境、生物技术、渔业、林业及林产品、矿业、能源及次区域开发等众多的经济领域。中国—东盟自由贸易区的建立既有助于东盟克服自身经济的脆弱性，提高其国际竞争力，又为中国对外经贸提供新的发展空间，对于双边经贸合作向深度和广度发展都具有重要的推动作用。中国—东盟自由贸易区拥有近18亿消费者，人口覆盖全球近30%；GDP近4万亿美元，占世界总额的10%；贸易总量2万亿美元，占世界总额的10%，还拥有全球约40%的外汇。这不仅大大提高了中国和东盟国家的国际地位，而且将对世界经济产生重大影响。

广西在中国—东盟合作关系中具有特殊的地位。广西和云南一样都处于中国与东盟国家的接合部，具有面向东盟开放合作的良好的区位条件。从面向东盟的地理位置看，桂越边界1020公里，海岸线1595公里，与东盟由一片海连接。从背靠国内的区域来看，广西位于西南和华南之间，东邻珠江三角洲和港澳地区、西毗西南经济圈、北靠中南经济腹地，这一独特的地理位置使广西成为我国陆地和海上连接东盟各国的一个"桥头堡"，是我国内陆走向东盟的重要交通枢纽。广西与东盟各国在经济结构和出口商品结构上具有互补性。广西从东盟国家进口的商品以木材、矿产品、农副产品等初级产品为主，而出口到东盟国家的主要为建材、轻纺产品、家用电器、生活日用品和成套机械设备等工业制成品；在水力、矿产等资源的开发方面还有很强的互补性。广西与东盟各国的经济技术合作具有很好的前景和很大的空间。广西南宁成为中国—东盟博览会永久承办地，泛北部湾经济合作与中国—东盟"一轴两翼"区域经济新格局的构建为广西与东盟各国的合作提供了很好的平台。另外，广西与东南亚各国有很深的历史人文关系，广西的许多民族与东南亚多个民族有亲缘关系，如越南的主体民族越族与广西的京族是同一民族，越南的岱族、侬族与广西壮族是同一民族，泰国的主体民族泰族与广西的壮族有很深的历史文化渊源关系，这些都是广西与东盟接轨的重要的人文优势。自 2004 年以来，广西成功地承办了每年一届的中国—东盟博览会和商务与投资峰会以及泛北部湾经济合作论坛、中国—东盟自由贸易区论坛、中越青年大联欢等活动，形成了中国—东盟合作"南宁渠道"，显示了广西在中国—东盟合作中的重要作用。总之，广西在中国—东盟关系发展中占有重要地位。在中国—东盟关系发展中发挥广西的作用，既是双边合作共进的迫切需要，对于推动广西的开放开发、加快广西的发展也具有十分重要的意义。

中国—东盟自由贸易区一建立就取得了显著的效果。据中国海关统计，2010 年中国与东盟双边贸易额达 2927.8 亿元，比上年增长37.5%。当然，这仅仅是一个良好的开端，要继续深化中国与东盟的合作，使这一合作更为成熟并达到全方位合作的实质性目标，还需要从战略上继续推进，在具体措施上继续努力。无论是总体战略推进还是具体措施的落实都需要以理论思考、理论研究为基础进行运筹和决策，因此，不断深化中国与东盟及各国关系的研究就显得尤为必要。

加强对东盟及东盟各国的研究是国际区域经济、政治和文化研究学者的一项重要任务。东盟各国及其区域经济一体化的稳定和发展是我国构建良好的周边国际环境和关系的关键。东盟区域经济一体化的发展受到很多因素的制约，东盟各国经济贸易结构的雷同和产品的竞争，在意识形态、宗教历史、文化习俗、发展水平等方面的差异性，合作组织内部缺乏核心力量和危机共同应对机制等因素都会对区域经济一体化的进一步发展造成不利影响。要把握东盟各国及其区域经济一体化的走向，就要加强对东盟各国历史、现状、走向的研究，同时也要加强东盟区域经济一体化有利因素和制约因素的走向和趋势的研究。

我国处理与东盟各国关系的战略、策略也是需要不断思考的重要问题。要从战略上发挥我国在与东盟关系的良性发展中的作用，形成中国—东盟双方共同努力的发展格局；要创新促进双边关系发展的机制体系；要进一步深化和完善作为中国—东盟合作主要平台和机制的中国—东盟自由贸易区，进一步分析中国—东盟自由贸易区的下一步发展趋势和内在要求，从地缘关系、产业特征、经济状况、相互优势等方面充实合作内容、创新合作形式、完善合作机制、拓展合作领域，全面发挥其积极的作用。所有这些问题都要从战略思想到实施措施上展开全面的研究。

广西在中国—东盟关系发展中如何利用机遇、发挥作用更需要从理论和实践的结合上不断深入研究。要在中国—东盟次区域合作中进一步明确广西的战略地位，在对接中国—东盟关系发展中特别是在中国—东盟自由贸易区的建设发展进程中，发挥广西的优势，进一步打造好中国—东盟合作的"南宁渠道"；如何使"一轴两翼"的泛北部湾次区域合作机制创新成为东盟各国的共识和行动，不仅要为中国—东盟关系发展创新形式、拓展领域，也要为广西的开放开发、抓住中国—东盟区域合作的机遇实现自身发展创造条件；如何在中国—东盟区域合作中不断推动北部湾的开放开发、形成热潮滚滚的态势，这些问题都需要不断地深入研究。

综上所述，中国与东盟各国的关系无论从历史现状还是发展趋势来看都是需要认真研究的重大课题。广西大学作为地处中国与东盟开放合作的前沿区域的"211工程"高校，应当以这些研究为己任，应当在这些重大问题的研究上产生丰富的创新成果，为我国与东盟各国关系的发展、为广西在中国—东盟经济合作中发挥作用并使广西跨越式发展作出贡献。

在中国与东盟各国关系不断发展的过程中，广西大学中国—东盟研究院的学者、专家们在中国—东盟各项双边关系的研究中进行了不懈的探索。学者、专家们背负着民族、国家的责任，怀揣着对中国—东盟合作发展的热情，积极投入到与中国—东盟各国合作发展相关的各种问题的研究中来。"宝剑锋从磨砺出，梅花香自苦寒来"，历经多年的积淀与发展，研究院的组织构架日臻完善，团队建设渐趋成熟，形成了立足本土兼具国际视野的学术队伍，在学术上获得了一些喜人的成果，比较突出的有：取得了"CAFTA进程中我国周边省区产业政策协调与区域分工研究"与"中国—东盟区域经济一体化"两项国家级重大课题；围绕中国与东盟各国关系的历史、现状及其发展，从经济、政治、文化、外交等各方面的合作以及广西和北部湾的开放开发等方面开展了大量的研究，形成了一大批研究论文和论著。这些成果为政府及各界了解中国—

东盟关系的发展历史、了解东盟各国的文化、把握中国—东盟关系的发展进程提供了极好的参考材料，为政府及各界在处理与东盟各国关系的各项决策中发挥了咨询服务的作用。

这次以《广西大学中国—东盟研究院文库》的形式出版的论著仅仅是学者、专家们的研究成果中的一部分。《文库》的顺利出版，是广西大学中国—东盟研究院的学者们在国家"211工程"建设背景下，共同努力，经过不辞辛苦、锲而不舍的研究所取得的一项重大成果。文库的作者中有一批青年学者，是中国—东盟关系研究的新兴力量，尤为引人注目。青年学者群体是广西大学中国—东盟研究院未来发展的重要战略资源，青年兴则学术兴，青年强则研究强，多年来，广西大学中国—东盟研究院致力于培养优秀拔尖人才和中青年骨干学者，从学习、工作、政策、环境等各方面创造条件，为青年学者的健康成长搭建舞台。同时，众多青年学者也树立了追求卓越的信念，他们在实践中学会成长，正确对待成长中的困难，不断走向成熟。"多情唯有是春草，年年新绿满芳洲"，学术生涯是一条平凡而又艰难、寂寞而又崎岖的道路，没有鲜花，没有掌声，更多的倒是崇山峻岭、荆棘丛生；但学术又是每一个国家发展建设中不可缺少的，正如水与空气之于人类，整个人类历史文化长河源远流长，其中也包括着一代又一代学者薪火相传的辛勤劳动。愿研究院的青年学者们，以及所有真正有志献身于学术的人们，都能像春草那样年复一年以自己的新绿铺满大地、装点国家壮丽锦绣的河山。

当前，国际政治经济格局加速调整，亚洲发展孕育着重大机遇，中国同东盟国家的前途命运日益紧密地联系在一起。在新形势下，巩固和加强中国—东盟战略伙伴关系，不断地推进中国—东盟自由贸易区的健康发展是中国与东盟国家的共同要求和共同愿望。广西大学中国—东盟研究院将会继续组织和推进中国与东盟各国关系的研究，从区域经济学的视角出发，采取基础研究与应用研究相结合、专题研究与整体研究相结合的方法，紧密结合当前实际，对中国—东盟自由贸易区建设这一重大战略问题进行全面、深入、系统的思考；并在深入研究的基础上提出具有前瞻性、科学性、可行性的对策建议，为政府提供决策咨询，为相关企业提供贸易投资参考。随着研究的深入，我们会陆续将研究成果分批结集出版，以便使《广西大学中国—东盟研究院文库》成为反映我院中国—东盟各国及其关系研究成果的一个重要窗口，同时也希望能为了解东盟、认识东盟、研究东盟、走进东盟的人们提供有益的参考与借鉴。由于时间仓促，本文库错误之处在所难免，敬请各位学者、专家及广大读者不吝赐教，批评指正。

是为序。

（作者系广西大学中国—东盟研究院院长）

2011 年 1 月 11 日

目　　录

第一章

绪　　论

第一节　研究背景与意义

一　研究背景

旅游业是当今世界发展最快的新兴产业之一，泛北部湾地区旅游资源丰富，特色鲜明，优势明显，各国各地区政府对于推动区域旅游合作高度重视，并已达成广泛共识。经过多年来的合作与发展，旅游业已经成为推动泛北部湾区域经济合作的先导产业。

随着中国—东盟自由贸易区顺利启动，为进一步推进泛北部湾区域与国际旅游合作提供了强大的动力。中国政府与泛北部湾区域各国的旅游合作前景无限广阔，旅游一定能成为促进泛北部湾各方人员往来和人文交流的重要渠道。旅游业也一定能够成为促进泛北部湾地区经济社会发展和惠及民生的重要产业。

北部湾位于我国南海的西北部，东临雷州半岛和海南岛，北临我国广西壮族自治区，西临越南，南与南海相连。北部湾旅游以滨海度假、跨国旅游、海洋旅游、国际商会会展、边境风情体验为主体，是融合游览观光、主题娱乐、时尚运动、康体养生、文化体验、生态旅游、修学科考、休闲地产等功能于一体的复合型、全年全天候国际旅游目的地，北部湾已成为我国旅游国际化发展的桥头堡和国际区域旅游合作的典范，旅游产业转型升级与创新发展的引擎。至 2020 年，北部湾将打造成为与地中海、加勒比海等相媲美的世界级滨海旅游目的地。

近年来旅游业在我区扩内需、保增长中发挥了重要作用，对广西经济社会发展作出了重要贡献。北部湾是广西旅游产业发展的"后起之秀"，区位优越、旅游资源丰富，发展旅游业具有得天独厚的自然资源条件，发展潜力巨大，前景广阔。共同推动泛北部湾区－域旅游合作，已成为区域内有关省区及周边各国和各地区的广泛共识。

广西将重点推进南宁环大明山、北海涠洲岛、钦州茅尾海等重大旅游项目，力争重点旅游项目每年滚动建设100项以上，到2015年全社会旅游总投资累计将在3000亿元以上。将以"壮美广西"总体形象为核心，努力培育和提升"桂林山水"、"浪漫北部湾"、"民族风情"、"神秘边关"等旅游品牌；依托国家旅游推荐线路，完善"京西沪桂"经典国际旅游线路；联合越南、柬埔寨等东盟国家，打造跨国旅游品牌。

预计到2015年，广西年接待游客总人数将超过2.5亿人次，入境过夜游客人数将突破400万人次，旅游业总收入将达到2500亿元，旅游直接从业人数将超过100万人，使广西成为全国一流、世界知名的区域性国际旅游目的地和集散地。

《北部湾旅游发展规划》依据世界及我国旅游发展现状和趋势，对北部湾旅游景区（点）、资源、现状等进行了深入分析、比较和规划，为促进北部湾旅游业科学、可持续发展提供了科学依据。但如何使《发展规划》更具有可操作性，如何从大旅游的视野综合考量、统一规划，合理开发，科学管理，从基础设施到系统配套，到线路安排设置，收费标准等，都综合考虑，改变目前那种各自为战，顺其自然，相互拉客，径自定价的不规范现象，使北部湾整体旅游上升到一个新的水平。因此，要充分挖掘北部湾旅游资源，对北部湾旅游产业发展进行科学、鲜明的定位，突出北部湾旅游"山奇水美沿海沿边"的特色，做好与定位相适应的旅游项目开发。必须坚持科学发展观，通过规划和立法，保护好旅游海岸线、旅游景区（点），实施旅游可持续发展战略。

二 研究意义

"北部湾旅游可持续发展战略研究"使可持续发展战略、区域协调发展战略等理论得到进一步提升，同时也使一般性理论在特殊领域和特色地域得到具体探索与扩展应用，既有推进学科发展的普遍性理论意义，又具有鲜明的地方特色。从实际意义看，广西北部湾发展已经被提升到国家战略层面，国务院已经批准了《广西北部湾经济发展规划》，并加以实施。因此北部湾旅游可持续发展战略的研究不仅能够促进该区域旅游生态、旅游经济、社会文化三方面的可持续发展，同时还有利于深化中国与东盟面向繁荣与和平的战略伙伴关系，促进"泛北"、"泛珠"的全面合作发展，使东中西部旅游更加协调发展，使区域合作的可持续发展战略和科学发展观落到实处。

第二节　文献综述

一　旅游可持续发展战略研究

国内关于旅游可持续发展的研究主要集中在以下几个方面：（1）对我国旅游业可持续发展战略的研究；（2）对区域旅游可持续发展战略的研究；（3）对地区旅游业或者旅游产品可持续发展战略的研究等。

（一）对我国旅游业可持续发展战略的研究

基于全面生态环境危机、旅游业的快速发展带来的环境问题和可持续发展的趋势，朱晓华（2003）阐述了我国实施旅游可持续发展战略的必要性，并提出生态旅游是实现我国旅游可持续发展战略目标的必然形式。2004 年邹统钎等在国内首次提出发展旅游循环经济是实施旅游可持续发展战略的重要载体和最佳模式。郑冬子（2005）详细阐述了我国旅游可持续发展的战略目标、战略重点、战略原则和框架。李丽等（2007）针对我国旅游可持续发展战略，提出必须做出以下几方面的努力：（1）明确提出旅游可持续发展的核心问题；（2）加强宏观管理，提高旅游管理能力；（3）加强生态环境教育，提高环保意识；（4）增加环保经费，加强科学研究。另外，司金銮（2001）从界定人类可持续发展的"三元结构统一"与"需要三元结构"的动力效应入手，重点探讨可持续旅游产业的发展动力与战略管理问题。为促进旅游可持续发展战略，提出了：（1）合理开发资源，保护环境，维护生态平衡；（2）强化旅游管理及进行管理创新；（3）开展保护生态的绿色旅游（生态旅游）；（4）建立健全法律法规，加强管理；（5）进行宣传教育、实现主客参与管理；（6）正确处理发展工业与环境保护的矛盾。赵金凌（2010）提出乐活主题旅游是区别于传统旅游的新的旅游方式，强调旅游的健康、快乐功能，旅游的过程感受乐活的生活方式、生活理念、产品，是旅游业可持续发展的新模式。

（二）对区域旅游可持续发展战略的研究

关于区域旅游可持续发展战略，王民（1997）从旅游资源的分析入手，阐述了荣成市旅游可持续发展战略的指导思想和目标、旅游市场与旅游项目的开发，提出小区域旅游可持续发展的措施。中国旅游业可持续发展研究组（1999）提出在区域空间正确划分的基础上，根据区域内（包括各类亚区）的旅游资源、旅游客源、旅游地居民、生态环境，社会经济等的存有数、消耗数、满足度、可替代性、科技转化率等基本制约，再根据本区内的供需状况、人口素质、社会结构、开放程度等的动态演变，审慎地确定该区（或亚区）的旅游可持续发展战略目标。并在这个战略目标的实施方面，提供比较详细、比较精确的行动步骤。特别要考虑到在旅游资源吸引力频变、旅游者增加、生态环境破坏以及诸多社会经济矛盾的情况下，如何协调区域内和区域间的功能，以求取区域旅游的整体效益最优，达到和谐、互补与流畅的目的。严羡兰（2000）在其硕士论文中从时间维度和空间维度对长江三峡区域旅游可持续发展条件进行系统分析与评价，在此基础上指出该区域的最佳旅游发展模式为"点—轴—圈"的战略布局模式，提出了"一条热线、二个中心、三个精品、四个片区"的战略发展思路，并从旅游产品体系、设计体系、环境保护、政策保障等方面为长江三峡地区实现旅游可持续发展战略提供了具有可操作的实施方案和政策性建议与对策。史本林（2005）围绕区域旅游可持续发展的核心思想，探讨了实施区域旅游可持续发展目标，提出了区域旅游发展的战略，即加强区域旅游资源的可持续利用与管理，走生态旅游之路，利用旅游产业政策，依靠科学技术及公众积极支持和参与，充分发挥民主法制及计划手段的宏观调控，保持区域旅游可持续发展。

（三）对地区旅游业或者旅游产品可持续发展战略的研究

关于地区旅游可持续发展战略的主要研究成果有：邹晓明等（2002）指出特色经济、生态经济、绿色经济是江西旅游可持续发展的最佳结合点；特色旅游是江西旅游可持续发展的主攻方向。李群等（2004）提出云南旅游可持续发展的思路和战略发展重点。张跃西等（2002）在分析浙江省旅游产业发展现状与趋势的基础上，针对区域旅游产业发展存在的问题，就区域旅游产业发展战略、旅游系统优化与创新等问题进行探讨，提出了浙江省旅游新线路开发与发展生态旅游产业，促进区域可持续发展的新思路。

关于旅游产品可持续发展战略研究的主要成果有：唐代剑等（2005）提出了中国乡村旅游可持续发展战略体系。刘少英（2005）从生态学和可持续发展的角度，分析了西部体育旅游产业生态战略选择的现实意义及西部生态体育旅游资源类型、区域分布特征，探讨了其生态化发展和可持续发展的实施途径与对策。胡金鑫（2007）在其硕士论文中分析了金丝大峡谷森林公园的自然资源、生态环境资源和经济资源状况，对景区的生态旅游资源与生态环境进行了分析与评价，运用生态旅游的 SWOT 理论进行了比较分析，提出了可持续发展战略原则和布局。肖晓（2009）提出九寨沟旅游区的旅游可持续发展战略指导思想和战略目标，并给出相应的对策。姚丽芬等（2009）提出培育河北休闲旅游人文社会环境、完善游客服务设施、健全休闲旅游的服务标准化体系、保障旅游产业资金投入、严格控制环境污染、完善行业管理等实现可持续发展的策略。何芸等（2009）指出用传统的 SWOT 分析法来制定发展战略的劣势，提出结合 AHP 法、专家评分法和四维坐标系战略重心定位法，对传统 SWOT 分析法进行改进，并结合苏州太湖国家旅游度假区古村落旅游可持续发展战略制定的实例来阐述该方法的应用。宋天华（2010）对四川省体育旅游资源进行了 SWOT 分析，制定了相应的旅游可持续发展战略。莫艳恺（2010）提出构筑循环经济体系是科学发展乡村旅游业及促进欠发达地区乡村旅游业可持续发展的实践要求和重要的战略选择。郭英之（2003）分析了旅游温点地区的市场特征，提出相应的市场营销策略，并制定了旅游温点地区的可持续发展战略。刘佳芳等

（2010）以循环经济为视角，提出在资源有偿使用规则、鼓励社区参与、运用循环经济管理旅游承载力方式下，实现景区开发活动的微循环、区域层面的循环和社会层面的循环可持续发展。

二 广西北部湾旅游可持续发展研究

地方旅游的可持续发展是我国整个旅游业可持续发展的基础。广西旅游可持续发展正处于初步探索阶段。关于广西旅游可持续发展的研究内容，涵盖了广西旅游业、北部湾旅游业、旅游产品、旅游市场等方面，但各方面现有的文献资料还是比较少，需要有更深入的研究。研究的思路主要是从旅游可持续发展基本内容入手，剖析可持续发展问题或因素，进而提出解决问题和推进可持续发展的措施。以下是最近十几年关于北部湾旅游可持续发展的研究成果：

成伟光等（1999）较早地把可持续发展的理念引入广西旅游业，根据旅游可持续发展的概念和特点，阐述了广西旅游业实施可持续发展的战略意义，并分析了制约关系旅游业可持续发展的因素，提出实现广西旅游业可持续发展的主要措施。梁涛（2002）分析了广西生态旅游的现状，并从观念、资金、规划、人才和管理方面提出发展建议。陆元兆等（2003）通过阐述、分析广西民族体育旅游资源状况及其开发的情况，以广西民族体育旅游开发现状为重点，用旅游系统理论，从资源、环境、产业三个方面，研究了广西民族体育旅游的可持续发展及其存在的问题。谢雨萍等（2004）提出用可持续发展理论指导旅游宣传促销。陈廷武海（2005）提出要充分发挥中越边境地区在地理、资源、人文方面的优势，尽快把该地区建成中越与东盟旅游合作的桥头堡和连接东盟的东线国际旅游大通道，实现旅游业跨越、跨区式发展，推进中越边境旅游的可持续发展。李芳云等（2006）结合旅游可持续发展的内涵及特点，剖析了广西旅游业可持续战略实施中观念、管理、从业人员、景观质量、旅游污染和生态环境等方面的问题，提出加快广西旅游可持续发展的建议。南宁市地方税务局课题组（2009）从广西旅游业发展现状分析入手，分析目前制约广西旅游业可持续发展的税收政策因素，提出促进广西旅游业又好又快发展的政策建议。陈文捷等（2009）通过运用 SWOT 分析方法，分析了广西北部湾旅游的可持续发展状况。周武生等（2010）指出发展旅游业与加快工业化进程是广西北部湾经济区可持续发展战略的两个重要方面。通过对旅游业和工业的统一矛盾性的分析，指出广西北部湾经济区旅游业与工业可持续发挥的路径。

第三节　研究方法与主要内容

一　研究方法

文献研究法——课题将对当前旅游"可持续发展"的研究理论进行系统梳理，综述研究现状与实践中存在的问题。同时，收集广西以及"泛北"、"泛珠"等区域的经济、社会、文化及旅游业发展的数据资料，为探索可持续发展战略作铺垫。

实地调研法——对广西"4+2"旅游城市进行实地考察，获取各城市最新的旅游发展动态和有待解决问题的资料。

层次分析法——建立四个准则层、十个子准则层、二十二个指标的北部湾旅游可持续发展评价指标模型树，并对每一个系统进行权重计算，建立权重总排表，从而判断目前北部湾旅游可持续发展的实施阶段。

专家（问卷）调查法——对于特定领域难以获取数据的指标，将征询相关领域专家，进行深度访谈。同时问卷的咨询可获得所建模型各层因素按重要性两两进行比较的结果。

定量分析与定性分析相结合的方法——综合运用经济学、地理学、生态学、社会学、管理学、统计学、系统科学等多学科的理论，在定性研究的基础上，通过大量搜集工作，取得一系列数据，反映城市发展过程中的数量特征，从而分析客观现状，揭示发展趋势。

规范分析与实证分析相结合的方法——通过实证分析对客观现象、经济行为或经济活动及其发展趋势进行客观分析，得出一些规律性结论；通过规范分析，提出一些分析和处理问题的标准，以作为决策和制定政策的依据。

二　研究框架与主要内容

1. 理论框架构建：（1）深入研究旅游可持续发展理念，包括旅游开发资源环境保护理念与旅游开发的未来性原则等。（2）以坚持科学发展观为指导，从旅游对可持续发展内在要求出发，进行北部湾旅游可持续发展的战略思考。（3）以可持续发展理论为指导，全面研究北部湾旅游经济、生态和社会系统的现状，建立北部湾旅游可持续发展评价指标体系。

2. 广西北部湾旅游可持续发展战略：（1）实行区域旅游资源整合战略。在确定旅游北部湾经济开发区的地位的基础上，对北部湾滨海旅游、海上丝绸之路、红色旅游、边境商贸旅游、宗教旅游等旅游资源进行整合开发，形成我国旅游的新兴区域。（2）运用"循环经济"理论，实行保护性旅游开发战略。在北部湾经济发展中，贯彻"既要金山银山，又要青山绿水"的基本方针。提出绿色旅游的战略构想，将生态旅游作为推动环境保护措施与旅游业同步发展的动力。（3）实行政府促进可持续旅游战略。从政府主导性规划政府鼓励政策、税收政策、价格政策、法规等方面，进行政策工具的研究，形成政府主导的可持续旅游发展的政策体系。

3. 国际区域旅游合作可持续发展战略：（1）北部湾旅游开发贯彻合作推进可持续发展战略的必要性。（2）区域旅游合作推进与"桂林旅游圈"、"大湄公河次区域旅游圈"、"泛珠"等旅游联盟在国内区域间的合作，也包括"泛北部湾"，主要是北部湾海滨国家的旅游联盟。（3）在旅游联盟中的可持续战略的贯彻和研究。

第四节　解决的关键问题与创新点

一　解决的关键问题

1. 运用可持续的发展观，保护与开发相结合，做到旅游资源的合理规划、循环利用，实现环境的生态平衡。运用"循环经济"理论指导北部湾旅游资源、企业开发经营时出现的非协调的发展现状。

2. 政府应建立良好的保障体系，促进北部湾旅游产业与其他产业互动发展，推进与东盟各国互利共赢的合作关系。

二　创新点

1. 本书将根据绿色、环保的战略理念，将可持续的各种理念和原则进行整合并系统化，作为北部湾旅游可持续发展的基本理论基础和导向原则。

2. 本书探索出集沿边、沿海和欠发达三种类型为一体的旅游发展战略，扩充区域旅游发展战略的多样化。

3. 将北部湾开发进程中经济、社会、旅游三者关系进行系统研究，使北部湾的旅游发展在科学发展观指导下健康持续地发展。

第二章

旅游可持续发展战略理论

第一节　可持续发展的基本理论

"可持续发展"（Sustainable Development）这个词语源自联合国环境规划署、国际自然保护联盟、世界野生动物基金会于 1980 年共同发表的《世界自然保护大纲》报告，尽管这份报告没有对可持续发展的定义作出十分明确的解释和说明，但是它初步确定了对"可持续发展"的轮廓和内涵。有关可持续发展的明确概念最早明确出现在 1987 年世界环境与发展委员会（WCED）出版的《我们共同的未来》报告。该报告认为可持续发展是指"既满足当代人的需要，又不损害后代人满足其需要的能力"的发展（Sustainable development is development that meets the needs of the present without compromising the ability of future generation to meet their needs）。直到现在，这个概念也是被学术界多数人所认同的，尽管它还存在着很多不足的地方，比如偏重于时间维上的发展，忽视了空间维上的发展，强调代际公平的同时却忽视了地区平衡发展和国际公平等。

一　可持续发展的基本原则

可持续发展是一种新的人类生存方式。这种生存方式不但要求体现在以资源利用和环境保护为主的环境生活领域，更要求体现到作为发展源头的经济生活和社会生活中去。贯彻可持续发展战略必须遵从一些基本原则：

（一）公平性原则（Fairness）

可持续发展强调发展应该追求两方面的公平：一是本代人的公平即代内平等。可持续发展要满足全体人民的基本需求和给全体人民机会以满足他们要求较好生活的愿望。当今世界的现实是一部分人富足，而占世界 1/5 的人口处于贫困状态；占全球人口 26% 的发达国家耗用了占全球 80% 的能源、钢铁和纸张等。这种贫富悬殊、两极分化的世界不可能实现可持续发展。因此，要给世界以公平的分配和公平的发展权，要把消除贫困作为可持续发展进程特别优先的问题来考虑。二是代际的公平即世代平等。要认识到人类赖以生存的自然资源是有限的。本代人不能因为自己的发展与需求而损害人类世世代代满足需求的条件——自然资源与环境。要给世世代代以公平利用自然资源的权利。

（二）持续性原则（Sustainability）

持续性原则的核心思想是指人类的经济建设和社会发展不能超越自然资源与生态环境的承载能力。这意味着，可持续发展不仅要求人与人之间的公平，还要顾及人与自然之间的公平。资源和环境是人类生存与发展的基础，离开了资源和环境，就无从谈及人类的生存与发展。可持续发展主张建立在保护地球自然系统基础上的发展，因此发展必须有一定的限制因素。人类发展对自然资源的耗竭速率应充分顾及资源的临界性，应以不损害支持地球生命的大气、水、土壤、生物等自然系统为前提。换句话说，人类需要根据持续性原则调整自己的生活方式、确定自己的消耗标准，而不是过度生产和过度消费。发展一旦破坏了人类生存的物质基础，发展本身也就衰退了。

（三）共同性原则（Common）

鉴于世界各国历史、文化和发展水平的差异，可持续发展的具体目标、政策和实施步骤不可能是唯一的。但是，可持续发展作为全球发展的总目标，所体现的公平性原则和持续性原则，则是应该共同遵从的。要实现可持续发展的总目标，就必须采取全球联合行动，认识到我们的家园——地球的整体性和相互依赖性。从根本上说，贯彻可持续发展就是要促进人类之间及人类与自然之间的和谐。如果每个人都能真诚地按"共同性原则"办事，那么人类内部及人与自然之间就能保持互惠共生的关系，从而实现可持续发展。

二　可持续发展的主要内容

在具体内容方面，可持续发展涉及可持续经济、可持续生态和可持续社会三方面的协调统一，要求人类在发展中讲究经济效率、关注生态和谐和追求社会公平，最终达到人的全面发展。这表明，可持续发展虽然缘起于环境保护问题，但作为一个指导人类走向21世纪的发展理论，它已经超越了单纯的环境保护。它将环境问题与发展问题有机地结合起来，已经成为一个有关社会经济发展的全面性战略。具体地说：

（一）经济可持续发展方面

可持续发展鼓励经济增长而不是以环境保护为名取消经济增长，因为经济发展是国家实力和社会财富的基础。但可持续发展不仅重视经济增长的数量，更追求经济发展的质量。可持续发展要求改变传统的以"高投入、高消耗、高污染"为特征的生产模式和消费模式，实施清洁生产和文明消费，以提高经济活动中的效益、节约资源和减少废物。从某种角度上，可以说集约型的经济增长方式就是可持续发展在经济方面的体现。

（二）生态可持续发展方面

可持续发展要求经济建设和社会发展要与自然承载能力相协调。发展的同时必须保护和改善地球生态环境，保证以可持续的方式使用自然资源和环境成本，使人类的发展控制在地球承载能力之内。因此，可持续发展强调了发展是有限制的，没有限制就没有发展的持续。生态可持续发展同样强调环境保护，但不同于以往将环境保护与社会发展对立的做法，可持续发展要求通过转变发展模式，从人类发展的源头、从根本上解决环境问题。

（三）社会可持续发展方面

可持续发展强调社会公平是环境保护得以实现的机制和目标。可持续发展指出世界各国的发展阶段可以不同，发展的具体目标也各不相同，但发展的本质应包括改善人类生活质量，提高人类健康水平，创造一个保障人们平等、自由、教育、人权和免受暴力的社会环境。这就是说，在人类可持续发展系统中，经济可持续是基础，生态可持续是条件，社会可持续才是目的。下一世纪人类应该共同追求的是以人为本位的自然—经济—社会复合系统的持续、稳定、健康发展。

作为一个具有强大综合性和交叉性的研究领域，可持续发展涉及众多的学科，可以有不同重点地展开。例如，生态学家着重从自然方面把握可持续发展，理解可持续发展是不超越环境系统更新能力的人类社会的发展；经济学家着重从经济方面把握可持续发展，理解可持续发展是在保持自然资源质量和其持久供应能力的前提下，使经济增长的净利益增加到最大限度；社会学家从社会角度把握可持续发展，理解可持续发展是在不超出维持生态系统涵容能力的情况下，尽可能地改善人类的生活品质；科技工作者则更多地从技术角度把握可持续发展，把可持续发展理解为是建立极少产生废料和污染物的绿色工艺或技术系统。

第二节　循环经济理论

循环经济既是一种科学的思想理念，用来从物质流角度阐释经济活动与环境问题之间的关系，又是一种先进的经济模式。它来自于对传统发展观的反思。传统经济发展模式所付出的代价已经在很大程度上影响了人类社会或区域社会经济的可持续发展，人类不仅为已有的经济增长付出了沉重的代价，而且这种经济增长方式的延续，还将威胁到人类未来的发展。20 世纪 90 年代中期，循环经济开始作为实践性概念出现于德国。它克服了传统经济理论使经济与环境保护系统割裂的弊端，要求以环境友好的方式利用自然资源和扩充环境容量，实现经济活动与生态环境的协同演绎，代表着当今世界新经济发展的方向和潮流，得到了全人类的广泛认同和积极实践。发展循环经济是 21世纪人类经济社会发展的共同目标，走循环经济发展的道路是一种历史的必然选择。

一　循环经济基本内涵及其原则

循环经济是人类为实现可持续发展而采用的旨在保护环境、维持生态平衡，且相对于传统的开环经济形式而言是一种闭环流动的经济形式。使经济活动由传统的"资源—产品—废弃物"的单一线性流程转变为一个"资源—产品—再资源"的反馈式流程，来缓解资源、环境的有限性与发展无限性间的矛盾，解决日益严重的资源短缺、环境污染、生态破坏等问题。通过发展循环经济来保持经济、社会、自然系统的良性循环和可持续发展。为保证各方面在系统中能够进入这种良性循环，在发展循环经济过程应遵循"3R"原则，即减量化（Reduce）原则、再使用（Reuse）原则、再循环（Recycle）原则。

（一）减量化（Reduce）原则

减量化原则是指资源利用的减量化，要求在投入端实施资源利用的减量化，主要是通过综合利用和循环使用，尽可能地节约自然资源。

（二）再使用（Reuse）原则

再使用原则是指产品生产的再使用，它与后工业社会一次性产品推广相反，循环经济强调在保证服务的前提下，产品在尽可能多的场合下、用尽可能长的时间而不废弃。

（三）再循环（Recycle）原则

再循环原则是指废弃物的再循环，要求材料选取、产品设计、工艺流程、产品使用到废弃物处理的全过程，实行清洁生产，最大限度地减少废弃物排放，力争做到排放的无害化和资源化，实现再循环。

二　循环经济基本特征

归纳起来，循环经济主要有物质流动的多重循环性、科技的先导性、综合利益的一致性、全社会的参与和全人类的合作等基本特征。

（一）物质流动的多重循环性

循环经济要求把经济活动按照自然生态系统的运行规律和模式，组织成一个"资源—产品—再生资源"的物质反复循环流动的过程，使整个经济系统以及生产和消费的过程基本上不产生或者只产生很少的废弃物，最大限度地追求废弃物的零排放。其特征是自然资源的低投入、高利用和废弃物的低排放，从而从根本上消除长期以来存在的环境与发展之间的冲突。

（二）科技的先导性

循环经济的实现是以科技进步为先决条件的。即依靠科技进步，积极采用无害或低害的新工艺、新技术，大力降低原材料和能源的消耗，实现少投入、高产出、低污染，尽可能把对环境污染物的排放消除在生产过程之中。也就是从开采、加工、运输、使用、再生循环、最终处置等六个环节对系统的资源消耗和污染排放进行分析设计，从而得到全系统的物质流情况和环境影响，由此评估系统生态经济效益的优劣。循环经济对污染控制的技术思路已经不再是针对末端污染排放的治理，而是通过完整的物质流动分析，使人们发现和获得全过程的控制方法和技术。

（三）综合利益的一致性

循环经济把经济发展建立在自然生态规律的基础之上，促使大量生产、大量消费和大量废弃的传统工业经济体系转变为物质的合理使用和不断循环利用的经济体系。在获取等量物质、等量效用的过程中，实现向自然界索取的资源最小化、向社会提供的效用最大化、向生态环境排放的废弃物趋零化，使生态效益、经济效益、社会效益达到协调统一。

（四）全社会的参与和全人类的合作

循环经济是一种新型的、先进的经济形态。但是，只靠先进的技术是不能推行这种经济形态的，它是一项集经济、技术和社会于一体的系统工程，科学和严格的管理是发展循环经济的重要条件。因此，需要一套完备的办事规则和操作规程，需要有监督实施的管理机制和能力。要使循环经济得到发展，光靠企业的努力是不够的，还需要政府的支持和推动。政府要提供财政和政策上的支撑，同时，还要赢得消费者的理解和支持。只有通过工业企业、消费者和政府的共同努力以及全民产业，才能使社会整体效益最大化。

第三节　环境承载力理论

环境承载力概念的提出是随着人类对环境问题认识的不断深入以及在环境科学的发展过程中出现的，其理论雏形源自环境容量的概念。

1968 年，日本学者首先把电工学中的电容量的概念引入到环境科学中，提出了环境容量的概念，目的是为制定某一区域环境的污染物控制总量提供可量化的依据。到 20 世纪 70 年代，该概念被广泛应用于环境科学领域。由于环境要素中的水体、大气、土壤都制订有各自的环境标准，这些标准是限制污染物在水体、大气、土壤中达到最大的限量。因此把水体、大气、土壤的某区域环境可能达到这个限度的量值，作为该区域的环境容量。由于环境容量仅反映了环境消纳污染物的一个功能，因而，可以把它看做是一种狭义的环境承载力。

一　环境承载力内涵

环境承载力是可持续发展的内涵之一，也是生态学的规律之一。它的内涵有几个方面，其中有一个很重要的方面就是可持续发展要求以环境与自然资源为基础，同环境承载能力相协调。另外，我们经常说搞循环经济要以生态学的规律作为指导，那么生态学的规律之一叫做"负载定额"。也就是说，每一个承载系统对任何的外来干扰都有一定的忍耐极限，当外来干扰超过此极限时，生态系统就会被损伤、破坏乃至瓦解。

1991 年，在由北京大学环境科学中心主持完成的国家级课题"我国沿海新经济开发区环境的综合研究——福建省湄洲湾开发区环境综合研究"中，首次提出环境承载力的概念。环境承载力又称环境承受力或环境忍耐力。它是指在某一时期，某种环境状态下，某一区域环境对人类社会、经济活动的支持能力的限度。人类赖以生存和发展的环境是一个大系统，它既为人类活动提供空间和载体，又为人类活动提供资源并容纳废弃物。对于人类活动来说，环境系统的价值体现在它能对人类社会生存发展活动的需要提供支持。由于环境系统的组成物质在数量上有一定的比例关系、在空间上具有一定的分布规律，所以它对人类活动的支持能力有一定的限度。当今存在的种种环境问题，大多是人类活动与环境承载力之间出现冲突的表现。当人类社会经济活动对环境的影响超过了环境所能支持的极限，即外界的"刺激"超过了环境系统维护其动态平衡与抗干扰的能力，也就是人类社会行为对环境的作用力超过了环境承载力。因此，人们用环境承载力作为衡量人类社会经济与环境协调程度的标尺。

二 环境承载力基本特征

由于区域是复杂的开放系统，它与外界环境不断进行物质、能量、信息的交换，随着时代的发展，这种交换会更加频繁、更加扩大。因而，环境承载力具有以下一些特点：

（一）客观性

开放系统通过与外界交换物质、能量、信息，保持着其结构和功能的相对稳定，即在一定时期内，区域环境系统在结构、功能方面不会发生质的变化，而环境承载力是环境系统结构特征的反映，因而环境承载力在环境系统结构不发生质的变化的前提下，其在质和量这两种规定性方面是可以把握的。

（二）变动性

开放系统的环境承载力的变动性主要是由于环境系统的结构发生变化引起的。环境系统结构变化，一方面与环境系统自身的运动变化有关；另一方面，更重要的是与人类对环境施加的作用有关，环境系统在结构上的变化，反映到环境承载力上，就是环境承载力在质和量这两种规定性上的变动。环境承载力在质的规定性上的变动表现为环境承载力指标体系的变动，在量的规定性上的变动表现为环境承载力指标值大小上的变化。

（三）可控性

环境承载力具有变动性，这种变动性在很大程度上是可以由人类活动加以控制的。人类在掌握环境系统运动变化规律和环境—经济辩证关系的基础上，根据生产和生活的需要，可以对环境进行有目的的改造，从而使环境承载力在量和质两方面朝着人类预定的目标变化。但是，人类对环境的作用必须有一定的限度。因此，环境系统的可控性是有限度的可控性。

环境承载力理论以整体环境（而不仅仅是大气、水体、土壤）为研究对象，视环境整体为社会经济发展的物质基础，研究环境的整体特征，寻求区域社会、经济、环境协调发展的途径，它在环境与人类活动之间建立了联系的桥梁，使环境与社会经济的协调有了宏观准则。

第四节 区域旅游合作理论

区域旅游合作是当前国内外区域经济合作发展趋势下旅游业的必然选择，也是区域旅游经济持续、健康、快速发展的必然要求。

一 区域旅游合作基本内涵

区域旅游合作是指区域之间或者区域内不同地区之间的旅游经济主体，在一定的目标和原则下，制定协议、章程、合同，将旅游资源和各种系统要素在地区之间重新配置与优化组合，形成规模更大、结构更佳、品牌知名度更高的旅游产品和市场体系，以便获取最大的经济效益、社会效益和生态效益的旅游经济活动。它包括以下合作要素：

（一）合作主体

一般而言，区域旅游合作中的合作主体可以是社会组织或者个人。社会组织包括地方政府乃至主权国家及国际性组织、行业协会、企事业单位等。

各合作主体虽在经济实力和地位上存在着巨大差异，但在区域旅游合作活动中的地位却是对等的。由以往的国内外经验来看，区域旅游合作大多在同类性质的社会组织之间展开，形成层次分明的合作关系，即政府与政府之间、企业与企业之间展开的合作较多，而跨行业、跨组织的主体之间的合作所占的比例相对较小。不同区域的政府之间的合作一般是在同类职能或性质的政府部门之间展开。例如，在跨区域地理范围的旅游资源联合开发（如跨省区运河旅游的开发）中，各区域由旅游局合作制订旅游开发规划并签订合作协议，由财政部门共同投资开发项目，由建设部门合作进行基础设施的兴建等。

（二）合作对象

区域旅游合作的对象既包括直接服务旅游业的要素，也包括间接指向旅游业、对旅游业有促进作用的要素，涉及资源、市场、产品、设施、资金、信息、人才、技术、文化和政策经验等内容，它们作为旅游经济要素，通过合作这一经济行为在地区之间发生位移与组合，实现要素的重新配置和增值。

（三）合作效益

理论上讲，区域旅游合作是为了实现旅游资源共享和利益最大化，并同时兼顾社会效益和环境效益的提升。而通常情况下，对区域旅游合作效益的衡量依据合作主体的不同而不同，区域间企业的合作活动以追求经济利益为主，而政府的合作活动则同时追求社会和环境效益，两者需要统筹兼顾。另一方面，在我国，政府尤其是地方政府干预经济和主管行政的双重行为，常常使地区间在经济关系和行政关系上发生不必要的交叉与重叠，人为地影响合作的正常开展和利益的合理分配，这也是区域旅游合作中需要克服的难题之一。

二　区域旅游合作的原则

为了确保区域旅游合作符合客观规律并日益走向成熟，需要在合作过程中，既体现出合作的优越性和切实利益，吸引各地积极参与合作；又要规范合作者的权利与义务，约束各参与主体的行为。郑耀星（1999）认为，合作的基本原则主要包括以下几点：

（一）旅游资源与经济的相对一致性原则

旅游资源和经济发展方向是开展区域旅游合作的基础，当两者在资源禀赋和后续发展方面具有某种相对的一致性时，开展合作才具有合理性与可行性，同时也才能够形成互相促进、互惠互利的不竭动力。反之，则往往会事倍功半。

（二）地域相邻与接近性原则

开展旅游区域合作的区域相互临近，一方面有利于缩小其基础资源的差异，便于规划与开发；另一方面也有利于减少沟通障碍，避免合作区域在开展旅游企业联合、旅游市场对接，以及落实宏观政策和管理措施时，由于差异太大而发生矛盾和冲突。

（三）线路贯穿与通畅性原则

从 1992 年起，国家旅游局在策划区域旅游联合开发时就注意到专项旅游线路的规划，提倡区域旅游联合开发的线路贯穿与通畅性，陆续地开通了一系列的旅游专列。

（四）各级区域政府以资源状况和市场需求为主导，实行调控指导、分级管理的原则

成熟而具有持续生命力的区域旅游合作应当避免过分强调计划和统一，而忽视市场的灵活性。区域旅游合作应当遵循"自觉"、"自愿"的原则，在政府支持鼓励下进行。政府可以考虑通过建立跨省区的旅游企业集团，组建区域旅游联合开发指导机构和智囊团，制定宏观的旅游业发展战略和规划，制定相应的法规和监管制度等方式来实现分级管理、宏观调控，把市场的灵活性和政府的指导能力更好地结合起来。

（五）合作主体平等互利的原则

区域合作的各方无论旅游资源丰缺、旅游发展水平高低或者政区级别的高低，都应当建立平等的伙伴关系，都要尽各自的义务、担负各自的责任并共同享有合作带来的利益。平等互利既是原则，也是合作的出发点和归宿，只有确保各方都有所收益才能够切实提高整个区域的合作积极性和旅游收益。

三 区域旅游合作主要内容

旅游业是一个关联带动性极强的产业，关系着"食、住、行、游、购、娱"各个方面。区域旅游合作的内容包括：

（一）基础层面上，开展旅游资源共享、重组和旅游产品、市场的联合开发

旅游资源（包括自然旅游资源和人文旅游资源）是区域合作的重要基础，尤其体现在跨地域的河流、山脉、海岸等资源的联合开发上；旅游产品是旅游资源和旅游业的价值得以最终实现的载体；旅游市场则是旅游产品实现价值的渠道与场所。区域间的旅游合作通过各个地区原有资源的优势互补和单一旅游产品、线路的优化重组，形成跨空间、系列化、规模化的，内容和层次较为丰富的区域性旅游产品，从而进一步开拓旅游市场。这个市场既包括合作地之间的本土游客互访，也包括各合

作区域统一的形象和特色，共同开拓更广阔的市场。例如，当前正广泛兴起的丝绸之路旅游线路、长江三角洲旅游区、珠江三角洲旅游区等。

（二）支持层面上，开展旅游资产和资金的流通互助和联合共建

区域主体通过政府和旅游企业之间的相互投资、资产重组和设施共建实现区域合作，有利于合作方的互促互动。例如，我国东部省区与西部旅游资源大省之间的联合开发，有助于东部的资金要素向西部流动，并且更好地带动西部的资源开发和经济发展。

（三）辅助层面上，开展旅游交通、信息系统的沟通和旅游设施的共享

交通和信息系统是旅游业通畅运营的必要载体和媒介，而旅游设施（包括旅游基础设施和接待服务设施）则是旅游活动得以顺利开展的基础。区域之间通过上述三个要素的沟通与共享，可以为自身以及区域之间旅游业的长远发展奠定坚实的基础。

（四）保障层面上，开展旅游人才和技术的交流与合作

人才是产业发展的原动力，技术是羽翼。区域之间旅游人才、经验和技术的广泛交流有利于相互间管理水平的进步和服务质量的提高，长期看来，也有利于产业素质的稳步提升。

（五）行政管理层面上，加强旅游政策、制度和法规的相互借鉴与合作

这一领域的合作主要表现在区域之间相互了解有关的政策、制度和法规，加强交流、相互借鉴，在宏观层面上促进合作的顺利开展，例如，目的地的开放条件、开放范围、出入境政策、口岸与边境管理、旅游企业合资合作条件等方面。业已是东盟"10 + 3"组织的重要合作项目和推进领域。

第五节　劳动地域分工理论

现代社会生产力的发展离不开分工，亚当·斯密在《国民财富的性质和原因的研究》一书中认为"劳动生产力上最大的增进，以及运用劳动时所表现的更大的熟练、技巧和判断力，似乎都是分工

的结果"。

一 劳动地域分工内涵及特性

劳动地域分工是以区域差异和社会生产力的发展为必要条件、以商品经济和区域利益要求为充分条件的劳动社会分工在地域上的表现。从区域经济的角度看，劳动地域分工表现为区域生产专业化，各个地区专门生产某种商品或某一类商品，使区域内具有比较优势的资源条件得到充分利用，从而提高区域经济发展水平，并增加区域经济福利。

劳动地域分工的特性表现为：（1）地区生产的产品不仅为了本地区消费，还必须通过交换和贸易才能最终实现消费；（2）一定的运输手段和商品贸易的存在是地域分工发展的前提；（3）地域分工得以实现的原动力在于经济效益；（4）地域分工发展的必然结果是导致经济区的形成。地域差异是地域分工的物质基础，区域生产专业化是地域分工的具体表现。合理的劳动地域分工，有利于地区间的相互支援和协作，充分利用各地的自然条件和劳动力资源，从而提高劳动生产率。地域分工是一种既稳定又非常活跃的过程，与各地区经济发展条件紧密相关。

二 劳动地域分工理论在旅游业中的应用

从满足旅游者需求的角度来说，旅游资源的空间差异是绝对的，世界各国、各地区的旅游资源，无论是自然旅游资源还是人文旅游资源都含有自身独特的个性，而且极具垄断性，没有两处一模一样的旅游资源。特色和差异性是旅游资源的生命，是世界各地区旅游业形成区际联系与交流的基础。旅游者也是最具典型民族性和区域特征的旅游业要素，旅游者在自身兴趣、爱好、性格、人口分布密度、文化观念、社会生活、民族传统、宗教信仰、旅游意识、旅游需求和旅游方式等方面千差万别，因此产生了旅游者跨国、跨地区空间流动的全球现象。

旅游业实质上是一种服务贸易，旅游者的跨区域流动促进了旅游业的地域分工，而地域分工的发展又增强了区域贸易的发展和区域经济联系。当前，旅游需求日益呈现出多样化趋向，旅游者对旅游产品的要求越来越特色化，必将造成旅游产品的专业化分工趋向越来越明显，市场分工也会越来越细。旅游业各要素的空间差异性越大，旅游业地域分工也就越明显。分工的深化过程以及贸易和联系的区际竞争，会导致区域之间相互依赖程度的加深。

第六节 "点—轴"渐进扩散理论

"点—轴"渐进扩散理论是我国著名经济地理学家陆大道研究员依据中心地理论、空间扩散理论和增长极理论，于1984年提出的完整理论，他对"点—轴"空间结构系统进行了分析，并认为该模式是在大量的区域发展经验基础上总结的，是普遍规律。

一 "点—轴"渐进扩散理论的核心

该理论的核心是，社会经济客体大都在点上集聚，通过线状基础设施而联成一个有机的空间结构体系。

该理论的主要依据是如下两点：

（一）生产力地域组织的演变过程与生产力发展水平相关

在生产力水平低下，社会经济发展极端缓慢的农业社会阶段，生产力是均匀分布的。到了工业化初期，随着经济的发展，首先在资源丰富、区位条件优越的地方，出现居民聚集。由于集聚效应的作用，资源和各种公用服务设施将维持在地区的中心城镇等，连接城镇之间的交通沿线变成了交通线、能源供应线、通信线、供气、供水等线状基础设施束。在沿线及城镇周围，同时交通线得到相应延伸。以后，随着生产力的进一步发展，那些发展条件好、实力雄厚、效益高、人口和经济集中的城市会形成更大的集聚点，它们之间的线状基础设施也会变得更加完善，新的集聚点变成为次级经济中心，并延伸出次级发展轴线，构成中心和轴线系统。这种模式不断演变下去，整个区域将形成由不同等级的城镇和不同等级发展轴线组成的以"点—轴"系统为标志的空间结构。

（二）事物相互引力和扩散方式的普遍性

这是"点—轴"渐进扩散理论的另一理论依据。一方面，生产力各要素，如劳动者、生产企业、能源生产设施、科研机构、教育机构、信息传输设施、基础设施等，与自然界许多客观事物相类似，在空间中有相互吸引力而集聚。另一方面，集聚于点上的产业和人口又要向周围区域辐射其影响力，包括产品、技术、管理方法、政策、法规等向周围辐射，以取得资本、劳动力、原料等经济运行的新动力，这就是扩散。而扩散在一般情况下是渐进式的，扩散必须沿一定的通道进行，不是大跨度跳跃式的。因此，城镇对外扩散也是沿着一定的轴线，沿着成束的线状基础设施渐进推移，而构成点—轴状空间结构。点—轴渐进式扩散的结果，将形成点—轴—集聚区的空间结构。集聚区是扩大了的"点"或"点"的集合，是最高形式的空间集聚形式，在发展条件好的地方，往往是高级轴线交会地附近发展起来的人口、城镇和服务设施密集的区域。

二 "点—轴"渐进扩散理论在旅游业中的应用

旅游"点—轴"系统模型，是旅游经济客体经过较长时间发展而形成的空间结构形态，阐述这种模式形成过程、机制及其特点、应用等，是旅游"点—轴"系统理论的主要内容。该理论的核心是关于区域的"最佳结构与最佳发展"的理论模式概括。也就是说，"点—轴"系统是区域发展的最佳空间结构；要使区域最佳发展，必然要求以"点—轴"系统模式对社会经济客体进行组织。旅游经济客体大都在旅游节点上集聚，通过旅游交通线路与旅游线路连成一个有机的旅游空间结构体系。

旅游"点—轴"系统中的"点"是指旅游节点，包括旅游景区（点）等旅游吸引物聚集体、旅游饭店等旅游接待设施点、旅游各级中心城镇等旅游实体要素。旅游节点是各级旅游区域的集聚点，也是带动各级区域旅游发展的旅游中心地。"轴"主要由各层次干线和通道构成，如交通干线等，带动信息流、物质流等各类资源的循环流动，实现各类资源的有效流通和资源的合理配置，对附近区域有很强的经济吸引力和凝聚力。通过市场配置资源要素，是点与点之间、点与轴之间发生联系的根本动因。

旅游资源等级较高，开发条件较好的旅游节点成为区域旅游增长极，对周围旅游目的地或旅游景区（点）的旅游发展会产生正负影响效应。空间扩散是由社会经济空间结构不均衡引起的，"梯度"和"压力差"形成空间扩散，扩散的物质要素和非物质要素作用于附近区域，与区域生产力要素相结合，形成新的生产力，推动社会经济发展，最终导致区域空间结构均衡化。旅游扩散作用之所以能够发生，是由于旅游极化中心的带动和促进作用与旅游极化中心的"外溢"作用。旅游扩散在一般情况下是渐进式的，是沿一定的通道进行，也就是按照旅游发展轴线进行，从而构成旅游点—旅游轴—旅游集聚区（旅游圈）的旅游空间结构。

"点—轴"渐进扩散理论反映了社会经济空间组织的客观规律，是区域开发的基础性理论，对区域旅游开发同样具有非常重要的理论价值和现实指导意义。

第七节　核心—边缘理论

核心—边缘理论是著名的美国规划学家约翰·弗里德曼（John Fridedmann）首先提出，并由其本人加以完善、发展的。核心—边缘理论是一个完整的理论体系。核心—边缘理论是将一定空间地域分为"核心区"（core regions）和"边缘区"（periheral regions）。弗里德曼提出，发展是通过一个不连续的，但又是逐步累积的创新过程而实现的。而发展通常起源于区域内具有较高相互作用潜力的少量的"变革中心"，创新由这些"中心"向周边潜力较小的区域扩张，周边地区依附于"变革中心"获得发展，这类创新变革中心，被弗里德曼称为"核心区"，而一定空间地域内的其他地区，被称为"边缘区"。

弗里德曼认为，核心区之所以能对边缘区施加影响，除了核心区的原有的创新活动比较活跃，由此成为区域发展的源头之外，核心区还具有使边缘区服从和依附的权力。这种权威机制由以下方面构成：一是核心区掌握了区域内主要的物质资源、心理资源和强制性资源。二是核心区通过吸聚各类资源，传递创新信息，构建创新活动及其样板效应等，其权威地位不断得到自我强化。三是在核心区与边缘区的冲突中，"边缘区的精英们"要么因受到强迫保持中立，要么接受现实退出竞争，迁入核心区，再有就是通过核心区的边缘区扩散资源，在新形成的"边缘—核心区"被同化。四是核心区作为合法的决策权力中心，可把边缘区组织成一套行政区来实施管理。

另外，随着核心区的成长和成熟，核心区和边缘区之间经济差距的扩大，边缘区的单纯依附和被支配，会使得两者之间文化、心理、政治等方面的矛盾尖锐化。因此，区域经济趋于一体化的进程，也就是核心区与边缘区之间的矛盾统一过程。核心区的自我强化导致两个结果：一是过度强化，不论经济上还是社会发展上，都会使核心区付出更大的代价，因而必须把这种"自我强化"控制在一定限度内；二是边缘区不断接受核心区的创新信息，参与创新活动，自身也会生成新的核心区或强化原有的较低能源的小核心区，最终形成与原有高层级核心区联结的"城市群体"。

核心—边缘理论对"泛北部湾"区域旅游合作具有一定的指导价值，在旅游合作中，中国与东盟国家中旅游资源相对丰富且品位高的区域可获得快速发展，逐步发展为旅游核心区。核心区的资金、技术、人才存在边际效用递减规律，逐渐向外围扩散，并产生次级核心。核心区和外围地区是主次相连、紧密不可分的，两者通过旅游产业各要素的流动合作，从而达到共赢效果。

第八节 生态足迹理论

生态足迹（Ecological Footprint，EF），或称生态空间占用。早在20世纪90年代，加拿大生态经济学家 William Rees 及其博士生 Wackernagel 在《我们的生态占用：减少人类对地球的影响》中就提出生态足迹是一种衡量人类对自然资源利用程度以及自然界为人类提供的生命支持服务功能的一种计算分析方法。

一 生态足迹内涵
生态足迹是指不断地生产一定人口所消费的资源和消纳所产生的废物所需要的生产性陆地和水域的总面积其实质就是用于衡量人类现在究

竟消耗了多少资源，还剩多少资源可以用于延续人类发展。生态足迹的分析基于两个基本事实：一是能够计算出人类消费的大多数资源和人类产生的大多数废弃物；二是这些资源和废弃物能够被转换成产生这些资源和同化这些废弃物的具有生物生产力的陆地或水域面积。

二　生态足迹基本假设

生态足迹的概念和计算主要基于以下假设：

1. 人类消费的大多数资源和产生的废弃物是可跟踪的；

2. 大多数的资源流和废弃物流能够以提供这些资源和吸纳这些废弃物所需要的生态生产性土地的面积来度量；

3. 通过加权处理可以把不同面积表达为标准化公顷，权重为土地的有用生物质生产力；

4. 不同类型的土地的使用是互斥的，以标准化公顷为单位的不同类型的土地面积可以被累加而得到土地的需求总量；

5. 自然系统能够提供的生态服务量也可表达为以标准化公顷为单位的生态生产面积；

6. 人类对土地面积的需求可以超越自然可提供的土地面积。

三　生态足迹指标体系

（一）生态容量与生态承载力

传统研究中所采用的生态承载力以人口计量为基础，它反映在不损害区域生产力的前提下，一个区域有限的资源能供养的最大人口数。目前，这种计算方法已经很难衡量生态经济系统发展。Hardin 在 1991 年进一步明确定义生态容量为在不损害有关生态系统的生产力和功能完整的前提下，可无限持续的最大资源利用和废物产生率。生态足迹研究者接受了 Hardin 的思想，并将一个地区所能提供给人类的生态生产性土地的面积总和定义为该地区的生态承载力，以表征该地区生态容量。

（二）人类负荷与生态足迹

人类负荷指的就是人类对环境的影响规模，它由人口自身规模和人均对环境的影响规模共同决定。生态足迹分析法用生态足迹必须消费各种产品、资源和服务，人类的每一项最终消费的量都追溯到提供生产该消费所需的原始物质与能量的生态生产性土地的面积来分析。所以，人类系统的所有消费理论都可以折算成相应的生态生产性土地的面积。在一定技术条件下，要维持某一物质消费水平下的某一人口的持续生存必需的生态生产性土地的面积即为生态足迹，它既是既定技术条件和消费水平下特定人口对环境的影响规模，又代表既定技术条件和消费水平下特定人口持续生存下去而对环境提出的需求。在前一种意义上，生态足迹衡量的是人口目前所占用的生态容量；从后一种意义讲，生态足迹衡量的是人口未来需要的生态容量。由于考虑了人均消费水平和技术水平，生态足迹涵盖了人口规模与人均对环境的影响力。

（三）生态赤字/盈余

当一个地区的生态承载力小于生态足迹时，就会出现生态赤字，其大小等于生态承载力减去生态足迹的差数；当生态承载力大于生态足迹时，则产生生态盈余，其大小等于生态承载力减去生态足迹的差数。生态赤字表明该地区的人类负荷超过了其生态容量，相反，生态盈余表明该地区的生态容量足以支持其人类负荷。

（四）全球赤字/盈余

假定地球上人人具有同等的利用资源的权利，那么各地区可利用的生态容量就可以定义为其人口与全球生态标杆的乘积。因此，如果一个地区人均生态足迹高于全球生态标杆，即该地区对环境的影响规模超过其按照公平原则所分摊的可利用的生态容量，则产生赤字。这种赤字称为该地区的全球生态赤字。相反，如果人均生态足迹低于全球生态标杆，即该地区对环境的影响规模低于其按照公平原则所分摊的可利用的生态容量，则产生盈余，这种盈余称为全球盈余。全球赤字用于测量地区发展的不可持续程度，全球盈余用来衡量可持续发展程度。

第九节　生态经济学理论

一　生态经济学基本内涵及特性

生态经济学是由美国经济学家凯恩斯（B. Kenneth）在 20 世纪 60

年代提出的。生态经济学将人口、资源、能源、环境、经济等问题作为一个整体来研究，探讨人类与环境、发展与资源的相互关系和内在联系，使之相互协调，以求得经济稳定持久的发展。它从经济学角度来研究生态系统、社会系统和经济系统所构成的复合系统——生态经济系统的结构、功能、行为及其运动规律，目的是探讨生态规律与经济规律的相互作用以及人类经济活动与环境系统的关系，谋求在生态平衡、经济合理的条件下，生态与经济协调、可持续发展。生态经济系统是一个具有独立的特征、结构和功能的生态经济复合体。生态经济系统是由生态系统和经济系统相互交织、相互作用、相互结合形成的具有一定结构和功能的复合系统，是生态经济要素（环境要素、生物要素、技术要素和经济要素）遵循某种生态经济关系构成的具有生态经济特征的集合体。

生态经济学的研究具有以下特性：

（一）综合性

生态经济学是以自然科学同社会科学相结合来研究经济问题，从生态经济系统的整体上研究社会经济与自然生态之间的关系。

（二）层次性

从纵向来说，包括全社会生态经济问题的研究，以及各专业类型生态经济问题的研究，如农田生态经济、森林生态经济、草原生态经济、水域生态经济和城市生态经济等。其下还可以再加划分，如农田生态经济，又包括水田生态经济、旱田生态经济，并可再按主要作物分别研究其生态经济问题。从横向来说，包括各种层次区域生态经济问题的研究。

（三）地域性

生态经济问题具有明显的地域特殊性，生态经济学研究要以一个国家或一个地区的国情或地区情况为依据。

（四）战略性

社会经济发展，不仅要满足人们的物质需求，而且要保护自然资源的再生能力；不仅追求局部和近期的经济效益，而且要保持全局和长远的经济效益，永久保持人类生存、发展的良好生态环境。生态经济研究的目标是使生态经济系统整体效益优化，从宏观上为社会经济的发展指出方向，因此具有战略意义。

二 生态经济学研究的主要内容

（一）生态经济基本理论

生态经济基本理论主要包括：社会经济发展同自然资源和生态环境的关系，人类的生存、发展条件与生态需求，生态价值理论，生态经济效益，生态经济协同发展等。

（二）生态经济区划、规划与优化模型

用生态与经济协同发展的观点指导社会经济建设，首先要进行生态经济区划和规划，以便根据不同地区的自然经济特点发挥其生态经济总体功能，获取生态经济的最佳效益。城市是复杂的人工生态经济系统，人口集中，生产系统与消费系统强大，但还原系统薄弱，从而生态环境容易恶化。农村直接从事生物性生产，发展生态农业有利于农业稳定、保持生态平衡、改善农村生态环境。根据不同地区城市和农村的不同特点，研究其最佳生态经济模式和优化模型是一个重要的课题。

（三）生态经济管理

计划管理应包括对生态系统的管理，经济计划应是生态经济社会发展计划。要制定国家的生态经济标准和评价生态经济效益的指标体系；从事重大经济建设项目，要作出生态环境经济评价；要改革不利于生态与经济协同发展的管理体制与政策，加强生态经济立法与执法，建立生态经济的教育、科研和行政管理体系。生态经济学要为此提供理论依据。

（四）生态经济史

生态经济问题具有历史普遍性，同时随着社会生产力的发展，又有历史的阶段性。进行生态经济史研究，可以探明其发展的规律性，指导现实生态经济建设。

第三章

北部湾旅游可持续发展战略构想

第一节　北部湾旅游可持续发展战略的
指导思想和基本原则

一　北部湾旅游可持续发展战略的指导思想

坚持以邓小平理论和"三个代表"重要思想为指导，全面落实科学发展观，以人为本、改革创新、统筹协调、重点推进，不断完善北部湾旅游产业体系，全面提升北部湾旅游产业素质，综合发挥旅游产业功能，促进旅游产业与工业、农业及第三产业的融合，推动北部湾旅游业持续、健康发展，为全面建设广西小康社会、构建社会主义和谐社会作出贡献。

二　北部湾旅游可持续发展战略应树立的观念

（一）国际观

北部湾区位优势明显，是中国西南地区最便捷的出海大通道和支撑西部大开发的战略高地，是中国与东盟的国际大通道、交流大桥梁、合作大平台，是连接我国西南、华南、中南及东盟大市场的枢纽，具有重要的战略地位。旅游资源分布广、等级品位高，具有滨海休闲、山水生态、边关跨国、民族风情、商务会展等特点。中国—东盟自由贸易区的建立，为北部湾旅游业的发展提供了广阔的国际平台，北部湾必将融入东盟经济圈。旅游业作为中国—东盟旅游合作的先导产业之一，对于促进中国—东盟双方经济、政治、文化的交流与合作具有重要的意义。因此，要确保北部湾旅游业可持续发展，必须具有国际化的视野，除了从内部提升实力之外，还应跳出广西、跳出北部湾，从一个更新、更高、更宽的视角考虑北部湾旅游业的发展问题，积极参与全球旅游业的竞争。

（二）全局观

近几年来，北部湾各区域在发展旅游业的过程中尽管合作的意向越来越明显，合作的力度越来越大，但是，从整体上看，合作的制约因素还大量存在，合作的层次还比较低，旅游资源的整合、旅游企业的携手、旅游合作的机制等方面还很不够，导致北部湾旅游的整体实力不强，整体形象不鲜明。受旅游资源和价格竞争等因素的影响，北部湾还尚未形成一个对游客具有长期、强大吸引力的旅游目的地，因此，必须以发展大旅游和大区域的思想，北部湾各区域之间进一步加强合作，从全局出发，实现优势互补和资源互补，对北部湾旅游大板块进行整体规划，整体营销，促进北部湾旅游业的可持续发展。

（三）系统观

旅游业作为北部湾经济腾飞的重要产业，其规划应把有利于旅游业本身发展和有利于整个北部湾经济的发展结合起来考虑。各地方各部门制定相关政策时也应充分考虑旅游部门的要求。计划、财政、交通、银行、铁路、建设、林业、文物、物价等部门在制定相关政策和编制相关规划时，应充分考虑旅游部门的要求，围绕旅游搞好交通建设，围绕旅游搞好基础设施建设。旅游基础设施建设，尤其是交通运输和通信设备的改善，要考虑到其对整个经济发展的促进作用，使旅游业更好地发挥其产业联动作用。就旅游业自身的六大要素而言，也要讲究系统化，注意协调和配套，改善薄弱环节。

（四）超前观

北部湾旅游也可持续发展，在总体战略上要有适度超前意识，在具体设计上要远、中、近期目标相结合。在突出地方特色的基础上，应注重应用新技术、新理念，吸纳国内乃至世界的旅游开发经验。要顺应世界旅游产品发展潮流，在开发建设上要向国际流行趋势靠拢。要超前发展旅游交通运输，增加海陆空旅游航线，大力满足新时代、新形势下旅游者的旅游需求，提高旅游服务质量，加强旅游规范和质量认证工作。充分利用网络技术，积极发展网络营销，加大宣传力度，网络时代和体验经济时代的到来，使得北部湾能以更快速、更省钱的方式向全世界推广自己的旅游产品和旅游形象，从而后来居上。

（五）创新观

北部湾旅游业要实现可持续发展，就必须高起点、高利益、高水平发展，就需要实施创新模式，要从起步阶段积极建立旅游业创新体系，在旅游资源开发中，要按照建设创新体系的战略要求，用新的思维认识旅游业，开发旅游业，管理旅游业；在全行业中，要树立符合时代特征和市场潮流的旅游产业观、资源观、发展观和规划观。把创新意识贯穿于各项工作中，促进旅游业更大、更快、更好地发展。

三 北部湾旅游可持续发展战略应遵循的原则

（一）突出特色原则

特色是旅游业的灵魂，是区域旅游产生和保持强大吸引力的源泉，是旅游业可持续发展的突破口。根据区域内旅游资源的优势和差异，北部湾应对旅游资源进行精深加工，使传统观光型旅游产品高级化，大力发展高层次的度假休闲、康体娱乐旅游产品，充分利用北部湾区域的海洋资源优势，将其发展成为具有国际竞争力的海洋旅游度假区，积极发展商务会展旅游、生态旅游、民族文化旅游等专门层次的旅游产品，加快建设面向世界市场的商务会展旅游产品。总体而言，北部湾应重点突出滨海休闲度假、边关览胜、山水生态、民俗历史文化、会展商务等五大旅游特色及品牌。

（二）市场导向原则

市场是旅游业发展的灵魂。总体来说，旅游开发是以旅游的供需关系和市场导向为核心。旅游开发必须面向市场、研究市场、拓展市场，针对不同区域、不同层次、不同消费者群体的市场需求，充分利用自身丰富的旅游资源优势，通过策划、设计、加工、组合、包装成多元化、多功能的有市场的旅游产品，不断扩大消费范围、消费规模、消费品质，提高经济效益。

（三）联动开发原则

旅游业要以开放旅游产品为主体，使吃、住、行、游、购、娱六大要素成龙配套，充分调动各部门、各行业积极发展旅游产业。推动旅游宾馆、酒店、景区（点）、旅游商贸、食品加工业、旅游娱乐业等全面发展，形成旅游综合性生产力，延长游客停留时间，使游客乐意来并愿意在北部湾旅游。在产业间的相互协调上，应注意旅游业和其他产业的协调发展，这样才能起到事半功倍的效果。通过发展北部湾旅游业，改善投资环境，扩大对外开放，促进招商引资，使旅游活动与经贸活动结合起来，促进北部湾经济的发展和繁荣，促进北部湾生态的良性循环。

（四）超常和有序开发原则

未来 10 年，是北部湾经济腾飞的关键时期，也是北部湾旅游发展的关键时期，必须采取"跨越式超常发展"战略。鉴于北部湾整体经济基础薄弱，基础设施建设不够完善，旅游业发展的起点较低，因此在发展过程中应实事求是，从北部湾的实际出发；同时发展目标要明确，分阶段有序开发，立足近期开发，放眼中长期发展，完成各期战略任务，最终达到发展战略目标，为此，首先是产业化发展思想必须超前，统一认识，树立大旅游观、大产业观和大市场观。

第二节　北部湾旅游可持续发展战略目标

一　总体战略目标

以项目建设为中心、以资源整合、结构优化为主线，以市场开拓、区域合作为重点，统筹推进，加速完善旅游产业体系，全面提升产业的素质，综合发挥旅游产业的功能，综合协调好旅游经济效益、社会效益和生态效益，努力将北部湾旅游区发展成为具有较高知名度和竞争力的区域国际旅游目的地和集散地，成为中国与东盟旅游的枢纽，成为世界滨海旅游可持续发展的典范，使北部湾旅游产业成为区域国民经济的先导产业、龙头产业和支柱产业；2012 年，将北部湾建成国内著名的滨海度假旅游目的地，2015 年，建成亚洲一流的旅游目的地，2020 年，建成世界级的旅游目的地。

（一）经济目标

以广西北部湾经济区为重点，合理布局旅游项目，加强旅游基础设施建设，提高旅游服务质量，增加旅游线网，并与广东、海南旅游形成一体，联结国内、国际旅游业务。到 2020 年逐步形成以滨海旅游为主体，边境旅游、商务旅游、生态旅游和民族民俗文化旅游共同发展的具有国际水平的旅游体系。

具体细化目标如下：

到 2012 年，在 2008 年的基础上翻一番，北部湾国内游客人数达到 13975.66 万人次，年均增长 17.5%；入境旅游人数达到 214.23 万人次，年均增长 9.5%；国内旅游收入达到 874.22 亿元，年均增长 16.5%。

到 2015 年，在 2012 年的基础上再翻一番，北部湾国内游客人数达到 26006.84 万人次，年均增长 23%；入境旅游人数达到 418.41 万人次，年均增长 25%；国内旅游收入达到 1707.47 亿元，年均增长 25%。

到 2020 年，北部湾旅游产业发展的主要经济指标实现翻三番，北部湾国内游客人数达到 47915.92 万人次，年均增长 13%；入境旅游人数达到 917.34 万人次，年均增长 22.5%；国内旅游收入达到 3555.35 亿元，年均增长 15.7%，具体见表 3—1。

表 3—1　　　　北部湾旅游经济发展规模主要指标预测（中国区）

阶段	国内旅游人数（万人次）	国内旅游收入（亿元）	入境旅游人数（万人次）	入境旅游收入（万美元）
2012 年	13975.66	874.22	214.23	6.96
2015 年	26006.84	1707.46	418.41	14.61
2020 年	47915.92	3555.33	917.34	36.34

（二）社会目标

旅游业是带有文化性质的高度综合的服务行业，旅游业的社会文化作用有时更具隐蔽性。旅游业的可持续发展与当地的社会文化环境息息相关，因此社会文化目标也是广西北部湾旅游区的应有之题。通过进一步科学发展广西北部湾旅游业，促进当地社区与旅游业和谐发展、旅游环境与旅游业共生发展，进一步扩大社会就业，进一步创造精神文明、改善社会环境，保护当地的特色文化。具体细化目标如下：

进一步扩大社会就业。扩大社会就业是旅游业社会目标的重要方面。到 2012 年，旅游业直接就业人员达到 1.6 万人，年均增长率为 8%，间接就业人口达到 8.05 万人；到 2015 年，旅游业直接就业人员达到 2.14 万人，年均增长率为 10%，间接就业人口达到 10.7 万人；到 2020 年，旅游业直接就业人员达到 2.87 万人，年均增长率为 5%，间接就业人口达到 14.35 万人。

进一步改善社会环境。在社会环境方面，可持续发展的社会主要目标是确保旅游安全与旅游舒适。旅游部门联动其他各有关部门，通过对旅游业的严格、科学管理和有效、有序治理，不断制定出符合当地旅游业发展要求的旅游政策与法规，为旅游业的发展创造良好的社会环境。加强旅游基础设施建设，进一步完善旅游地和旅游城市的各种公共标志系统；进一步培育旅游地居民的旅游东道主素质，并形成对国内外游客友善亲热、彬彬有礼的良好社会风气。

保护当地特色文化。进一步提高当地居民对民族和地区文化的认识及认同，进一步加强对广西北部湾区域文化的保护，深挖特色文化并将其科学开发，创新保护措施并切实执行。具体而言，广西北部湾的文化特色具有多样性，特别是以海湾为特色的海洋文化、以京族为代表的民族文化，以海上丝绸之路为代表的历史文化、以口岸为特色的边关文化、以遗留下来的英法等领事馆为载体的海外文化等，对这些文化应加强保护。

（三）生态目标

旅游资源与环境是开发旅游的基础和条件，对旅游资源的保护与环境的优化是可持续旅游的重要保障。因此，优化北部湾旅游区生态景观的布局，落实与规范旅游区地文景观的保护应在旅游区建设与开发进程中同时进行，使每项旅游规划项目都能符合环境和资源保护要求，确保旅游环境、旅游资源利用的持续性。根据广西北部湾经济区旅游资源的珍稀程度、生态安全、观赏游憩价值和文化艺术价值，分级实施相关的保护措施。

一级保护类。北海银滩国家旅游度假区、涠洲岛旅游度假区、北海山口红树林景区等，是广西北部湾经济区品位最高、影响面最大的旅游资源，开发中必须坚持"开发保护并重，保护第一"的原则，给予重点保护。

二级保护类。主要是环保主题公园、南国万花苑、东星—牛尾岭观光农业区、防城港十万大山国家森林公园、南宁伊岭壮乡生态旅游区等北部湾优良级旅游资源。这些景点都具有较高的旅游价值，景点的独特性比较强，开发潜力大，开发的同时必须确保各景点得到有效保护。

三级保护类。一、二级以外的其他旅游资源也都具有一定的旅游价值，对整个北部湾的旅游环境的整体塑造具有不可忽视的影响，也应作为一般保护区进行合理和有效的保护。

二 战略实施步骤

（一）重点突破阶段（2009—2012）

统筹规划，针对北部湾区域旅游发展的重大瓶颈，优先启动游轮旅游设施和线路、涠洲岛、北海银滩、德天跨国瀑布旅游区、海南西海岸旅游度假带等重点地区、重点领域、重点项目的建设，发挥南宁、海口等中心城市的集散组织功能和涠洲岛、北海银滩、德天跨国瀑布等龙头品牌的带动辐射作用，通过系列突破，形成若干新的支撑点和旅游热点，解决发展中的重点瓶颈问题，大力整合北部湾旅游的市场形象，对接海南、广东、香港、澳门、桂林、昆明及东盟各国等外围热点市场，形成新的市场增量，力争三年实现重大突破。

（二）构建格局阶段（2013—2015）

加快分区建设，推进系统整合，逐步形成北部湾旅游可持续发展的区域旅游目的地框架。整合区域形象，精心培育，形成北部湾统一的旅游品牌和地域形象。整合跨国游轮、滨海度假、生态观光、边境探秘等特色产品，推动会展、商贸、住宿、娱乐、餐饮等配套服务设施建设，构建区域旅游发展支撑框架。整合市场，推动共同营销、共享市场、互为客源，形成国内外大旅游市场格局。整合交通、基础设施、旅游接待设施、信息服务等旅游产业要素，优化区域旅游发展环境。协调北部湾区域内部旅游经济效益的分配体制，社会效益的利用体制，生态效益的平衡体制，初步构建出北部湾旅游可持续发展的大格局。

（三）全面推进阶段（2016—2020）

按照成熟的国际旅游度假目的地的要求和标准，全面整合北部湾的资源、产品、市场、设施、服务、信息等要素，完善国际化旅游产品体系、市场体系、交通体系、服务体系、信息体系、营销体系、旅游产业体系、政策保障体系、旅游创新体系等，整体推进北部湾旅游硬环境、软环境建设，整体协调北部湾经济效益、社会效益和生态效益，建设成为产品一流、设施一流、服务一流、氛围一流、效益一流的世界顶级滨海旅游目的地。

第三节　北部湾旅游可持续发展战略体系

一　加强政府宏观调控，坚持政府主导

（一）实施政府主导型战略的必要性

实施政府主导型旅游发展战略，这是基于旅游业自身的三个特点决定的。一是由于旅游景观、旅游线路等旅游产品具有不可移动性，尤其是依托性、综合性的特点，为满足旅游者在旅游过程中吃、住、行、游、购、娱"六要素"的消费需求，要求旅游相关的行业和部门必须配合、协调发展。二是旅游产品具有跨地域性，客观上要求政府积极协调，开发旅游市场，构筑一个利益共享、相得益彰的区域合作的大旅游区。三是旅游业是一个包含面广、关联度高、综合性强的经济产业，它渗透到众多部门和行业之中，并与其相融合。如果只由旅游部门抓旅游，很难在短时期内见效，必须调动方方面面的力量，形成发展旅游的整体合力。这些都必须靠政府的行为才能完成。尤其对于已初具产业体系规模的广西旅游业而言，更需要加强政府对旅游业的领导，实施政府主导型战略。实施政府主导型旅游发展战略，政府的作用应体现在政策、资金和立法等多个方面。北部湾旅游业是在计划经济体制向社会主义市场经济体制过渡的大背景下，从行政事业型向产业经济型转轨的。在目前市场经济不发达、不成熟，投资主体日趋多元化的情况下，为了

实现把广西建成特色鲜明、设施完善、服务一流的旅游先进省区的奋斗目标，必须有赖于强有力的政府主导型的管理，尤其需要高效、权威的行业管理。

（二）政府主导型战略的实施

中国—东盟自由贸易区的建成将大大提高我国旅游业的国际化程度，迎来以知识服务为基础的旅游业发展的新时期，这对北部湾旅游业的发展而言，既是一种机遇，也是一种挑战。我们要抓住这一机遇，构筑北部湾大旅游产业体系，实现旅游业与其他经济产业的结合，而这一切都需要各级政府、各部门的共同努力。各级政府要像抓工业、农业那样抓好旅游业，充分发挥他们在旅游业发展中的主导作用。根据北部湾旅游业发展现状及趋势，实施正确的政府主导型战略，应体现在以下几个方面：

第一，政府的主导作用应体现在旅游产业政策的倾斜上

建立旅游发展基金，发展基金主要用于重点旅游景观的开发和重点旅游项目投资，采取有偿使用、滚动发展的方法，资金的使用与管理，由自治区旅游局和财政厅共同负责。参照并实行外贸出口企业的优惠政策扶持旅游企业。各级旅游企业上交财政的利润部分返还同级旅游主管部门，用于旅游业建设和发展；允许旅游企业从生产发展基金和承包额留利中，提取 10%～30% 用于增补自有流动资金。可吸收借鉴东南亚四国成功的方式，向旅游者开征旅游消费税，所征收的税款全部用于旅游产品促销和旅游设施的开发建设，形成旅游发展基金的良性循环机制，这是发展广西旅游业的极好形式，也是在当前情况下不加大政府额外投资而增强政府对市场的调控能力的比较现实的办法。扩大引进外资的渠道。可通过政策引导，制定旅游业利用外资的优惠政策，资金倾斜，项目倾斜，防止因市场盲目性而造成的行业效益滑坡。继续加大对旅游扶贫工作的力度。旅游扶贫是一条投入少、回收较快、返贫率低、成效率高的新型扶贫之路，应引起各级政府的高度重视。将旅游扶贫纳入政府扶贫攻坚的总体规划中去，并制定有关政策措施，对旅游扶贫给予一定的优惠政策。旅游管理部门要加强对旅游扶贫的参与、管理和协调，统一规划、统一指导，避免盲目性、破坏性和掠夺式开发，使旅游扶贫在

广西扶贫工程中发挥重要作用。此外，政府还应为旅游业提供多种融资机会，如增发旅游企业债券，建立旅游股份集团公司等。或者制定财政、金融税务、工商等政策，鼓励国内私人资本对旅游业的投入。

第二，政府的主导作用应体现在体制创新和强化服务上

首先，加强旅游部门在旅游管理中的权威和作用，健全旅游管理部门的机构。切实完善自治区旅游局和各地、市、县旅游主管部门的组织机构，恢复其行政管理的职能，充分发挥主管部门的作用。其次，加强引导，调动全社会力量大办旅游。要强化全社会的大旅游意识，营造旅游大产业的社会环境，使各级各部门各行业从国家利益、地区利益、部门和单位利益的有机结合上寻求发展旅游业的共同点，主动制定配套措施扶持旅游业，形成全民办旅游的态势。同时，政府应努力协调各方利益关系，从宏观上理顺旅游、计划、财政、建设、交通、环保、税务、工商、公安、物价、土地、外事、侨务、民航、文化、卫生等 10 多个部门之间的关系，为旅游业的发展营造良好的宏观经济环境，共建旅游大产业。再次，成立旅游区协调委员会，充分发挥旅游行业协会的协调和自律作用。开展区域性旅游大协作，实行旅游资源共享，旅游管理共担，避免因行政区划人为造成对旅游业发展不利的局面。最后，抓好旅游产业发展规划的实施和完善。在《北部湾旅游产业发展总体规划》的指导下，各地要编制好各区域旅游业发展规划，切实体现鲜明的地方特色。只有政府制定并执行的具有宏观意识、科学精神与发展步骤的旅游发展规划，才能保障本地区旅游业健康有序地发展，有效地防止旅游开发中低档次重复建设的盲目行为、急功近利的短期行为、滥开乱挖的破坏行为。

第三，政府的主导作用应体现在依法治旅，加强旅游行业管理上

首先，认真执行国家已出台的关于旅游方面的法律、法规和规章，并结合广西的实际制定具体的实施细则，以强化实施。其次，广西应尽快出台适合广西实际情况的地方性法规，如《广西旅游资源保护办法》、《广西边境旅游管理条例》、《广西国内旅游管理条例》、《广西旅游管理条例实施细则》、《广西旅游扶贫开发办法》等，并制定有关旅游代理、旅游投诉、旅游损害赔偿、旅游合同等方面的法律法规。通过法律法规

的制定和出台。从大旅游、大产业、大市场的角度，全面依法监督管理旅游资源、旅游设施建设、旅游市场经营、旅游教育培训等各个方面，推动和促进旅游业的持续健康发展。再次，全面贯彻实施《广西旅游管理条例》，把《条例》作为行业管理的重要依据，依法管理，违法必究，从根本上改善旅游软环境。积极参与创建优秀旅游城市活动，以创优为契机，加强行业文明建设，强化城市的旅游功能，提高旅游经营单位和旅游从业人员的素质，从而达到"三优一满意"（优美环境、优良秩序、优质服务、游客满意）的目标，带动全区旅游工作迈上新台阶。最后，加强行业管理力度，进一步规范旅游企业经营行为。各级旅游管理部门应进一步加强旅游市场管理，整顿旅游市场秩序，从根本上扭转旅游市场恶性削价竞争的局面，坚决打击旅游经营活动中的违法行为，保护消费者的合法权益，巩固和发展市场整顿成果，把专项治理工作继续引向深入。

第四，政府的主导作用应体现在旅游宣传促销上

首先，为了解决旅游促销经费的不足，广西必须建立起长期、稳定的旅游促销经费的筹措机制，并形成由区政府统一领导，各级旅游行政主管部门牵头，广大旅游企业积极参与的旅游宣传促销体系。其次，进行全方位的立体促销战略。一是抓好传统的促销方式，走出去与请进来相结合。二是进行广西形象宣传，树立广西新形象。广西旅游业起步早，基础较厚实，特色浓，知名度高，是广西的一大优势产业和特色经济。要制作全面反映广西旅游的系列宣传品，多层次、宽领域、全方位地宣传广西"山美水美环境美，安全舒适服务佳"的旅游新形象。按"形象策略"的要求，在海内外打响广西旅游这块牌。三是走联合促销的道路。可以仿照东盟六国联合促销的方式，与周边有互补关系的旅游省、市联合对外促销，一方面可以少花钱多办事，另一方面阵容庞大、声势浩大，影响力也较大。四是政府有关部门应积极组织开展网上宣传和市场促销。国际互联网以其费用低、覆盖面广的特点成为旅游业的一种有效的促销手段。

第五，政府的主导作用应体现在旅游环境的营造上

协调旅游业发展与环境保护是政府管理经济的一项重要职能。在市

场经济条件下，要做到环境资源保护与旅游业发展相互协调。如果没有适当的机制和有效监督，没有政府的适当干预，旅游业发展不可避免地会造成环境的污染和破坏，使旅游业衰退。解决这个问题需要有政府的适当干预。这是政府管理经济的一项重要职能，也是政府主导型旅游发展模式在旅游业发展与环境资源保护问题上的体现。现在世界各国政府越来越重视旅游发展对环境的影响。亚太议员环发大会第六届年会通过《桂林宣言》。呼吁和敦促"各国政府加强对本国自然资源和环境及文化遗产的保护，为旅游业提供可持续发展的基础，采取措施限制因旅游资源的过度开发可能造成的影响和破坏"。因此有必要建立完善的旅游资源开发与保护的运行机制，实行统一领导，归口管理。强化对旅游环境的管理，实行环境保护目标责任制，将生态规划各类保护目标纳入各级政府的目标责任制。在开发和利用资源过程中，要根据系统工程原理，把发展旅游与保护自然生态环境统筹规划、运作，使旅游资源的开发、名胜风景区的建设与生态环境相适应、相协调，尽量减少对土地、水流、森林和其他资源的影响和消耗。政府部门应随时控制不利于旅游发展的各种旅游污染，建立环境质量监测和效应评估体系，及时掌握旅游区的环境情况，以便进行及时的管理和控制，所有的旅游开发项目必须执行环境影响评价制度和"三同时"制度，切实加强环境管理。

二 构建旅游创新体系，促进旅游业跨越式发展

实施跨越式发展战略需要两个前提：一是超前于当地国民经济的发展速度；二是超前于全国旅游业平均发展速度。而要实现这两个前提就要靠新的思路、新的模式、新的方法来达到，充分利用后发优势，实现"跳跃式"跨越发展。

树立创新意识对北部湾旅游业可持续发展尤为重要，这是因为旅游经济是特色经济，没有特色就不能在市场上立足。而特殊就需要充分地发扬创新精神，不断地融入新的创意、新的发展理念，做到人无我有，人有我精，人精我专，否则就不可能迎头赶上，更谈不上后来居上，为此，就需要引进经济思想，体验经济思想，建构旅游创新体系，在观念和制度上创新。北部湾旅游业可持续发展体系尚未完全建成，其核心资

源及核心产品主要是滨海旅游。而国内与国际的滨海旅游目的地及滨海产品众多，有些已经发展比较成熟，因此，如何让北部湾旅游脱颖而出，就需要创新，树立北部湾大旅游、大区域、大市场、大产业、大发展的全新观念。对旅游业而言，最重要的是根据新的市场需求，提出新创意，操作的关键是用"新创意"和"新技术"重新整合组装开发各类旅游资源，挖掘包装出旅游新产品，营造旅游新形象，进一步通过整合营销，拓宽"新渠道、新市场、新地域"，形成研究与开发、经营与管理之间有机结合的旅游产业"创新链"，并最终构建融知识创新、技术创新、产品创新、服务创新、营销创新、制度创新、管理创新于一体的"北部湾旅游创新体系"。

北部湾旅游创新体系的构建包括以下几个方面：

（一）构建旅游创新体系模式

旅游创新模式从宏观上指导北部湾旅游创新发展，具体创新模式如图3—1所示。

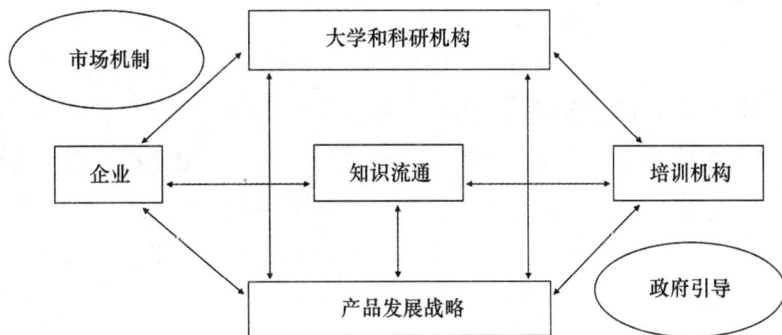

图3—1　旅游创新模式图

该模式具有如下特征：

以企业为技术创新的主体。以企业为技术创新的主体，是指让旅游企业真正成为现代企业制度意义上的企业，成为具有技术创新能力的企业。企业是技术创新投入、产出和应用的主体。技术创新是一项与市场密切相关的活动，是一项商业活动。历史表明，许多重大创新都是企业承担起来的。技术创新需要很多与产业相关的特定知识，它们是产业技术创新的基础。从基础知识向应用知识转化需要很多新知识、新体验，这些也只有企业才能真正提供。使企业成为技术创新主体的实现途径：出台面向所有企业的、针对研究开发能力的建设和活动本身的减免税政策；国家应鼓励企业创建研究开发机构，重视面向企业研究开发能力的建设和活动；企业应有更灵活的人才政策，有更具体的促进中小企业技术创新的政策措施。

把科技、教育培训和中介机构作为重要因素。科学技术在当今经济发展中的作用不断提升，这是因为科技突破常规形成新的产业增长点，甚至引起经济增长方式的转变。高科技产业对经济增长的巨大推动作用已被国际社会所认可，随着知识经济的到来，科技在经济中的作用将越来越大。

教育培训在技术创新中的作用主要体现在：旅游创新依赖于旅游从业人员素质的提高和创新思维能力的提高；教育培训可以为旅游业培养高素质的人才；在知识经济更新的时代，必须对员工进行新产品开发和生产技能的培训以帮助其进步。

中介机构是知识流动的另一个环节。不同企业在知识的生产和拥有上是不同的，许多科学技术的图片不是按照事先设定的路线和时间完成的，它们之间的信息和技术交流不是很通畅。因此，中介机构可以有效地解决科技成果向市场转化的许多难题，为知识的供求提供一个场所。

把产品创新放在重要的战略地位。旅游业要想实现产业的跨越式发展，就必须有一个完整的产品创新战略。按照市场经济的思路去创新，以获得国际竞争力。为此，不论是旅游发达国家还是发展中国家，都在不同程度上实施旅游产品创新战略。就旅游企业而言，进行产品创新的基本目的是满足现实的市场需求、发掘潜在的市场需求以及开拓未来的市场需求，从而带来巨大的成功和利益。

（二）细化旅游创新体系要素

旅游发展战略上要有创新意识。只有战略上的清楚和正确，才有战术上的清楚和正确，才有战役上的胜利。目前，北部湾旅游发展的创新意识还不够，必须给予足够的重视。

旅游产品设计上要有创新意识。一个旅游目的地的旅游产品要赢得市场必须要有独到之处，必须有精品，而做到这些就必须要有创新意识，精心搞好策划，使旅游产品高起点、高要求、高水平。从发展趋势看，没有可观赏性，没有特殊性，没有参与性和文化内涵的旅游产品难以持续吸引游客。因此，在策划设计旅游产品时，必须要以体验经济理论为指导，设计出一系列具有新颖性、互动性、参与性和个性的旅游产品。

旅游营销上要有创新意识。发展旅游经济有两个重要环节，一是把旅游资源转化为旅游产品，二是把旅游产品转变成旅游商品推向市场，这两个环节缺一不可。因此，在市场促销上要全面创新，以新产品为基础，以新形象为标志，以新形式为手段，以新渠道为延伸，不断取得新成效。

旅游管理上需要不断创新。一是宏观管理，要通过政府管理职能的转变和机构的改革，研究和创立在社会主义市场经济条件下新的管理方式和工作方式。二是微观管理，要通过全面推行现代企业制度，构造微观运行基础，改进运行质量，提高运行效率。

知识创新。新兴产业需要新的知识体系，新的知识体系要通过不断的知识创新逐步形成。传统旅游时代对旅游的投入是以资金、设备为主，有形资产起到决定性作用，而知识经济时代的现代旅游业则是知识、智力、管理等无形资产的投入起决定性作用。

人才创新。新兴的旅游业需要新型的人才，新型的人才首先需要有强烈的创新意识和创新能力，形成旅游发展的人才群体，最重要的是形成人才创新的内在机制。

三 协调旅游内外关系，促进旅游业一体化发展

旅游产业交叉性强，关联度高，要在旅游开发建设中和谐地处理旅游业与各方面的关系，实现旅游业与其他部门的协同发展，从而使旅游地的社会形象、精神面貌、城市品位、文化建设、经济水平、生态质量、环境状况再上一个新台阶，必须贯彻一体化战略，即生态建设与旅游发展一体化，环境建设与旅游发展一体化，城乡建设与旅游发展一体

化，文化建设与旅游发展一体化，经济建设与旅游发展一体化，精神文明建设与旅游发展一体化和旅游发展同周边县市旅游建设一体化的协调发展思路。

1. 生态建设与旅游发展一体化。改善生态环境和进行生态文化建设。

2. 环境建设与旅游发展一体化。大力进行自然环境和社会环境建设，使其适应旅游业的发展。

3. 城乡建设与旅游发展一体化。以旅游区主题形象包装城乡（城区和涉及旅游的乡镇、村庄），旅游开发与城乡建设要加上文化符号和旅游服务功能，赋予城乡新的文化内涵。

4. 文化建设与旅游发展一体化。将文物、文化资源的深刻内涵强力挖掘、搞活，将旅游文化、旅游观光、旅游参与融为一体。

5. 经济建设与旅游发展一体化。充分认识旅游业的发展对当地经济发展的拉动作用，并最大限度地加以利用。

6. 精神文明建设与旅游发展一体化。树立旅游区居民"人人都是旅游形象，处处都是旅游环境"的基本意识，以文明待客、热情服务、童叟无欺的要求来规范旅游服务质量。

7. 旅游发展同周边县市旅游建设一体化。利用北部湾的区位优势，不断加强与周边的合作。

四　整合旅游要素系统，促进旅游业联动式发展

联动式发展战略是指通过对旅游产业内外部要素的整合，使一个区域的其他产业与旅游业相辅相成，共同快速发展。要求以旅游产业要素为基础，以产业创新为引领，以国际化为动力，实现旅游业的层次拓展与产业延伸，健全旅游产业体系，促进旅游业可持续发展。充分发挥旅游作为现代服务业主导产业和区域经济拉动产业的作用，推动旅游与相关产业的融合发展、协调发展，扩大产业规模，提升服务能级，优化产业结构，提升旅游效益，构建具有现代服务业特性的大旅游产业体系。

（一）与农业的联动

一是以旅促农，积极参与社会主义新农村建设。深入推进农业旅游

示范点建设，对北部湾农业旅游示范点要分类指导，指引不同类型的农业旅游和乡村旅游因地制宜，特色化发展。推动农村旅游提升水平，规范引导"农家乐"等旅游活动，提高服务水平。积极推动县域旅游和旅游小城镇建设，重点要抓出地方特色。扩大旅游区对周边农村的辐射带动作用，把发展旅游区与致富一方百姓结合起来，带动农村发展。二是大力发展田园观光、农事体验、农艺学习、农家旅馆、水果采摘等乡村旅游产品，推动形成一批国家级农业旅游示范点。三是重点建设一批民族村寨型、特色农业观光型和环城乡村度假型等示范项目。四是充分利用滨海陆地带农业，着力发展海南西岸热带农业旅游。五是充分利用海洋农业，开发一批参与性强、地方特色突出的海洋体验农业旅游。六是逐步推进农业旅游由单纯观光向度假和观光结合，建成旅游专业村、农业主题公园、现代农业园区、旅游农业基地等。

（二）与工业的联动

工旅互动，进一步促进旅游业与工业的"双赢"。一是鼓励建设工业旅游示范点。目前，加强政府职能部门在工业旅游开发过程中的引导作用，鼓励工业企业按照国家标准申报和建设工业旅游示范点，引导企业进行循序渐进式的开发，不断地推出新线路、新景点，实现工业旅游的可持续发展。同时，北部湾工业企业应重视工业旅游，将工业旅游纳入企业品牌发展战略，借助工业旅游项目，强化、优化企业品牌，使企业品牌的知名度、美誉度、忠诚度不断提高，进一步展示企业形象，传播企业文化，提升品牌价值。二是细分市场，优化组合。北部湾工业旅游要尽量做到"区内成片、跨区成线、市场做专"。区域内，应把几个互有差异、各具特色的工业旅游点组合形成"集聚效应"。不同地区之间跨区域的工业旅游产品，着眼点应是同一行业甚至同一类型的企业，连接成为专项旅游线路。对于线路构成，可针对细分市场，推出"学生修学工业旅游"、"招商投资工业旅游"、"调研考察工业旅游"、"怀旧追忆工业旅游"、"探奇览胜工业旅游"等多种工业旅游产品。三是重视工业旅游购物。旅游购物是工业旅游经济效益的重要增长点。北部湾企业应该整合资源，将"工业经典"和"独一无二"开发成为不可替代的工业旅游商品，着力把本企业宣传品转化为人们喜爱的旅游纪念品。

（三）与第三产业的联动

1. 与旅游住宿业的联动。按照"合理布局、结构优化、功能完善、特色突出"的思路，建立与北部湾旅游发展相适应的住宿接待体系。一是依托北部湾良好的区位及强大的人流优势，规划建设特色酒店集群。配合滨海旅游度假区建设，形成度假酒店、产权酒店、分时度假酒店集群区；配合山地度假区建设，形成度假酒店群落；配合旅游中心城市和大项目建设，形成商务酒店群；配合观光和散客的快速发展，提升经济型酒店；配合自驾车旅游线路建设，形成汽车旅游营地网络；配合社会主义新农村建设和乡村旅游，形成各具特色的旅馆群落。二是挖掘当地文化规划建设系列主题酒店。依托跨国文化、民族文化、海洋文化、民俗文化等不同类型特色文化，在重点旅游区建设各类文化主题酒店。三是引入国际著名酒店品牌，推进高档酒店品牌化，以高档酒店拉动中低档酒店的升级，推进经济型酒店连锁化，以客源结构的多元化推动其他酒店的特色化。四是推进节能减排，创建绿色饭店。

2. 与旅游交通服务业的联动。推进旅游交通服务建设，实现区内旅游交通公交和一体化、区外旅游交通立体化和网络化。一是航空旅游交通服务。培育区域性的旅游航空公司，开辟进出北部湾空中航线；支持旅游企业增加包机航班，开展包机业务。二是铁路旅游交通服务。在南宁、海口、三亚等中心旅游城市开通旅游专列；在重要旅游集散地开通城际快车；提升车辆的硬件档次与服务质量。三是公路旅游交通服务。依托大型旅行社和各地公交资源，组建旅游汽车公司。开通城市、景区间的观光巴士。引导建立自驾车俱乐部，培育有市场竞争力的汽车租赁公司，推进北部湾自驾车旅游，建立与之相适应的休闲营地和配套服务体系。四是水上旅游交通服务。力争将三亚、北海打造成为游轮母港城市，在海口、湛江、钦州、防城港等逐步建设游轮码头，发展近海游轮和远洋豪华游轮，大力发展游轮经济；推动游艇旅游，建设游艇基地与游艇俱乐部。五是培育大型旅游交通企业，推进各企业之间联运。

3. 与旅游购物业的联动。积极推进北部湾特色旅游商品开发，培育壮大旅游商品生产基地，建立和完善旅游商品销售网络，延长旅游商品生产销售产业链，实现产业化、专业化和特色化发展。一是推进旅游商品研发。安排旅游商品开发与专项经费，支持旅游商品新产品的开发；不定期举办"北部湾旅游商品设计大赛"和定期举办"北部湾旅游商品交易会"。二是遴选并打造北部湾特色旅游商品体系，形成风味食品、特殊工艺品与纪念品系列。三是建立北部湾旅游商品生产基地，推进一村一品计划。四是建设城镇特色商业街区、边贸市场、专业超市、交通集散区的购物场所等八类购物场所和网点。五是重点打造、提升和推广南宁、海口旅游商品交易中心，在北海建立北部湾旅游商品交易中心。

4. 与旅游房地产业的联动。发挥区域生态宜居特色，大力发展旅游地产、景观地产、第二居所、产权酒店、分时度假酒店等旅游地产业。一是结合城市建设发展，将休闲度假与旅游房地产结合，形成新兴的房地产开发区。二是结合休闲度假区、旅游区的建设，形成休闲度假旅游地产区。三是结合小城镇建设，根据当地特色，打造系列旅游文化休闲度假主体小镇。四是创新旅游房地产经营开发模式，鼓励扶持大型企业进行综合开发，通过与旅游业嫁接，建立旅游综合体。五是定期举办全国或国际旅游房地产博览会、推介会、展示交易会等。

5. 与会展业的联动。加快培育全国性、国际化的会展品牌，发展以国际化、专业化、投资贸易型为主的会展商务旅游业。一是建设南宁、博鳌、北海、海口等会展商务城市，加快推进南宁与海口两大会展商务集群。二是加快培育一批具有国际影响力的会展商务品牌和会展商务企业，引导会展商务业向专业化、品牌化方向发展，创建若干全国性商务会展示范点。三是吸引国际知名会展公司、承办机构和国际品牌会展落户北部湾；加快国际会议促销力度，提高会议组织水平。四是做好会展商务的服务工作，完善信息平台和旅游配套功能，积极开发会展商务产品，放大经济社会效益。

6. 与文化休闲娱乐业的联动。文化娱乐业与旅游业相互促进，不仅构成旅游吸引力之一，而且极大丰富了游客的活动内容，增加了旅游消费，特别是文化娱乐业中的影视娱乐行业在旅游业的发展中的"造景"、"造势"作用不可忽视。借鉴和引进区内外各种文化娱乐形式，形成参与性强、类型齐全、管理规范、文化档次高、服务功能完善的文化休闲娱乐体系。一是树立特色文化品牌。打造一批具有少数民族风情和地域特色的娱乐精品项目，举办一批具有鲜明北部湾文化特色、能够产生国际效应的系列大型节庆活动。二是建设文化设施。建设一批具有度假休闲和旅游功能、不同规模的博物馆、艺术馆、演艺厅和其他各类文化设施；建设一批文化厚重、个性突出、风情浓郁的旅游城市和旅游休闲小镇。三是打造一批高水平文化娱乐康体项目。开发综合性舞台演出娱乐节目，丰富夜间娱乐产品；打造海上运动、沙滩体育、高尔夫、温泉等健身娱乐项目。

五　共构旅游网络系统，促进旅游业国际化发展

突出大区域、大旅游、大市场的整体观。加强北部湾与周边及国际合作，形成优势互补、差异发展的"多赢"局面。通过变长线旅游为长线与区域旅游相结合、长线旅游与专线旅游相结合、长线旅游与特色旅游相结合的旅游经营模式，联合选线、整体促销、互送客源、互为市场的操作模式，构建北部湾旅游大板块，促进北部湾旅游的国际化发展。以共同打造国际旅游目的地为统领，以中国东盟经济合作框架协议、泛珠三角、"9 + 2"区域合作和广西北部湾经济区为平台，在巩固和提升中国—东盟自由贸易区、《10 + 3 振兴旅游业北京宣言》、《两广无障碍旅游合作协议》、琼北湛江区域旅游合作组织等多层次合作成果的基础上，突出"北部湾"主体地位，构建北部湾与区域内经济体、国内区域经济体、国际区域经济体、国内外非政府组织和机构的全方位、多层次、体系化的国际区域开放合作大格局。

（一）北部湾区域内合作

首先，构建合作平台。新建两个组织，即北部湾旅游中心城市合作组织、北部湾旅游集团；完善提升三个合作主体，即北部湾经济区 4 + 2 旅游联盟体、两广九市区域旅游合作组织、琼北湛江区域旅游合作组织；强化北部湾非官方组织的合作与交流。其次，优化合作内容。一是建设北部湾无障碍旅游区。进一步开放北部湾区域各国和地区的旅游市场，优化旅游投资经营环境，共同建立北部湾区域内互免签证机制，增加落地签证城市。对内重点推行无障碍旅游区的建设，对外重点将旅游线路拓展至越南河内和西贡，加强中越边境通行效率，促进中越与珠三

角无障碍旅游区对接。二是构建北部湾区域特色旅游线路。对接中国西南、华南大市场，联合推出系列主题鲜明、内涵丰富、吸引力强的国际旅游线路。三是构建北部湾区域旅游城市联盟。以该联盟为平台，促进政府间组织、旅游企业之间，以及旅游中介组织之间的协调与合作。四是支持举办北部湾区域旅游合作论坛，联合建立边境旅游开发协调机制、旅游市场联合营销机制、旅游市场秩序共同维护机制、旅游诚信机制、旅游信息共享机制等。

（二）加快推进国际合作

加强国际合作，积极寻求国际合作伙伴，大力发展国际合作项目，利用他们的成功经验、国际资金和国际市场，加速北部湾旅游业可持续发展。

积极推动与东盟的旅游合作，重点推进与大湄公河次区域的旅游合作，做好"大湄公河次区域经济合作旅游发展战略规划"中已确定的广西旅游项目资金落实及配套服务工作；配合"两廊一圈"的推进，继续加强与越南主要城市及边境地区的旅游合作与交流；继续培育开辟直航空中航线，完善边境口岸旅游功能。

加大与世界旅游组织、世界旅游旅行理事会、全球最大的旅游供应商、国际航空公司的联动，抓住阳朔作为世界旅游组织观察点、桂林旅游高等专科学校列为世界旅游组织的培训中心以及世界旅游组织教育委员会附属成员的有利契机，与世界旅游组织合作开展旅游培训及旅游产品开发建设，将合作推向更深层次和更广领域。

组建北部湾旅游合作组织，统筹协调北部湾旅游与国际旅游协调发展。一是设立中越边境旅游特区。依托中越边境德天瀑布、北海—下龙湾、东兴—芒街、北仑河口等高品质资源，借鉴边境经济合作区的模式，设立中越边境旅游特区，由中越两国共同系统开发，区内互免签证，实行区内自由行。二是推进旅游签证便利化。中国和东盟应充分考虑建立像欧盟申根协定一样的签证制度。北部湾区域应在签证上积极要求国家在相关口岸实行便利的签证和通关制度，率先实行区域内旅游"零障碍"。三是加强生态环境保护合作。加强海洋生态环境保护国际合作，建立国际合作机制。积极与联合国环境保护署、世界银行、亚洲银行等国际机构和世界其他国家的相关机构合作，实施海洋生物多样性、海洋渔业资源开发、海岸带管理、海洋灾害预警等保护项目。

（三）加快推进国内合作

加强与泛珠三角经济区域的旅游合作。加强泛珠三角经济区域的旅游宣传促销合作；加大桂粤港澳跨省（自治区、直辖市）的旅游项目投资合作开发力度，联合开展旅游项目招商引资。

推动与周边省区的合作，构建大西南区域旅游一体化。与周边省区合作的模式是"互相宣传，互荐客源，形成多边无障碍旅游区"。一方面，通过各种方式与其他省区特别是云南、贵州、湖南、海南、江西等进行互相宣传、互相促销，解决广西与国内市场衔接不紧密、潜在旅游者对广西旅游信息了解不够的问题。另一方面，通过建立"互荐客源"的奖励机制，引导游客对旅游目的地的互相选择，实现客源共享。

第四章

北部湾旅游可持续发展的
理念思考

旅游可持续发展被认为是在保持和增强未来发展机会的同时，满足外来游客和旅游接待地区当地居民的需要，在旅游发展中维护公平，它是对各种资源的指导，以使人们在保护文化的完整性、基本生态过程、生物多样性和生命维持系统的同时，完成经济、社会和美学需要。

第一节　生态经济与旅游可持续发展

一　生态经济的内涵

生态经济是指在生态系统承载能力范围内，运用生态经济学原理和系统工程方法改变生产和消费方式，挖掘一切可以利用的资源潜力，发展一些经济发达、生态高效的产业，建设体制合理、社会和谐的文化以及生态健康、景观适宜的环境。生态经济是实现经济腾飞与环境保护、物质文明与精神文明、自然生态与人类生态的高度统一和可持续发展的经济。

生态经济的本质，就是把经济发展建立在生态环境可承受的基础之上，在保证自然再生产的前提下扩大经济的再生产，从而实现经济发展和生态保护的"双赢"，建立经济、社会、自然良性循环的复合型生态系统。

二　生态经济系统

生态经济系统是指社会经济系统与生态系统的复合体。这是生态经经济学探索过程中出现的一个术语。由于任何经济系统都与地理环境的生态结构具有联系，都是以生态系统为基础，因而可以看成是生态经济系统，具有生态学方法论的特点。

人类利用生态系统的自然资源和自然条件，在经济活动中使生态系统的物质和能量进入经济系统，转化为人类生存和发展所需产品。然而，人类对自然的利用方式、程度、效应、后果又与生产发展、科技、管理水平密切相关。

三　生态经济学

生态经济学（ecological economics），是研究生态系统和经济系统的复合系统的结构、功能及其运动规律的学科，即生态经济系统的结构及其矛盾运动发展规律的学科，是生态学和经济学相结合而形成的一门边缘学科。

从经济学和生态学的结合上，围绕着人类经济活动与自然生态之间相互作用的关系，研究生态经济结构、功能、规律、平衡、生产力及生态经济效益，生态经济的宏观管理和数学模型等内容。旨在促使社会经济在生态平衡的基础上实现持续稳定发展，生态经济学作为一门独立的学科，是 20 世纪 60 年代后期正式创建的。

四　生态经济与旅游可持续发展的关系

可持续发展是以生态环境良性循环发展为约束条件，追求经济社会发展与生态环境保护并重、双赢的社会再生产过程。可持续发展不是一个孤立的概念，而是一个内涵丰富、逻辑严密的有机整体。

生态经济既是生产不断发展与资源环境容量有限的矛盾运动的必然产物，也是实现可持续发展的一种具体形式，是把经济社会发展与生态环境保护和建设有机结合起来，使之互相促进的一种新型的经济活动形式。生态经济强调生态建设和生态利用并重，在利用时抓环境保护，力求经济社会发展与生态建设和保护在发展中动态平衡，实现人与自然和谐的可持续发展。

在新的经济形势下，发展生态经济，走可持续发展道路是北部湾旅游发展的必然选择。实施生态经济战略，大力发展生态农业、生态工业、生态旅游、生态城镇，实现生态资源优势到经济优势的转变。

第二节　低碳经济与旅游可持续发展

一　低碳经济的内涵

低碳经济，是指在可持续发展理念指导下，通过技术创新、制度创新、产业转型、新能源开发等多种手段，尽可能地减少煤炭石油等高碳能源消耗，减少温室气体排放，达到经济社会发展与生态环境保护双赢的一种经济发展形态。

低碳经济是经济发展的碳排放量、生态环境代价及社会经济成本最低的经济，是一种能够改善地球生态系统自我调节能力的可持续性很强的经济。

低碳经济有两个基本点：其一，它是包括生产、交换、分配、消费在内的社会再生产全过程的经济活动低碳化，把二氧化碳（CO_2）排放量尽可能减少到最低限度乃至零排放，获得最大的生态经济效益；其二，它是包括生产、交换、分配、消费在内的社会再生产全过程的能源消费生态化，形成低碳能源和无碳能源的国民经济体系，保证生态经济社会有机整体的清洁发展、绿色发展、可持续发展。

二　低碳经济的特征

低碳经济的特征是以减少温室气体排放为目标，构筑低能耗、低污染为基础的经济发展体系，包括低碳能源系统、低碳技术和低碳产业体系。低碳经济是以低能耗、低污染、低排放为基础的经济模式，是人类社会继农业文明、工业文明之后的又一次重大进步。在一定意义上说，发展低碳经济就能够减少二氧化碳排放量，延缓气候变暖，所以就能够保护我们人类共同的家园。

三　低碳经济与旅游可持续发展的关系

低碳经济在本质上不仅是生态经济，更是可持续发展经济，是旅游经济可持续发展的新发展。因此，发展低碳经济是实现旅游经济协调可持续发展的本质要求与根本途径，是构建旅游经济协调可持续发展模式的一个核心内容，也是目前最可行的、可量化的旅游经济可持续发展模式的理想形态。在可持续发展经济学的理论框架下，低碳经济应该是经济发展的碳排放量和生态环境代价及社会经济成本最低的经济。它是一种能够改善地球生态系统自我调节能力的生态可持续性很强的经济。

建立以低碳 GDP 为核心的宏观调控体系，通过对企业行为的约束、激励和引导，把资本的逻辑限制在一定范围内。分配对生产环节具有反作用，体现公平的分配制度能进一步限制资本逻辑。在现实生活中，贫困与生态环境破坏相伴生，从而造成恶性循环。因此低碳的分配制度立足于推进社会公平，关注弱势群体，以环境公平促进社会公平，实现社会和谐。消费是生产的目的与动力，然而如果把消费视为资本增值的手段，消费主义将成为必然，政府应努力避免消费失控局面的发生，倡导符合可持续发展原则的适度消费模式。

第三节　旅游承载力与旅游可持续发展

一　旅游承载力概念及其引申

（一）旅游承载力概念

旅游承载力是指一个旅游目的地在不至于导致当地环境和来访游客旅游经历的质量出现不可接受的下降这一前提之下所能吸纳外来游客的最大能力。

旅游承载力也称景区旅游容量，它是在一定时间条件下，一定旅游资源的空间范围内的旅游活动能力，即满足游人最低游览要求，包括心理感应气氛以及达到保护资源的环境标准，是旅游资源的物质和空间规模所能容纳的游客活动量。景区承载力强调了土地利用强度、旅游经济收益、游客密度等因素对旅游地承载力的影响，在内容上包括了资源空间承载力、环境生态承载力、心理承载力、经济承载力等基本内容，一个旅游地的旅游承载力是这些承载力的综合能力。

（二）旅游承载力概念的引申：旅游市场承载力

旅游市场承载力是指旅游地（旅游景区、旅游城市或区域）满足旅游者旅游需求的能力；或者说是在不降低旅游者消费满意度的前提下，由旅游资源开发利用水平和旅游需求所决定，旅游地可能吸引的游客数量。这一概念的含义如图 4—1 所示：图中的方框表示所有潜在的旅游者（指有旅游需求的人群）。设某旅游地由其已开发利用的旅游资源所决定，具有"山岳型景观"、"日行车里程大于 200 公里"、"日支出超过 1000 元"等特点（在图中分别由一条直线表示）。显然该旅游地对于具有"非山岳型景观"、"日行车里程不大于 200 公里"、"日支出不超过 1000 元"的旅游者是没有吸引力的，这些直线切掉了需求无法满足的游客，使得该旅游地只能吸引由三条直线围合而成的旅游者。这一部分旅游者的数量，便是该旅游地的市场承载力。在现实中，这样的直线（实为市场细分变量）很多，例如景观的丰富程度、住宿条件、餐饮条件、服务质量等，受其限制，任何一个旅游地的市场承载力都是有限的。旅游资源越贫乏，或者旅游资源开发利用程度越低的地区，受到的限制便越多，其市场承载力便越小。这可以解释为什么在其他地区旅游者人头攒动的同时，旅游资源贫乏地区，或者旅游资源虽然丰富但开发利用程度较低的地区，游客人数却很少。

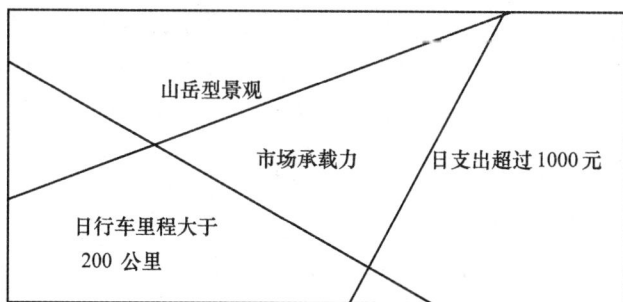

图 4—1　旅游市场承载力示意图

在信息充分和信息对称的情况下，旅游地的实际游客人数不会超过其市场承载力。在信息不充分或信息不对称的情况下，旅游地的实际游客人数在短期内有可能超过其市场承载力。例如，就上述旅游地而言，如果游客不知道在该地旅游"日行车里程大于 200 公里"、"日支出超过 1000 元"，或者受旅行社误导，认为该地旅游景观十分丰富，便可能有额外的游客到该地旅游，从而使该地的实际游客人数超过其市场承载力。但这一类额外的游客会因为其旅游需求得不到满足、消费满意度较低而减少，最终会使该旅游地的实际游客人数回落到市场承载力以内。市场承载力制约着旅游地的旅游者人数和旅游活动的强度。

二　旅游市场承载力与旅游环境承载力的区别

旅游市场承载力与旅游环境承载力，特别是与旅游环境承载力中的旅游资源承载力分量是有区别的。二者的关系如图 4—2 所示：图中由圆心引出的六条直线表示各类基本的旅游资源，其长度表示资源的数量。各条直线中，游、购、娱、食、住、行分别表示自然景观、人文景观等旅游资源；旅游商品及商业设施；娱乐设施；饮食服务设施；酒店及相关服务设施；交通基础设施等。为便于叙述，本文用无量纲的数字表示各类资源的数量。假设某一旅游地的游、购、娱、食、住、行等资源拥有量分别为 70、80、90、100、110、120；该旅游地游、购、娱、食、住、行等资源被开发利用的数量分别为 50、60、30、40、70、50。对各类资源的数量作不同的假设是为了表明不同资源的拥有量及被开发利用的数量往往是有差异的。图中由上述各类资源拥有量联结起来的外环决定了该旅游地的环境承载力（本文仅考虑资源承载力，下同），在给定各类资源人均消耗量的情况下，可以求出各环境承载力分量，该旅游地环境承载力等于各环境承载力分量的最小值；由各类资源被开发利用的数量联结起来的内环决定了该旅游地的市场承载力，在给定各类资源人均需求量（以满足旅游者需求为前提）的情况下，可以求出各市场承载力分量，该旅游地市场承载力等于各市场承载力分量的最小值。

旅游市场承载力与旅游环境承载力的差别是由旅游地所拥有的旅游资源数量与其被开发利用的数量之间的差异引起的。旅游地所拥有的旅游资源数量与其被开发利用的数量是有区别的，二者不一定相等。例如，一个旅游地可能有 10 公里长的沙滩，但被开发利用的可能只有 5 公里；从 A 景区到 B 景区可能有公路、水路和铁路，但由于受旅游线路设计的限制，只有公路得到利用；一个城市可能商品价廉物美且商业发达，但由于导游的原因，消费者只能到为数不多且质次价高的指定商店购物。当旅游地的旅游资源得到完全的开发利用时，旅游市场承载力等于旅游环境承载力；当旅游地的旅游资源未能得到充分的开发利用时，旅游市场承载力小于旅游环境承载力。在现实中，旅游资源的开发利用不够充分的现象是十分普遍的，旅游业欠发达地区尤其如此。正因为如此，市场承载力成为许多地区旅游业发展的玻璃天花板，尽管旅游资源很丰富，但旅游业就是难以发展，其实质是：这些地区旅游业发展水平早在达到环境承载力的极限之前，就已达到市场承载力的极限。

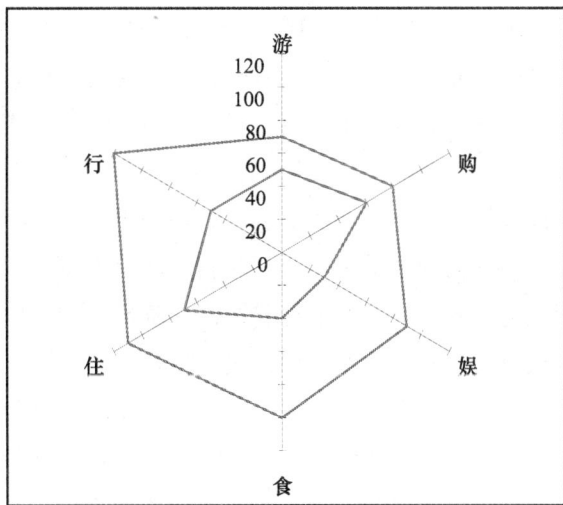

图4—2 旅游市场承载力与旅游环境（资源）承载力关系示意图

三 旅游承载力与旅游可持续发展的关系

（一）旅游业发展生命周期

根据旅游市场承载力与旅游环境承载力的差距，可以判断旅游地的旅游业处于生命周期的哪一个阶段（见图4—3），这对于旅游地制定和实施旅游可持续发展战略具有重要意义。

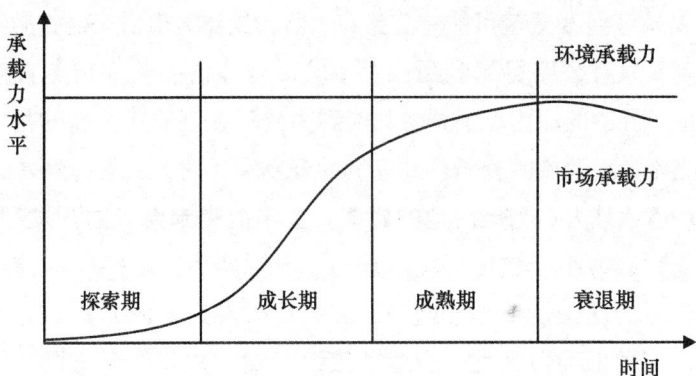

図4—3 旅游业发展生命周期

　　旅游地生命周期的研究由来已久，早在1963年克里斯特勒（Christaller）就提出旅游地的发展一般都会经历发现、成长与衰落的过程。1980年巴特勒（Butler）又提出旅游地的演化要经过探索、参与、发展、巩固、停滞、衰落或复苏六个阶段。但现有的研究均未注意到在旅游地发展的过程中环境承载力与市场承载力相互关系的演化。实际上，旅游地发展的过程同时也是其环境承载力与市场承载力相互关系演化的过程。为便于叙述，假设旅游地的环境承载力长期不变，一个地区旅游业发展的一般轨迹是：初期旅游资源的开发利用严重不足，市场承载力远远低于环境承载力，旅游业发展水平低，这一阶段可称为旅游业发展的探索期；随着旅游市场机会逐渐显现，旅游投资日趋活跃，旅游地旅游资源的开发利用程度逐渐提高，市场承载力与环境承载力的差距不断缩小，这一阶段旅游地的发展速度较快，可称为旅游业发展的成长期；经过一段时间的发展，旅游地的旅游资源已得到较为充分的开发利用，市场承载力水平接近或达到环境承载力，旅游业的发展速度放慢甚至停止增长，旅游活动的规模稳定在较高水平上，这一阶段可称为旅游业发展的成熟期；此后，旅游地有可能因为所开发利用的旅游资源退化或旅游需求的迁移，市场承载力下降，其与环境承载力的差距扩大，此时玻璃天花板效应又会重新显现：即使旅游地的环境承载力没有下降，旅游活动的规模也会因市场承载力下降而下降，旅游业进入衰退期。

　　对处于旅游地生命周期不同阶段的不同地区而言，其市场承载力与环境承载力的差距是不一样的，影响旅游业发展的关键因素也就不一样，旅游业发展的战略也应有所区别。在旅游业欠发达地区，其旅游业的发展处于探索期，市场承载力远远低于环境承载力，影响旅游业发展的关键因素是市场承载力，旅游业发展战略的核心问题是如何提高市场承载力。在旅游业较为发达的地区，其旅游业的发展处于成熟期，市场承载力水平已接近或达到环境承载力，影响旅游业发展的关键因素是环境承载力，环境恶化成为旅游业的现实威胁，旅游业发展战略的核心问题是如何保护或改善环境。因此，各旅游地应在分析本地旅游市场承载力与环境承载力差距的基础上，根据本地在旅游业发展生命周期所处的阶段，因地制宜地制定和实施旅游业发展战略。

（二）市场承载力及环境承载力对旅游可持续发展的影响

市场承载力与环境承载力的联系体现在二者的相互影响上。首先，环境承载力是市场承载力的极限，市场承载力只能小于等于环境承载力。在环境承载力不变的情况下，市场承载力的扩展最终会达到一个极限，当市场承载力提高到等于环境承载力的时候，追加的旅游投资等市场开发活动将收效甚微，不能吸引更多的游客。此时只有提高环境承载力，才能进一步地提高市场承载力。其次，市场承载力的扩展有可能引发"弯曲效应"，降低环境承载力。光线在通过强引力场附近时会发生弯曲，这是广义相对论的一个重要预言。类似的"弯曲效应"有可能发生在环境承载力和市场承载力之间。假定实际游客数与市场承载力同步增长，那么随着市场承载力的提高，环境承载力可能降低，这种情况可以称为环境承载力的"弯曲效应"，其原因是环境消耗系数（例如人均废弃物排量）不一定是一个常数，而有可能随着游客人数的增加而递增。最后，市场承载力的扩展有可能引发"乘数效应"，提高环境承载力。当市场承载力扩展时，游客规模会随之扩大，旅游业效益提高，市场机会增加，进一步会引发交通基础设施建设、环境保护和改良等活动，这一过程在循环过程中不断放大，使环境承载力不断提高，形成"乘数效应"，"乘数效应"是市场逐利行为的产物。此外，市场承载力过低时，会使旅游规模远远低于环境承载力，环境承载力出现严重的弱载现象，形成"玻璃天花板效应"。市场承载力与环境承载力的上述相互影响如图4—4所示。

从图4—4中还可以看到，旅游地要想实现兼顾旅游发展和环境保护的可持续发展目标，有四种基本途径：第一，加强旅游开发，提高旅游资源的利用水平，提高市场承载力，打破"玻璃天花板"；第二，在旅游开发过程中，提高对市场承载力扩展的负面影响的预见能力，通过有远见的战略规划，避免出现或减轻环境承载力的"弯曲效应"；第三，充分利用市场承载力扩展过程中，伴随着旅游业发展而产生的市场推动力，扩大"乘数效应"，提升环境承载力水平；第四，利用非市场的力量（例如政府行为）提升环境承载力水平。无论哪一种途径，其实质都是协调市场承载力和环境承载力的关系。因此可以说，旅游业的可持续发展，本质上就是旅游地市场承载力和环境承载力的协调发展。

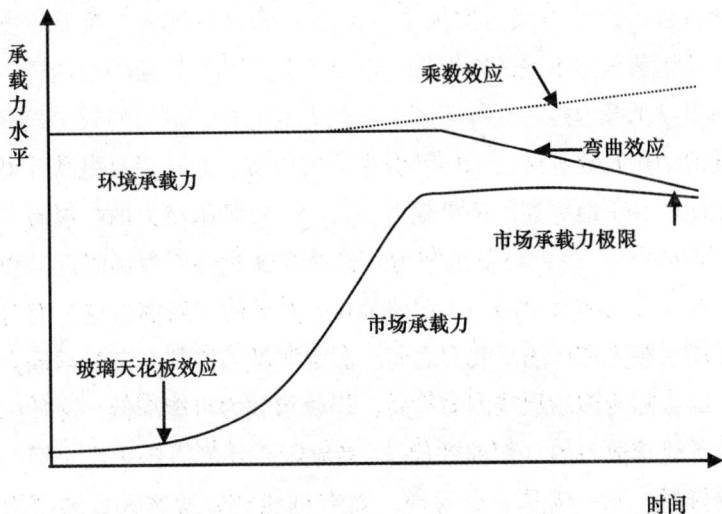

图4—4　市场承载力与环境承载力的相互影响

第四节　循环经济与旅游可持续发展

一　循环经济的内涵

国家发展与改革委员会环境和资源综合利用司在研究中提出，循环经济应当是指通过资源的循环利用和节约，实现以最小的资源消耗、最小的污染获取最大的发展效益的经济增长模式；其原则是"减量化、再利用、资源化"；其核心是资源的循环利用和节约，最大限度地提高资源的利用效率；其结果是节约资源、提高效益、减少环境污染。循环经济倡导的是一种建立在物质不断循环利用基础上的经济发展模式，它要求把经济活动按照自然生态系统的模式，组织成一个物质反复循环流动的过程，使得整个经济系统以及生产和消费的过程基本上不产生或产生很少的废物。

二　循环经济的技术要点

第一，提高资源利用效率，减少生产过程中的资源和能源消耗，这是提高经济效益的重要基础，也是污染排放减量化的前提。第二，延长和拓宽生产技术链，尽可能地在生产企业内对污染进行处理，以减少生产过程的污染排放。第三，对生产生活用过的废旧物品进行全面回收，可重复利用的废物通过技术处理实现无限次的循环利用，这将能够最大限度地减少初次资源的开采，最大限度地利用不可再生资源，最大限度地减少造成污染的废物的排放。第四，对生产企业无法处理的废物集中回收、处理，扩大环保产业和资源再生产业的规模。

三　循环经济与旅游可持续发展的关系

将循环经济理论应用到旅游当中，便产生一种新兴的旅游可持续发展模式，即循环型旅游。循环型旅游是循环经济思想在旅游中的具体体现，是一种促进"人与自然、人与人、人自身身心和谐"的旅游活动，不仅给旅游者带来高品位的精神享受，促进当地经济发展和人民生活水平的提高，同时在保护环境的前提下使旅游目的地资源环境贡献消耗比达到最优。

（一）循环经济是循环型旅游的理论基础

循环型旅游是在旅游业中运用循环经济的理念，从而实现旅游资源的循环利用和旅游环境的可持续发展。循环经济要求运用生态学规律来指导人类社会的经济活动，要求把经济活动组织成一个"资源—产品—消费—再生资源"的反馈式流程，使所有的物质和能源在不断进行的经

第四章　北部湾旅游可持续发展的理念思考

63

济循环中得到合理和持久的利用。这一要求与以旅游资源为依托的旅游业发展模式恰好是一致的。

（二）循环型旅游是实现旅游可持续发展的有效途径

其一，旅游可持续发展要求发展旅游的同时，尽量避免破坏其赖以生存的自然资源和环境资源；循环型旅游正是考虑到旅游目的地的资源和环境容量，在最大限度地让旅游者享受到旅游乐趣及给当地创造经济效益的同时，将旅游发展对当地造成的各种消极影响降到最低程度。其二，旅游可持续发展要求一个旅游目的地不会由于外来人口的进入而造成当地社会发展的不协调；循环型旅游是一种带有责任的旅游，包括对旅游资源保护的责任；旅游过程清洁化的责任；尊重旅游目的地经济、文化、环境、社会并促进当地可持续发展的责任。其三，旅游可持续发展要求考虑经济发展的可持续性，即旅游目的地通过发展旅游所获得的经济收益必须能够补偿为接待旅游者而付出的所有成本；循环型旅游在获得一定的利润之后，又通过资源的循环利用来降低成本、创造新利润，从而使开发商、游客和社区居民获得更大的利润。

第五节　基于各种理念的广西北部湾旅游可持续发展思考

北部湾位于中国南海西北部，是指中国的广西沿海、广东雷州半岛、海南西部，以及越南东北部所围成的海域。广西北部湾经济区（以下简称北部湾地区）处于北部湾顶端的中心位置，主要包括南宁市、北海市、钦州市、防城港市、玉林市、崇左市所辖区域范围。2008 年 1 月，中国国务院正式批准实施《广西北部湾经济区发展规划》，旅游业是北部湾地区重点发展的产业之一，被定位为推动本地区开放开发合作发展的先行和先导产业。

一　基于生态经济理念的可持续发展思考

（一）调整产业结构，转变经济增长方式

减少或取缔城市中不利于可持续发展的部门或行业，加大第三产业的发展力度，减少第一产业比重，稳步发展第二产业。将经济增长方式由粗放型转变为集约型，力争以最小的投入获得最大的产出，促使经济增长和生态环境协调发展。

（二）建立健全的政策环境体系

首先要建立完善健全的法律法规体系和及时的应对机制，规范整个经济发展环境并加大监管力度。在法律上规定生态环境保护的内容、范围与强度。给定北海市发展需要遵守的生态与经济的政策体系，不应只看重经济的发展而忽略生态环境的保护，也不应因噎废食放弃经济的发展。而应该达到经济发展与生态环境保护"双赢"的局面，实现最大的经济效益。同时，也应加大宣传并全面普及，树立正确的城市发展观。

（三）城市周围促进生态农业，城市市区推广生态社区

在北海周边，建立绿色农业示范区，不仅可以带来可观的收益，同时可以把剩余劳动力进行转移，促进小城镇建设，缓解北海各方面的压力。与生态旅游结合，建设生态景点、度假旅游、农产品加工整个产业链，带动北海周边地区的迅速发展，建成农业旅游"卫星城"。社区的环境将直接影响到整个城市的环境，建立人与自然和谐相处的最优化社区，使处在这个环境中的人们有意识地去改变自己，自觉维护这个环境，这样社区逐步扩大就会带动整个城市生态环境的进步。

二　基于低碳经济理念的可持续发展思考

1. 转变现有旅游模式，倡导公共交通和混合动力汽车、电动车、自行车等低碳或无碳交通方式，同时也丰富旅游生活，增加旅游项目。

2. 扭转奢华浪费之风，强化清洁、方便、舒适的功能性，提升文化的品牌性。

3. 加强旅游智能化发展，提高运行效率，同时及时全面引进节能减排技术，降低碳消耗，最终形成全产业链的循环经济模式。

三　基于旅游承载力的可持续发展思考

北部湾地区旅游区位优势明显，并具有滨海、边关、山水、少数民族风情、农业生态等丰富的旅游资源，发展旅游业具有得天独厚的条件。但是北部湾地区旅游发展水平仍然较低，处于成长阶段，市场承载

力不足是制约本地区旅游发展的关键因素，北部湾地区旅游发展应该以拓展市场承载力为突破口，实行市场承载力和环境承载力协同提升的可持续发展策略。

（一）大力拓展市场承载力，突破本地区旅游发展的"玻璃天花板"

市场承载力是由旅游资源开发保护利用水平和旅游需求决定的，可以通过加强旅游资源开发和扩大旅游需求来考虑，双管齐下提高本地区的市场承载力。

首先加强旅游资源开发。把北部湾地区构筑为旅游者"欲游之地"和"宜游之地"。具体包括：充分利用北部湾地区景观资源丰富多样的条件，加强银滩、金滩、涠洲岛、三娘湾、德天跨国瀑布、青秀山、大明山、崇左花山、十万大山国家森林公园等景区（点）建设，开发滨海休闲、边关探秘、民族文化、异域风情、农业生态等特色旅游产品，提高本地区旅游吸引物的等级和品质，塑造旅游品牌；充分利用区域内的交通基础设施、商业服务设施等资源条件，合理规划设计旅游线路和行程，缩短游客抵达景区（点）的时间，降低旅游成本，提高旅游的舒适度；整合政府机构、旅游企业、公共安全部门等软资源，规范旅游市场，打击旅游市场中坑蒙拐骗等违法违纪行为，开展旅游营销，提高旅游服务质量，保障旅游安全，全面改善游客的旅游体验。

其次扩大旅游市场的开发程度，加强区域间、国际的旅游合作，扩大客源。具体包括：在政府层面，加强与东盟各国的国际旅游合作，制定和实施方便人员自由流动、车船出入境以及旅游企业经营运行的政策，简化出入境手续，共同建立环北部湾旅游圈互免签证机制，增加落地签证城市，扩大中越边境通行证适应范围，逐步消除本地区与东盟各国之间游客往来的过境障碍；加强与泛珠各省市的旅游合作，继续推进广西与泛珠各省市无障碍旅游区的建设，消除区域旅游合作的政策障碍，实现区域内旅游资源共享、导游互用、车辆互通、游客互送。在民间层面，广泛开展本地区旅游企业与东盟国家、泛珠各省市、广西其他地区旅游企业的合作，实行旅游线路对接，利用北部湾地区的旅游区位优势，借助周边地区的优良旅游资源提高本地区的旅游吸引力，大幅度地扩大客源地范围及目标游客群体。

加强旅游资源开发及扩大旅游市场的开发程度，将更多的潜在旅游者收纳为北部湾地区的目标游客，从而使北部湾地区旅游发展得以突破原有市场承载力所形成的"玻璃天花板"。

（二）借势提升环境承载力，扩大本地区旅游可持续发展的空间

中国—东盟自由贸易区建设、泛珠合作、扩大内需等一系列因素为北部湾地区的基础设施建设、生态环境保护与治理、社会经济发展提供了千载难逢的机遇，北部湾地区应抓住机遇，借势提升环境承载力，扩大本地区旅游可持续发展的空间。具体包括：

1. 建设出海、出省、出边大通道，构建现代化综合交通运输体系。目前广西与相邻各省还未形成畅通的高等级公路通道，尤其是通往珠三角地区的公路通道数量不足、等级不高；沿海港口大型码头、大能力泊位和深水航道少，吞吐能力和通过能力不强，西南出海水运通道网尚未形成；区域内路网建设和通达水平低；公路、水路、铁路、民航等运输方式之间缺乏协调衔接，各种运输方式内部的干线与支线、场站与枢纽、设备与设施、装卸与运输的发展不够均衡，现代综合交通运输体系还没有建立起来。本地区应抓住中国—东盟自由贸易区建设、泛珠合作、扩大内需等机遇，加大交通固定资产投资，加快高速公路、路网、农村公路、水运、铁路、民航设施的建设，构建现代化综合交通运输体系，提高出海、出省、出边能力。

2. 加强环境保护与治理，提升自然环境承载力。北部湾被誉为中国最洁净的绿色海湾，北海城市空气质量被誉为全国最优，南宁被誉为中国绿城，本地区山清水秀，空气清新，自然环境优良，自然资源丰富。但近年来伴随经济增长和沿海石化、林浆纸、能源、铝加工、钢铁、船舶修造等重大工业项目建设，环境保护的压力也日益增大。北部湾地区应协调好经济增长与生态环境的关系，对本地区大气、水质、土壤、地质、森林植被、海洋生物、水资源、土地资源、岸线、自然景观资源等进行保护和治理，保持和提升生态环境容量、自然资源容量、空间环境容量。

3. 推进北部湾城市群建设，提升社会经济环境承载力。北部湾地区"4+2"城市群中，除南宁市以外，各城市规模较小、经济发展水平较

低，市政设施及服务设施较为落后，社会管理水平有待提高，社会经济承载力较低。北部湾地区应在明确城市群功能定位的基础上，以资源节约、环境友好、社会文明、居民生活水平提高为目标，加强经济建设、精神文明建设、城市基础设施建设，改革社会管理体制，提高本地区旅游社会承载力和经济承载力。

提升环境承载力实际上是将图4—4所示的环境承载力曲线上移，从而使旅游可持续发展的空间得以扩大。在实践中，应通过有远见的战略规划，避免或减轻环境承载力的"弯曲效应"；同时充分利用市场承载力扩展过程中伴随着旅游业发展而产生的市场推动力，扩大"乘数效应"。

（三）两力并行开拓，创造本地区旅游可持续发展的集成效应

环境承载力和市场承载力的扩展可以并行开拓，例如在对某一地点进行环境治理的同时可以进行（点）建设，伴随交通基础设施的建设可以开辟新的旅游线路，在保护动植物资源的同时开发生态旅游项目等。环境承载力和市场承载力的并行开拓可以产生集成效应，一次投入可以产生环境改善、旅游吸引力提升、经济效益提高等多重产出。

桂林"两江四湖"工程是环境承载力和市场承载力并行开拓的一个成功范例。2000年以前，著名旅游城市桂林城内的水体环境污染严重，城内的榕湖、杉湖、桂湖、木龙湖成了发黑发臭的一潭死水，劣于国家地表水5类水质，严重影响了桂林城市居民的生活及当地旅游业的发展。1999年桂林开始实施环城水系的"两江四湖"工程，将桂林市中心区的漓江、桃花江、榕湖、杉湖、桂湖、木龙湖贯通，工程总投资达4.9亿元。这一工程不仅仅是通过"连江接湖"、"清淤截污"对桂林城市环境进行治理，而且还通过"显山露水"、"修路架桥"、"绿化美化"及修建升船机和船闸，营造独特的水上游乐景观。2002年"两江四湖"一期工程竣工，不仅使桂林城市环境得到明显的改善，也显著提升了桂林的旅游吸引力，如今两江四湖游已成为桂林市最具吸引力和经济效益最好的旅游项目之一。

北部湾地区的旅游发展应借鉴桂林的经验，将南宁市城市水系整治、红树林及海洋生物保护、北部湾海岸线保护、十万大山原始森林保

护、壮瑶苗京等少数民族文化及历史遗迹保护、北部湾路网建设等与景区（点）建设、旅游产品创新结合起来，融环境保护及治理于旅游开发之中，实施环境承载力开拓和市场承载力开拓的并行工程，利用集成效应促进北部湾地区旅游业快速、持续发展。

四　基于循环经济理念的旅游可持续发展思考

（一）尽量减少生态成本

我们在向自然界索取资源时，也必须考虑生态系统有多大的承载能力，如果透支，也要考虑它有多大的自我修复能力，要有一个生态成本总量控制的概念。由于生态系统修复的长期性，在开发旅游资源时，应考虑旅游区的生态承受能力，对旅游区进行分区开发和管理，除考虑短期的经济成本外，更要把长期表现出来的生态成本考虑进去。

（二）尽可能采用高新技术

信息技术、生物技术、新材料技术、新能源和可再生能源技术及管理科学技术等高新技术都能够大大减少物质和能量等自然资源投入。景区使用计算机网络或者旅游管理信息系统进行人员预警，饭店、旅行社利用计算机网络预订减少人力成本的支出，饭店运用高新材料建设以延长饭店的经营时间，使已投入的物质能得到充分的利用。

（三）倡导旅游绿色消费

旅游绿色消费是相对旅游一般消费而言的，它要求以税收和行政等手段，限制以不可再生资源为原料的一次性产品的生产与消费，促进一次性产品和包装容器的再利用，饭店的一次性用品和豪华包装等就应当被严格限制。

第五章

北部湾旅游可持续发展指标体系构建

第一节　区域旅游可持续发展指标体系的研究

一　区域旅游可持续发展

（一）传统的发展观

传统的发展观，是建立在以工业化生产为基础、以物质财富的增加为核心，以经济增长为唯一目标上的"工业化实现"模式。传统的发展观认为经济发展等于经济增长，经济增长必然带来社会财富增加和人类文明福利的扩大。因此，传统的发展观单纯以国民生产总值或国内生产总值作为衡量经济发展唯一指标，片面追求 GDP 的增长。

传统发展理论的根本缺陷在于：将非市场化的自然资源和生态环境排斥于经济生产价值运动之外，并且认为资源的供给能力和生态环境的承载能力是无限的。这种不考虑经济活动与自然资源和生态环境的相互关系的理念，不能使受到破坏的资源与环境得以补偿，也不存在保护和维持自然资源和生态环境可持续发展的内在机制。这种片面追求单纯的经济高速增长的发展模式，可概括为高投入、高消耗、低产出、低效益，以资源的浪费和生态环境的破坏为代价而换取的所谓的经济"增长"。这种片面追求经济增长的发展模式并不一定带来人类社会福利的增加，反而带来了一系列问题：如社会分配不公平，经济发展的成果只被社会上少数人所享有；经济发展过度地消耗资源，导致生态失衡和环境恶化，使人们生活在恶劣的环境中并受到生存危机的困扰；用于治理由于资源和环境破坏而引发的不良后果的投资成本和费用占用了国民财富的很大比例，因而又制约着经济的增长和人民生活质量的改善；更重要的是，如果失去了资源支撑能力和环境承载能力这一物质基础，经济发展将难以为继，整个人类社会发展最终将陷入困境。

（二）新的发展观——可持续发展观

新的发展观认为发展要求合理地利用资源，在保持生态平衡和环境承受能力的前提下，获得更高的增长，即实现人类社会、经济与资源和环境相协调的可持续发展。可持续发展理论概念是进入 20 世纪 80 年代以来，世界范围内的人口增长、资源枯竭、生态危机和环境恶化，使越来越多的人们感到掠夺式开发资源带来的严重后果，不得不重新认识人与自然的关系，重新寻找人类活动的经济目标、生态环境目标和社会目标相互协调的发展模式。可持续发展（sustainable development）作为一种全新的经济发展观，起源于协调环境保护与经济发展关系。1987 年，挪威首相布伦特兰夫人在世界环境与发展委员会上所作的《我们共同的未来》报告中，提出："可持续发展是既满足当代人的需要，又不损害后代人满足其需要的能力的发展。"然而，这一定义的高度概括性包含着对可持续发展理解的巨大弹性，在较长时期内国际社会并未能达成共识，实际上缺乏可操作性。不同的学科领域、不同的学派对可持续发展有着不同的理解：从自然属性角度定义可持续发展：偏重于生态持续和环境保护，将可持续发展定义为保护和加强环境系统的生产和更新能力、不超越环境系统再生能力的发展；从社会属性角度定义可持续发展：强调可持续发展的最终落脚点是人类社会，即改善人类的生活质量，创造美好的生活环境；从科技属性角度定义可持续发展：强调科技进步对可持续发展起着重大作用，可持续发展就是建立极少生产废料和污染物的工艺或技术系统；从经济属性角度定义可持续发展：大部分经济学家认为，可持续发展的提出是对传统经济发展模式的深刻反思的结果，可持续发展核心还是经济发展。埃德华·巴比尔把可持续发展定义为："在保护自然资源的质量和其所提供服务的前提下，使经济发展的净利益增加到最大限度。"此外，不同的国家对可持续发展观也有不同的理解和认识：发达国家把可持续发展看成是保护与改善环境质量，强调环境持续优先原则；而发展中国家则认为可持续发展更要注重经济发展，强调经济持续优先原则。尽管不同的学科、不同的国家对可持续发展的理解存在着分歧，但共同点是：改变传统发展观念，将经济发展与自然资源、生态环境、人口和社会等方面的发展协调起来，实现可持续发展。

（三）区域旅游可持续发展的内涵

旅游发展中的许多资源环境问题产生于发展的不足，为获取眼前的经济利益而过度消耗维持其生存发展的资源环境。既然生态环境恶化的原因存在于旅游发展过程之中，其解决办法也只能从发展过程中去寻找。旅游发展中不可持续性问题产生的根源在于发展过程问题，因而可持续发展问题在本质上是旅游如何发展的问题，也就是可持续发展战略与旅游发展的双赢问题。

学术界对旅游可持续发展的理解已经相当深刻，其核心是建立在经济效益、社会效益和环境生态效益基础之上的，既要使人们的旅游需求得到满足，个人得到充分发展，又要对旅游资源和旅游环境进行保护，使后人具有同等的旅游发展机会和权利。衡量其发展指标不单纯用旅游收入，而是用社会、经济、文化、环境等多项指标衡量。

参照 1990 年加拿大温哥华举行的《90 全球可持续发展大会旅游组行动筹划委员会会议》对旅游可持续发展概念表述和世界旅游组织在《旅游业持续发展—地方规划指南》中对可持续发展的定义，区域旅游可持续发展应该具有以下几点：（1）维持文化完整性；（2）为旅游者提供高质量的旅游经历；（3）促进旅游及其相关要素协调与公平发展；（4）特定区域的政府、社区、居民从中收益；（5）未来旅游开发赖以存在的环境质量得到保护；（6）合理的促进和管理机制。显然，旅游可持续发展评价指标不仅注重直接经济成本和经济效益、基础建设的完善性、简单的生态和环境保护，同时也注重社区、地方居民、旅游效果、文化表现、公平参与等指标，特别是社区和居民等利益群体的态度对旅游发展影响很大。

笔者在吸收前人研究成果的前提下，将区域旅游可持续发展的定义概括为：区域旅游可持续发展（Sustainable Development of Regional Tourision）是指在旅游资源的支撑能力和环境的承载能力约束条件下，充分发挥区域优势，不断调整和优化区域旅游结构；通过技术进步、体制创新，选择正确合理的资源使用方式和废弃物处理方式，减少旅游活动造成的生态环境压力，在资源使用效率提高的基础上，实行专业化集约型旅游增长；在保持自然资源持久支撑能力和生态环境良性循环的前提下，促进旅游的持续高效增长，提高社会福利水平和社会和谐程度，实现社会、经济、资源和环境的协调可持续发展。

笔者认为，区域旅游可持续发展的基本内涵应该包括以下几个方面：

1. 涉及领域广泛。旅游可持续发展所涉及的领域包括社会、经济、资源、环境、科技、人口等许多方面。发展的内涵既包括旅游发展的数量增加和质量提高，又包括社会的进步与和谐、资源的合理开发和高效利用、良好生态环境的保持和维护、科学技术的发展和创新以及人口数量的控制和人口素质的提高，目的是实现经济与社会、资源、环境的协调可持续发展。

2. 核心内容。区域旅游可持续发展的核心内容是协调发展，经济发展是区域实力和社会财富的基础，也是解决许多不可持续问题的途径。要实现区域的可持续发展，首先要建立可持续发展的经济，只有经济实力增强了，人民生活水平和质量提高了，才有能力和动力更好地解决社会和资源环境问题；而且经济发展的总目标与资源利用和环境保护并不冲突，自然资源和生态环境对经济发展提供一种支撑的作用，而经济发展水平的提高又反过来支持自然资源的合理开发利用和生态环境的维持和保护。

但经济发展不是以牺牲资源、生态环境为代价，而是使经济在资源、环境的约束条件下持久、稳定、协调发展。区域经济可持续发展也不是以节约资源和保护生态环境为名制约经济增长，经济发展应该以资源的可持续利用与优化配置和生态环境的良性循环作为前提，通过调整经济结构，转变经济增长方式，使经济发展与资源、环境、社会之间的发展相协调。

3. 重要标志。旅游可持续发展的重要标志是与保持旅游资源可持续利用和维护生态环境承载能力相协调的高效的经济结构和产业结构。旅游的可持续发展不仅要求注重增长的数量，更要求注重增长的质量，实现经济发展与自然资源、生态环境的协调发展，单纯以掠夺资源和破坏生态环境来追求经济高速增长不是可持续的发展。

实现区域旅游可持续发展必须要求旅游产业结构的不断调整和优化，基于区域资源、环境、社会经济状况，适时调整产业结构和技术结构，使产业结构有利于发展质量的提高，有利于区域优势产业的形成和区域竞争力的增强，产业内部的调整侧重于生产技术和工艺的进步，重点发展低消耗、少污染、高效益而又附加值高的优势产业和产品。

4. 物质保障条件。旅游可持续发展的物质保障条件是自然资源的永续利用和生态环境良性循环。由于资源的枯竭性和不可再生性，要实现旅游的可持续发展必须在资源稀缺性的约束下，有效地配置资源，提高资源的利用效率，实现资源的可持续利用。但是，在市场经济条件下，大量分散的微观经济主体出于对自身利益最大化的追求，只从自身的眼前利益出发掠夺性地开采资源，浪费性地消耗资源，将生产过程中产生的有毒有害污染物质肆意地排放到环境系统中，造成自然资源的永久枯竭和生态环境的严重破坏。

在市场机制下，这些生产行为的负外部性造成了严重的后果，但并不能通过市场反映和解决，使人类为此付出了极为沉重的资源和环境代价，反过来又制约和阻碍旅游的发展和人民生活质量的改善，旅游的可持续发展必须处理好经济发展与资源、环境的协调关系。

5. 强大动力。旅游可持续发展的强大动力是科技进步。科技进步促进了产业结构和技术结构水平的高级化，从而促进社会的快速发展，同时人类利用新的生产工艺和生产方式使得自然资源利用的深度和广度加强，提高了资源的利用效率，扩大了资源利用的范围，在资源环境利用强度不变条件下促进经济增长，遏制资源环境的退化。伴随着科学技术水平提高，人类生产力和认识水平也相应提高，不仅有能力利用自然，而且有能力保护自然，能够控制甚至消除经济发展所带来的资源枯竭、生态破坏和环境污染，也能够使人类与自然协调发展。科技进步不但是旅游增长的内在动力，也是实现资源可持续利用、环境良性循环的有效途径。

6. 发展目的。旅游可持续发展的目的是不断提高旅游业的发展，实现社会的可持续发展，也是为了能够持久地满足人类的需求，不断提高社会福利。根据马斯洛需求层次理论，人类需求的满足不但包括物质需求，还包括更高层次的需求；社会福利的提高也不仅局限于物质生活水平的提高，还包括丰富的精神生活、和谐安定的社会、优美的环境、充裕的闲暇、社会保障体系的完善以及教育医疗水平的提高。同时，人是区域旅游可持续发展的主体，也是实现区域旅游可持续发展的组成要素，建立人与自然资源与环境承载力相适应的新型生产方式和消费方式，控制人口规模，提高人口素质是实现区域旅游可持续发展的关键。

二 区域旅游可持续发展指标体系设计和评价方法的研究

（一）指标体系设计的方法

指标体系的构建方法主要有定量综合设计法和定性分析设计法两类。

第一，定量综合设计法

定量综合设计法是指对已存在的一些指标群按一定的标准进行聚类，在初步拟定的指标体系基础上，根据指标间的数量关系运用数学方法筛选出所需指标，形成指标体系的一种构造指标体系方法。定量综合法建立指标体系一般包括四个基本步骤：

1. 建立预选指标体系。明确评价对象的基本概念和特征，在定性分析的基础上，选择那些与评价目的相关的指标，构成预选指标集。构建预选指标集，选取指标的方法有频度统计法、理论分析法。频度统计法是对目前有关可持续发展评价研究的报告、论文进行频度统计，选择那些使用频度较高的指标；理论分析法是对区域经济可持续发展的内涵、特征进行分析综合，选择那些有重要发展特征的指标。

2. 初步处理。为使指标体系具有可操作性，需要进一步考虑被评价区域的特点，考虑指标数据的可得性，每个指标的计算方法、范围和内容的准确性，还要对指标的重要性、独立性和完备性进行分析，一般采用专家咨询法对初步指标体系进行调整和筛选。

3. 定量分析。定量分析就是对预选指标的数量特性进行分析，从而在预选指标集中选择特性较好的指标构成指标体系。常用的方法有隶属度分析、相关分析、主成分分析、因子分析、聚类分析等。

4. 确定阈值。根据上述介绍，定量分析选取评价指标方法的优点是：（1）根据指标的客观统计值作出判断，排除了主观因素的干扰，相同的数据集、采用相同的方法能够得到相同的指标体系，也就是说比较客观。（2）指标筛选方法在数学上有严密的论证，理论基础可靠，方法科学。但是，这类方法也有明显的缺陷，主要表现在：首先，这类方法不仅需要收集庞大的初始统计指标数据，而且需要大量的样本数据才能对各个指标反映整体状态的水平进行甄别，数据收集与整理的工作量较大。其次，对指标去留的筛选依赖于数据的质量，而且数据量越大，数据的可靠性越存在问题。最后，筛选出的指标体系的一个共同缺陷是指标过于离散，指标与指标之间没有明确的逻辑关系。

第二，定性分析设计法

定性分析设计法是指运用系统思想，根据评价目标对评价对象的结构进行深入的系统分析，把评价对象分解成若干部分（子系统），然后逐步细分，再对每一个子系统的属性进行深入分析，直到每一部分和侧面都可以用具体指标来描述和衡量，这些具体指标组合起来就构成了指标体系。通常是将指标体系的评价目标划分成若干个子目标或子子目标，然后每一个子目标都用若干个指标来反映，层次分析法（AHP）是定性分析设计指标体系方法的典型代表。

层次分析法的基本思想是充分利用人脑能够将复杂问题逐步简化的特点，首先将一个复杂问题分解成几个大的方面，然后将每个方面进一步分解成更细小的方面，如此层次递进，直至分解成可以用数据直接描述的层次。层次分析法可以将人们的主观判断用数量形式来表达和处理，特别适用于处理那些难以完全用定量方法来解决的复杂社会经济系统的问题。面对由众多因素构成的复杂系统，较难同时对若干因素做出精确的判断，层次分析可以通过两两因素对比，减少将若干因素放在一起比较的困难与不确定性，同时也减少主观因素的影响。因此，层次分析法被广泛应用于综合评价指标体系的构建中。

层次分析法的主要缺陷在于主观因素的影响，不同的人由于知识结构不同、观察角度不同以及其他一些主观因素的影响，对同一评价对象往往有不同的分解方法，选用的指标也有差别。但这种方法的最大优势是指标与指标之间存在逻辑关系，指标体系能够完整反映评价对象的全貌。

（二）指标体系的评价方法

指标体系建立之后，就要采取一定方法把各个指标所反映的信息综合起来，得到总的评价值。区域旅游可持续发展指标体系是一系列由多方面的测度指标有机结合形成的综合体，对区域旅游发展所涉及的主要方面和主要层次进行全方位的测量，这就决定了对区域旅游可持续发展的评价必须采用多指标综合评价的方法。多指标综合评价方法是从不同的侧面选取指标来全面综合反映评价对象的状况，即把多个描述被评价事物不同方面且量纲不同的统计指标，转化成无量纲的相对评价值，并综合这些评价值得出对事物一个整体评价的方法系统。

使用多指标综合评价方法对事物进行综合评价时所涉及的基本步骤包括：指标值的量化、指标值的无量纲化、指标权重的确定、评价指数合成方法的选择。

1. 指标值的量化。指标按其性质可分为两类：一类是定量指标，可根据基础统计数据查出或计算出指标值；另一类是定性指标，这类指标较难量化，是评价工作中克服主观因素的一大难题。为实现定性指标的定量化，通常的做法是：首先给定性指标以明确定义，再根据指标定义和实际情况，结合具体技术参数等情况，把定性指标人为定量化，定量化的标准使各评价方案之间具有可比性。

2. 指标值的无量纲化。无量纲化也叫数据的标准化、规格化，它是通过数学变换来消除原始变量（指标）量纲影响的方法。在多指标综合评价中，由于从不同的侧面选取指标，各指标的含义不同，指标值的计算方法也不同，因此各指标的量纲差异巨大，其评价的标准也不相同，不能直接综合在一起。为了将各个指标合成一个综合评价结果，首先必须对每个指标进行无量纲化处理。无量纲化方法大体分为直线型、折线型和曲线型三种方法。直线型无量纲化方法用于指标实际值与评价值呈线性关系的处理中。折线型无量纲化方法是指当指标值在不同区间内的变化，对被评价事物的综合水平的影响不一样时，采用折线型无量纲化方法来做分段处理。曲线型无量纲化方法用于指标实际值对评价值的影响不是等比例的情况。直线型无量纲化方法，是在将指标实际值转化成不受量纲影响的指标评价值时，假设二者之间呈线性关系，指标实际值的变化引起指标评价值一个相应的比例变化，主要有阀值法、Z－评分法（Z－Score）。在时间序列分析中，最常用的线性去量纲化方法是所谓的指数法和增长率法。指数法为报告期指标值与基期指标值之比；增长率法为报告期指标值与基期指标值之差占基期指标值的比重。

3. 指标权重的确定。指标的权重是指标相对于总评价目标重要程度的一种度量，不同的权重往往会导致不同的评价结果。权重是以某种数量形式对比、权衡被评价事物总体中诸因素相对重要程度的量值，它主要决定于两个方面：第一，指标本身在决策中的作用和指标值在北部湾可持续发展指标体系分析与评价研究值的可靠程度；第二，决策者对该指标的重视程度。

指标权重确定的方法大致可分为两类：一类是客观定量赋权法，即根据各指标间的相互关系或各项指标值的变异程度来确定权重，主要有主成分分析法、因子分析法、变异系数法、熵值法、复项关系数法；另一类是主观定性赋权法，多是采取综合评分的定性方法确定权重，主要有特尔菲法、层次分析法、综合指数法和模糊综合评判法。

4. 评价指数合成方法的选择。在多指标综合评价中，指数合成是指通过一定的算式将多个指标对事物不同的评价值综合在一起，得到一个整体性的评价。常见的合成方法有线性加权合成法、乘法合成法、加乘混合合成法等。线性加权合成法是多指标综合评价指数合成中最常用的方法，线性加权合成法就是指标体系中各项指标的标准值与其权重的乘积之和。线性加权合成法计算比较简便，应用较广，层次分析法在确定完权重后做综合评价时都采用这种方法。

通过对以上指标体系设计方法和指标体系综合评价方法的研究，可以将区域经济可持续发展评价指标体系的构建和评价过程概述为：对区域经济可持续发展的总目标进行分解—确立相应的准则—筛选合适的指标—建立指标体系—收集评价资料和数据—处理数据—确定指标权重—合成指数—产生评价结果—分析评价结果—制定对策和提出建议。其中有两个关键点：一是指标的设置和筛选，二是评价方法的选择。

第二节　北部湾旅游可持续发展指标体系的设计

一　北部湾旅游可持续发展指标体系的设计

建立北部湾旅游可持续发展指标体系的目的是描述和反映北部湾旅游可持续发展状况和趋势，评价北部湾旅游可持续发展的水平和程度，揭示北部湾旅游发展过程中存在的问题和制约因素，从而确定北部湾旅游发展进程中优先考虑的问题，为北部湾旅游发展政策的制定提供依据，从而为决策者和公众提供一个了解北部湾旅游可持续发展的有效的工具。

（一）指导思想

通过对北部湾旅游可持续发展理论的研究，建立北部湾旅游可持续发展指标体系的指导思想，主要包括：

1. 核心内容。强调北部湾旅游的可持续发展的核心内容是旅游经济发展，旅游经济发展是区域可持续发展的物质基础和前提条件。特别是对于北部湾来讲，要尽快摆脱落后山区的形象，加快城市化进程，更应该将旅游经济发展放在首位，因此在指标的选择和权重的确定中给予一定侧重。

2. 发展途径。旅游可持续发展不能以耗竭资源和牺牲环境为代价，应通过优化经济结构和调整旅游业结构，促进旅游资源的高效利用，生态环境的良性循环，提高经济效益，保持资源与环境系统对旅游发展的支撑能力和承载力，保障北部湾旅游的可持续发展。

3. 发展目的。社会系统的和谐发展是区域旅游可持续发展的目的，也是区域旅游可持续发展的支持系统。社会系统覆盖面宽泛，涉及的内容繁多，主要从提高当地居民的收入水平，改善生活质量，促进国内外交流，增加社会安全度等方面着手。

（二）基本原则

建立北部湾旅游可持续发展指标体系，必须能够准确反映北部湾旅游可持续发展的基本属性和主要特征。一方面，需要以现有的各项统计制度和数据为基础；另一方面，北部湾旅游可持续发展指标并不是原有的经济、环境和社会等领域统计指标的简单照搬和堆砌。建立北部湾旅游可持续发展评价指标体系时，要遵循以下主要原则：

1. 客观性和系统性原则。在设计指标体系时，所选择的指标必须立足于客观实际，根据区域旅游可持续发展的实际情况和条件，确定区域旅游发展主要方面的指标，抓住实质问题，做到主次分明。区域旅游可持续发展的重点应该强调经济发展，同时兼顾资源、环境的利用保护，指标的选择和权重的确定应将经济指标放到首位，兼顾社会、资源和环境发展。同时，指标体系必须能够全面地反映与旅游可持续发展密切相关的社会、经济、资源和生态环境各个方面，使评价目标和评价指标联系成一个有机整体，同时又要避免各指标之间相互重叠。

2. 整体性和代表性原则。设计指标体系的目的就是要通过它来认识评价对象的总体运动和变化的规律性，区域旅游可持续发展指标体系必须能够反映区域旅游发展的整体状况，既要反映经济、社会、资源、环境等各子系统发展的主要特征，又要反映以上各子系统相互协调发展的状态。代表性原则要求指标的选取侧重反映区域旅游发展的整体状况，指标体系不可能完全覆盖区域旅游发展所涉及的所有方面，选择的指标要具有代表性，不过多过细，尽可能概括旅游发展的主要方面和主要内容。

3. 可获取性和可操作性原则。指标的设置要尽可能以现有统计资料为基础，且统计数据要容易获取，易于分析计算。指标的选取应本着少而精的原则，尽可能选取与国家基本统计指标口径一致的少量有代表性的指标，力求用较少的指标来最大限度地反映整个地区旅游发展的全貌和水平。

4. 可量性和可比性原则。指标体系的基本目的是要将复杂的社会现象变为可以度量、计算和比较的数据、数字。所选指标要易于量化，即要有数据支持。指标要具有可比性，可进行纵向和横向的比较。纵向比较要求区域旅游可持续发展指标体系具有历史可比性，使评价结果在时间上现在与过去可比，反映旅游可持续发展的演进轨迹；横向比较则体现其区域范围的可比性，便于属于同一层级的区域旅游做对比，以认清本区域的优势和劣势，合理定位，以便于及时发现问题并提出相应的解决对策和措施。

5. 科学性和动态发展性原则。科学性是指指标体系一定要建立在科学基础上，指标的选择、指标权重系数的确定、数据的选取、计算与合成，必须以公认的科学理论为依据，具体指标能够科学、准确地反映区域旅游可持续发展内涵和主要目标的实现程度。另外，区域旅游本身是一个具有明显动态特征的过程，旅游可持续发展的内涵也随历史阶段的不同而有所不同，这就要求所构建的评价指标体系不仅能够客观地描述一个区域的现状，而且指标体系本身必须具有一定的弹性，能够适应不同时期区域旅游发展的特点，在动态过程中较为灵活地反映区域发展是否可持续及其可持续程度。

二 北部湾旅游可持续发展指标体系的构建

（一）构建的基本过程

北部湾旅游可持续发展指标体系是涵盖经济、社会、资源、环境等多方面的因素，对北部湾旅游发展所涉及的各个方面进行衡量的多层次指标体系。运用综合设计法需要收集和处理大量的初始统计指标数据和样本数据，而且通过定量分析选择的指标之间没有明确的逻辑关系。运用层次分析法所设计的指标体系中指标与指标之间逻辑关系明确，指标体系能够完整反映评价对象的全貌，但容易受主观因素的影响。为了扬长避短，本文采用层次分析法与综合设计法相结合的办法，筛选指标，构建区域旅游可持续发展指标体系。

北部湾旅游可持续发展评价指标体系的构建过程可以概述为：分解描述北部湾旅游可持续发展系统总目标—确立相应准则—建立递阶层次结构—建立预选指标集—筛选指标—建立指标体系。构建北部湾旅游可持续发展评价指标体系的基本过程，如图5—1所示。

第一，北部湾旅游可持续发展总目标的系统分解

运用层次分析法，对北部湾旅游可持续发展的系统结构进行分析，将北部湾旅游可持续发展系统分解成若干子系统，然后逐步细分，再对每一个子系统的属性进行分析，分解成具体的构成要素，这些构成要素可以通过具体指标来描述，建立递阶层次结构。

1. 目标层确立。指标体系的目标层是指标体系对评价对象总目标的综合描述和整体反映，本文以北部湾旅游可持续发展度作为衡量北部湾旅游可持续发展系统的综合指标。

2. 准则层确立。分析北部湾旅游可持续发展系统的系统结构和构成要素，建立综合目标与系统结构及构成要素间的对应关系，一般称作准

```
                        ┌──────────────┐
                        │     总目标     │
                        └──────────────┘
┌──────────────┐              │↓              ↖  ┌──────────┐
│   层次分析法    │──────────────→  ←──────────────│    分解    │
└──────────────┘              ↓                  └──────────┘
                        ┌──────────────┐
                        │ 建立递阶层次结构 │
                        └──────────────┘
                              │↓
                        ┌──────────────┐
                        │    收集资料     │
                        └──────────────┘
                              │↓
                        ┌──────────────┐
                        │  建立初步指标体系 │
                        └──────────────┘
┌──────────────┐              │
│    专家咨询     │──────────────→
└──────────────┘              ↓
                        ┌──────────────┐
                        │   确定具体指标  │
                        └──────────────┘
                              │↓          ┌──────────────┐
                              ←────────────│   原则与准则    │
                              ↓            └──────────────┘
                        ┌──────────────┐
                        │  建立指标体系   │
                        └──────────────┘
```

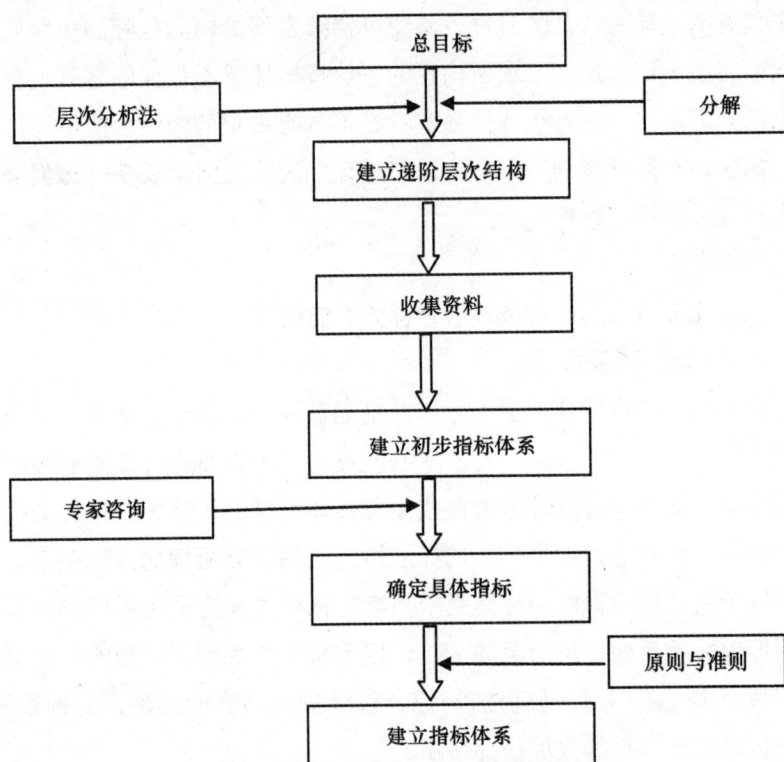

图 5—1   指标体系构建过程示意图

则。根据区域旅游可持续发展理论，区域旅游的可持续发展既要包括经济系统自身发展的问题，又要包括经济发展与社会系统、资源系统和环境系统发展的协调程度。因此，准则层由经济发展、社会发展、资源发展和环境发展四个子系统组成。

3. 子准则层的确立。分析北部湾旅游可持续发展系统的各子系统的构成要素，建立子系统与构成要素间的对应关系，可称为子准则；子准则层由经济子系统、社会子系统、旅游资源子系统、环境子系统构成。其中经济子系统分解为经济总量、经济结构和经济效益三个构成要素；社会子系统分解为支撑能力、协调度两个构成要素；旅游资源子系统分解为旅游资源禀赋程度、旅游资源利用程度、旅游资源保护程度三个构成要素；环境子系统分解为质量指标、控制力度两个构成要素。

4. 具体指标层的建立。指标层由具体的指标组成，反映的是目前北部湾旅游发展状态，描述现阶段北部湾旅游发展的现状水平。如旅游总收入、人均 GDP、旅游业平均利润率、旅游产业贡献率、旅游业直接从业人数等指标反映了旅游经济的现状；旅游从业人员素质、旅游发展对当地社会文化产生的影响程度、旅游车船数量、区域旅游业的发展规划完善程度等指标反映了社会的现状；而达到国家 3A 级以上景区（点）的数目与区域内旅游景区（点）总数的比例、旅游资源的丰富程度、污水处理率等指标则反映了旅游资源的现状；环境质量综合指数、生态环境优良性等指标反映了旅游环境的现状。

第二，具体指标的筛选

指标体系能否全面、真实、准确地描述和反映区域旅游可持续发展的整体情况，关键的因素在于所选取的指标是否全面、真实、准确地反映了区域旅游可持续发展的各方面要求。在把总目标逐层分解为具体的准则之后，下一步工作就是筛选与各准则相关的具体指标，筛选指标的基本步骤包括：

1. 预选指标集的建立。通过前面的分析，明确了区域旅游可持续发展目标的系统结构和构成要素，根据区域旅游可持续发展理论对区域旅游可持续发展的内涵和特征的描述，运用频度统计法和理论分析法，选择在区域旅游可持续发展评价中使用频度较高、与区域旅游可持续发展的内涵和特征相关的指标，构成预选指标集。

2. 预选指标的分析。对预选指标的特性进行分析，按照指标的重要性和对区域旅游可持续发展贡献率的大小，筛选出数目足够少，但却能表征区域旅游可持续发展最主要属性的指标，构成指标体系。分析指标数据的可获取性，指标的计算方法和统计口径；分析指标的重要性，保留重要的指标，剔除对评价结果无关紧要的指标；分析指标的完备性，使指标体系能够全面地反映区域旅游可持续发展的主要状况和特征；分析指标的独立性，所选指标之间应该相对独立，避免指标间的重叠。

3. 具体指标的确定。结合北部湾旅游发展特点和目标，在旅游可持续发展指标体系的指导思想和原则的指导下，通过专家咨询，筛选出 22 个单项指标，作为描述和反映北部湾旅游可持续发展属性和特征的具体指标。

（二）指标体系的建立

通过前面北部湾旅游可持续发展目标的层次分解和具体特征指标的

筛选，构成北部湾旅游可持续发展指标体系。北部湾旅游可持续发展指标体系分为四个层次，采用了经济子系统指标、社会子系统指标、旅游资源子系统指标和环境子系统指标四大类指标，10个分类指标和22个单项指标为基本框架的指标体系，详细指标见表5—1。

表5—1 北部湾旅游可持续发展指标体系

目标层	准则层	子准则层	指标层
北部湾旅游可持续发展能力A	经济子系统B1	经济总量C1	人均GDP（元）D1
			旅游总收入（万元）D2
		经济结构C2	旅游收入占GDP的比重（%）D3
		经济效益C3	旅游产业贡献率（%）D4
			旅游业平均利润率（%）D5
			旅游业直接从业人数（人）D6
	社会子系统B2	支撑能力C4	旅游从业人员素质（——）D7
			旅游车船数量（辆）D8
			区域旅游业的发展规划完善程度（——）D9
		协调度C5	旅游开发与地方民族文化的协调度（——）D10
			当地居民对旅游的接纳度与受益程度（——）D11
			旅游发展对当地社会文化产生的影响程度（——）D12
	旅游资源子系统B3	旅游资源禀赋程度C6	旅游资源的丰富程度（——）D13
			旅游资源的异景和异域文化特征突出程度（——）D14
		旅游资源利用程度C7	达到国家3A级以上景区（点）的数目与区域内旅游景区（点）总数的比例（%）D15
			旅游产品多样性程度（——）D16
		旅游资源保护程度C8	污水处理率（%）D17
			绿化覆盖率（%）D18
			旅游区环境达标率（%）D19
	环境子系统B4	质量指标C9	环境质量综合指数（——）D20
			生态环境优良性（——）D21
		控制力度C10	环境管理体系完善程度（——）D22

第三节　北部湾旅游可持续发展指标体系的评价

北部湾旅游可持续发展指标体系建立之后，就可以通过具体指标对北部湾旅游可持续发展的状况进行综合评价了。在构建的指标体系的基础上运用多指标综合评价方法对北部湾旅游可持续发展进行评价，需要量化指标值，对指标值进行无量纲化处理以消除不同指标单位的影响，确定各单项指标的权重；然后选择指数合成方法，对指标值和指标权重进行指数合成，由下至上，先对各子系统进行指数合成，得到各子系统的发展水平值；得到各子系统的发展水平值后，确定各子系统的权重值，再对总目标进行指数合成，最终得到北部湾旅游可持续发展的综合评价指数。通过这个综合评价指数值可以评价北部湾旅游可持续发展的水平和程度。评价基本步骤可以概括为：数据收集—指标值的量化—指标值无量纲化—指标权重的确定—评价指数合成—评价结果。

一　指标的无量纲处理

（一）数据收集

广西北部湾旅游可持续发展的综合评价指数。为了从时间发展的角度对广西北部湾旅游可持续发展水平作出评价，本文选择了四个时间，即利用2000年、2005年、2010年和2015年作为北部湾旅游可持续发展评价的数据，其中2000年、2005年和2010年指标值通过广西统计年鉴、统计报表、政策文件、发展报告、部门调查等方式获取统计数据并通过整理和计算，2015年的指标值是根据北部湾规划中的相关数据建立预测模型计算而得，所有数据计算结果如表5—2所示。

表5—2　　广西北部湾旅游可持续发展指标值及指标标准值

指标 D	单位	指标值				标准值		
		2000 年	2005 年	2010 年	2015 年	2005 年	2010 年	2015 年
人均 GDP D1	元	4425	11548	18025	23450	1.61	3.07	4.30

续表

北部湾旅游可持续发展战略研究

86

指标 D	单位	指标值				标准值		
		2000 年	2005 年	2010 年	2015 年	2005 年	2010 年	2015 年
旅游总收入 D2	亿元	95.30	174.05	267.41	380.05	0.83	1.81	2.99
旅游收入占 GDP 的比重 D3	%	6.01	9.71	15.23	18.30	0.62	1.53	2.04
旅游产业贡献率 D4	%	0.85	1.07	1.81	2.65	0.26	1.13	1.53
旅游业平均利润率 D5	%	13.00	18.00	21.00	25.70	0.40	0.62	0.98
旅游业直接从业人数 D6	人	21856	38547	42469	48560	0.80	0.94	1.23
旅游从业人员素质（——）D7	——	低	中等	高	高	0.40	0.90	0.90
旅游车船数量 D8	辆	269	584	671	792	1.18	1.50	1.94
区域旅游业的发展规划完善程度 D9	——	低	中等	高	高	0.40	0.90	0.90
旅游开发与地方民族文化的协调度 D10	——	中等	中等	高	高	0	0.90	0.90
当地居民对旅游的接纳度与受益程度 D11	——	低	中等	高	高	0.40	0.90	0.90
旅游发展对当地社会文化产生的影响程度 D12	——	高	高	高	高	0	0	0
旅游资源的丰富程度 D13	——	低	中等	高	高	0.40	0.90	0.90
旅游资源的异景和异域文化特征突出程度 D14	——	中等	高	高	高	0.29	0.29	0.29
达到国家 3A 级以上景区（点）的数目与区域内旅游景区（点）总数的比例 D15	%	11.00	29.75	35.10	42.00	1.70	2.20	2.82
旅游产品多样性程度 D16	——	低	中等	高	高	0.40	0.90	0.90
污水处理率 D17	%	34.00	50.10	75.80	87.90	0.47	1.23	1.59
绿化覆盖率 D18	%	20.05	31.79	39.32	48.32	0.50	0.96	1.41

指标 D	单位	指标值				标准值		
		2000 年	2005 年	2010 年	2015 年	2005 年	2010 年	2015 年
旅游区环境达标率 D19	%	65.00	70.50	92	98	0.08	0.42	0.51
环境质量综合指数 D20	——	63.09	79.10	89.74	98	0.25	0.42	0.56
生态环境优良性 D21	——	中等	中等	高	高	0	0.29	0.29
环境管理体系完善程度 D22	——	低	中等	高	高	0.40	0.90	0.90

资料来源：根据《广西统计年鉴》等资料整理而得

指标说明：在具体旅游区域进行指标筛选时，往往会遇到这样一个难题：某一指标，尽管它能够很好地反映出区域旅游系统中某一子系统的状态或某几个子系统间的相互关联，但要将这一指标定量化，用一般的统计方法是比较困难的，如区域旅游业的发展规划完善程度等指标。就需要使用模糊数学的相关理论，计算这些指标相对于某一具有明确定量内涵的定性概念的隶属度，比如就旅游资源的异景和异域文化特征突出程度指标而言，可以根据真实情况确定其隶属于低、中等、高等几个，可以简单定量化的定性概念的隶属系数，即隶属度，然后将这一隶属度或作为某种权重，或直接作为一个定量化数据用于评价中。

（二）指标的无量纲化处理

指标的无量纲化处理，就是将指标的原始值按照一定的计算方法求得该指标的得分，称为指标的标准值，以消除原始指标值量纲的影响，指标标准值在评价过程中衡量人们对被评价对象指标值的满意程度。在时间序列分析中，最常用的线性去量纲化方法是增长率法，增长率法是指报告期指标值与基期指标值之差占基期指标值的比重。

首先根据指标的作用倾向的不同，将各单项指标分为两类。一类是正效指标，这类指标值越大，越有利于系统的可持续发展，指标数值越大越好。正效指标数据的无量纲化处理变换公式为：

正效指标的标准值＝（基期指标值－报告期指标值）/报告期指标值

$$X'(j) = [X(j) - X(i)]/X(i)$$

其中 X（i）—报告期指标值；X（j）—基期指标值；X′（j）—报告期指标标准值。

另一类是负效指标，这类指标值越小，越有利于系统的可持续发展，指标数值越小越好。

对于负效指标的无量纲化有两种方法可供选择：

1. 转换指标。用把负效指标转换成正效指标的方法进行无量纲化处理。将逆指标取倒数就可以转化为正效指标。负效指标数据的无量纲化处理变换公式为：

负效指标的标准值＝（基期指标值倒数－报告期指标值倒数）/报告期指标值倒数

$$X'(j) = [1/X(j) - 1/X(i)]/1/X(i)$$

2. 转换公式。负效指标无量纲化公式与正效指标的无量纲化公式的区别在于将减项和被减项互相对调。负效指标数据的无量纲化处理变换公式为：

负效指标的标准值＝（报告期指标值－基期指标值）/基期指标值

$$X'(j) = [X(i) - X(j)]/X(j)$$

其中 X（i）—报告期指标值；X（j）—基期指标值；X′（j）—报告期指标标准值，指标值经过上述标准化变换后，指标的标准值见表5—2。

二 指标权重的确定

指标权重是定量表示指标体系各层次之间，层次内部各指标之间的相对重要性和对最终结果的影响程度。对区域旅游可持续发展系统而言，各子系统分属不同类别，指标值相关程度小，指标的权重应该从被评价因素相对于系统总目标和隶属子系统的重要程度来确定。因此，本文采用层次分析法（AHP）来确定权重。

应用层次分析法技术确定指标权重的基本过程包括：第一，分析问题，建立递阶层次结构。第二，构造判断矩阵。对所列指标的重要程度进行两两比较，运用 1~9 标度法逐层进行判断评分，构造判断矩阵。第三，计算判断矩阵特征向量 W 及最大特征根 λmax，得出每一层各指标的权重值。第四，对判断矩阵进行逻辑一致性检验。第五，权重排序。第六，计算各层元素对系统目标的合成权重，得到单项指标对总目标的重要性权值，并进行排序，见图 5—2 所示。

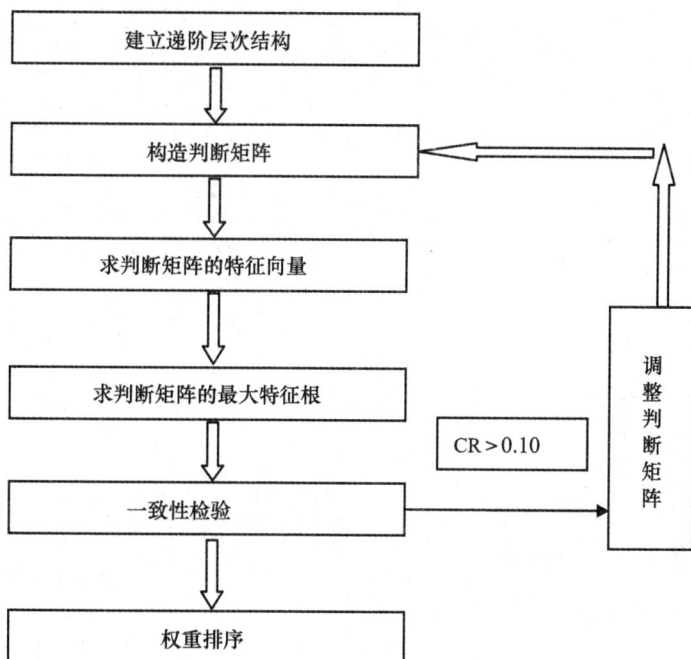

图 5—2　AHP 的权重求解过程

（一）递阶层次结构模型的建立

建立递阶层次结构就是根据系统所确定的实现目标，利用系统分析方法对系统目标进行分解，把系统目标分解成不同的层面，同一层面又分解成不同的因素，按照因素之间的关联关系和隶属关系，建立一个多层次的树状递阶的层次结构模型。第一层次只有一个因素，结构中的每一因素作为准则对下一层的元素起支配作用，同时它又受到上一层元素的支配。递阶的层次结构中的层次数与问题的复杂程度和需要分析的详细程度有关，一般来说不受限制，但同一层次中的各元素所支配的次级元素最好不要超过9个，因为支配的元素过多会给两两比较判断带来困难，逻辑上的一致性也更难以保证。

北部湾旅游可持续发展目标的系统结构分解和构成要素分析在前面的指标体系设计过程中已经完成，建立的递阶层次结构，如图5—3所示。

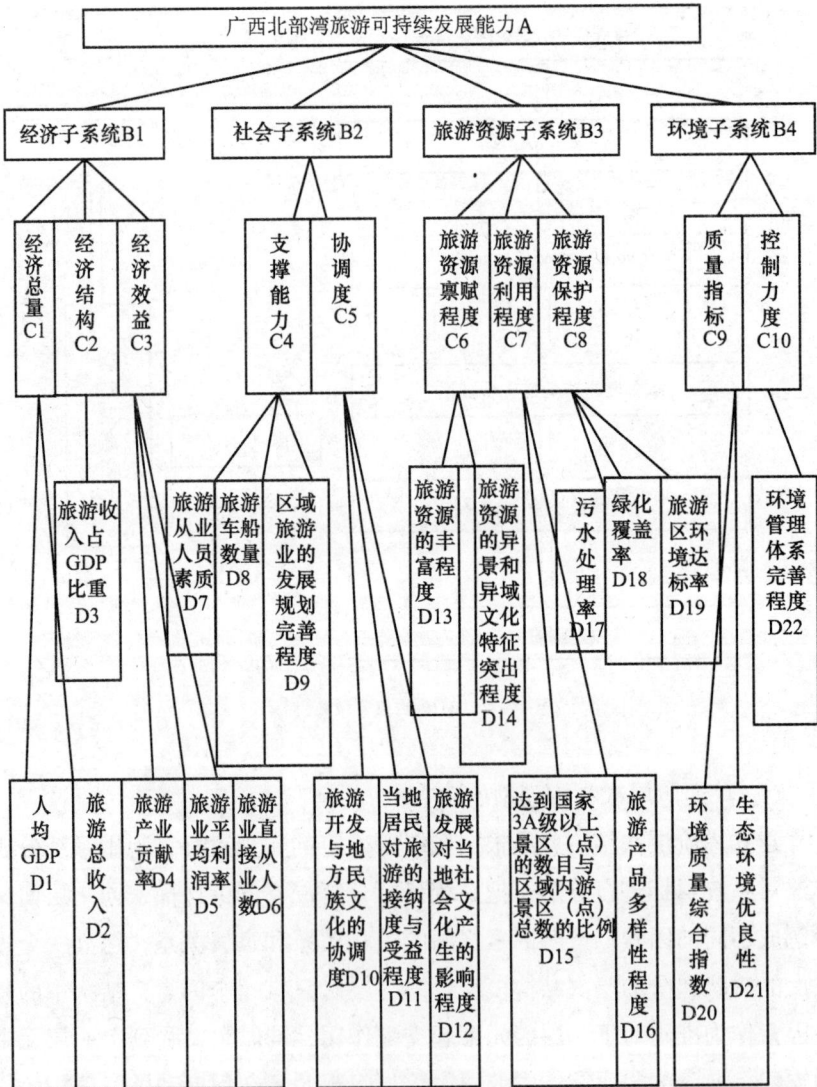

图5—3　递阶层次结构模型

（二）判断矩阵的构造

在建立递阶层次结构之后，根据层次结构模型确定上下层元素指标之间的隶属关系，针对上一层的准则，构造不同层次的两两判断矩阵，开始进行定量化分析。即对同一层各个指标相对于上一层准则指标两两比较其相对重要性程度，并将这些重要性用具体的标度值表示出来构成判断矩阵，即是判断矩阵 A。

$$A = (bij)\,m*n$$

判断矩阵 A 应具有以下性质：

第一，bij > 0；

第二，bij = 1，bji = 1/bij；i ≠ j（i, j, k = 1, 2, …, n）。

式中：A 为判断矩阵；n 为两两比较的因素数目；bij 表示因素 Ui 与 Uj，相对某一准则重要性的比例标度值。参考国内外研究成果，bij 可用萨帝（T. L. Satty）提出的标度法表示，见表5—3。

通过引入标度法将这些指标的相对重要性用具体的标度值数值化，来反映对各因素的综合考虑，得出全部的各层次的初始判断矩阵。表中标度（1, 3, 5, 7, 9, 2, 4, 6, 8），还有它们的倒数，都是数值意义上的数字，而不是顺序意义上的数字。这些数字是根据人们进行定性分析的直觉和判断力而确定的，运用1—9标度法可以较好地将思维判断数量化。

表5—3　　　　　　　　　　判断矩阵标度及其含义

标度	含义
1	表示两个因素相比，具有同样重要性
3	表示两个因素相比，一个因素比另一个因素稍微重要
5	表示两个因素相比，一个因素比另一个因素明显重要
7	表示两个因素相比，一个因素比另一个因素强烈重要
9	表示两个因素相比，一个因素比另一个因素极端重要
2, 4, 6, 8	上述两相邻判断的中值
倒数	因素 i 与 j 比较得判断 aij，则因素 j 与 i 比较得判断 aji = 1/aij

判断矩阵的构造方法是将同一准则或目标下的因素进行两两比较,并按上表1—9的比例标度对重要程度赋值,比较结果,即等级标度,记作 bij,填入两两比较判别表格中第 i 行、第 j 列的栏目中,表示第 i 行因素 Bi 比第 j 列因素 Bj 的相对重要程度,由此构成行比例的判断矩阵。

例如,认为 Bi 比 Bj 同样重要,则 Bij = 1,Bji = 1;显然,表格中对角线上的等级标度应等于1;认为 Bi 比 Bj 稍微重要,则 Bij = 3,Bji = 1/3;如果判断结果为 Bi 比 Bj 明显重要,则 Bij = 5,Bji = 1/5,即 Bi 比 Bj 的等级标度 Bij 等于5,那么反过来 Bj 比 Bi 的等级标度 Bji 是其倒数,即 1/5;所以只需对每两个因素做一次比较即可。换言之,只需填满比较表格的对角线上三角部分即可,构造出某一层次因素相对于上一层次某一因素的判断矩阵,如表5—4所示。

表 5—4   判断矩阵

A	B1	B2	B3
B1	1	5	3
B2	0.2	1	0.5
B3	0.333	2	1

按照标度法,依次类推,逐步构造各层次判断矩阵。

1. 构造 B 层判断矩阵 A—B 如下:

A	B1	B2	B3	B4
B1	1	3	5	2
B2	1/3	1	4	5
B3	1/5	1/4	1	2
B4	1/2	1/5	1/2	1

2. 构造 C 层判断矩阵 B1—C:

B1	C1	C2	C3
C1	1	5	2
C2	1/5	1	1
C3	1/2	1	1

3. 构造 C 层判断矩阵 B2—C：

B2	C4	C5
C4	1	2
C5	1/2	1

4. 构造 C 层判断矩阵 B3—C：

B3	C6	C7	C8
C6	1	1/5	1/6
C7	5	1	1/3
C8	6	3	1

5. 构造 C 层判断矩阵 B4—C：

B4	C9	C10
C9	1	1/8
C10	8	1

6. 构造 D 层判断矩阵 C1—D：

C1	D1	D2
D1	1	4
D2	1/4	1

7. 构造 D 层判断矩阵 C3—D：

C3	D4	D5	D6
D4	1	3	2
D5	1/3	1	1/2
D6	1/2	2	1

8. 构造 D 层判断矩阵 C4—D：

C4	D7	D8	D9
D7	1	5	3
D8	1/5	1	1/4
D9	1/3	4	1

9. 构造 D 层判断矩阵 C5—D：

C5	D10	D11	D12
D10	1	2	3
D11	1/2	1	1/2
D12	1/3	2	1

10. 构造 D 层判断矩阵 C6—D：

C6	D13	D14
D13	1	5
D14	1/5	1

11. 构造 D 层判断矩阵 C7—D：

C7	D15	D16
D15	1	3
D16	1/3	1

12. 构造 D 层判断矩阵 C8—D：

C8	D17	D18	D19
D17	1	6	2
D18	1/6	1	1/4
D19	1/2	4	1

13. 构造 D 层判断矩阵 C9—D：

C9	D20	D21
D20	1	5
D21	1/5	1

（三）单项指标权重的求解

利用判断矩阵计算权重的方法主要有和积法、方根法、特征根法。

本书采用和积法通过判断矩阵计算各指标的相对权重。在得到矩阵后，即可通过计算判断矩阵的特征向量 wi，wi 即为该矩阵中各指标的权重。算出各矩阵对应的权重向量后，就可逐层汇总合成为各指标对于总目标的权重。

和积法的计算思路是，将判断矩阵按列相加归一，然后再行相加除以判断矩阵的维数 n 即得到各个指标的权重。采用和积法计算各层次判断矩阵的特征向量的步骤如下：

首先，将判断矩阵按列相加归一，即每列各元素除以该列全部元素之和，得到一个新的矩阵：bij′ = bij/∑ bk j，其中 i，j，k = 1，2，…，n；

其次，对按列归一化的判断矩阵，再按行求和，得到一列向量 wi：wi = ∑ bij′；

最后，将向量 wi 归一，得到 Wi，即为权重：Wi = wi/∑ wi，其中 i = 1，2，…，n。

计算出判断矩阵 A—B 的权重为（见表 5—5）：

表 5—5　　　　　　　　　　判断矩阵 A—B 的权重

A	B1	B2	B3	B4	权重 Wi
B1	1	3	5	2	0.460
B2	1/3	1	4	5	0.318
B3	1/5	1/4	1	2	0.112
B4	1/2	1/5	1/2	1	0.110

判断矩阵 A—B 中权系数反映了经济子系统占北部湾旅游可持续发展综合实力的份额为 46.0%；社会子系统占北部湾旅游可持续发展综合实力的份额为 31.8%；旅游资源子系统占北部湾旅游可持续发展综合实力的份额为 11.2%；环境子系统占北部湾旅游可持续发展综合实力的份额为 11.0%。

采用和积法依次计算各单项指标的相对权重，见表 5—6。

表 5—6　　　　　　　　　　　　　指标体系各层次的权重值

准则层		子准则层		指标层	
准则 B	权重 Wi	子准则 C	权重 Wi	指标 D	权重 Wi
经济子系统 B1	0.460	经济总量 C1	0.601	人均 GDP（元）D1	0.780
				旅游总收入（万元）D2	0.220
		经济结构 C2	0.170	旅游收入占 GDP 的比重（%）D3	1
		经济效益 C3	0.229	旅游产业贡献率（%）D4	0.538
				旅游业平均利润率（%）D5	0.164
				旅游业直接从业人数（人）D6	0.298
社会子系统 B2	0.318	支撑能力 C4	0.667	旅游从业人员素质（——）D7	0.619
				旅游车船数量（辆）D8	0.096
				区域旅游业的发展规划完善程度（——）D9	0.285
		协调度 C5	0.333	旅游开发与地方民族文化的协调度（——）D10	0.538
				当地居民对旅游的接纳度与受益程度（——）D11	0.194
				旅游发展对当地社会文化产生的影响程度（——）D12	0.268
旅游资源子系统 B3	0.112	旅游资源禀赋程度 C6	0.081	旅游资源的丰富程度（——）D13	0.833
				旅游资源的异景和异域文化特征突出程度（——）D14	0.167
		旅游资源利用程度 C7	0.292	达到国家 3A 级以上景区（点）的数目与区域内旅游景区（点）总数的比例（%）D15	0.75
				旅游产品多样性程度（——）D16	0.25
		旅游资源保护程度 C8	0.627	污水处理率（%）D17	0.522
				绿化覆盖率（%）D18	0.143
				旅游区环境达标率（%）D19	0.335
环境子系统 B4	0.110	质量指标 C9	0.111	环境质量综合指数（——）D20	0.833
				生态环境优良性（——）D21	0.167
		控制力度 C10	0.889	环境管理体系完善程度（—）D22	1

三 层次排序与一致性检验

（一）层次单排序

层次单排序就是根据判断矩阵求出某一层相应因素对于其上一层次准则某一因素进行两两比较的相对重要性的权值，即得到各层因素对其上层因素的相对权重 Wi，这一过程便是层次单排序，这是某一层次所有元素对上一层次重要性排序的基础。由于各层次特征向量均已求得，因此单排序也已完成。

（二）层次单排序与一致性检验

判断矩阵是计算排序权向量的根据，但是构造判断矩阵，是两两因素相比，每一个因素都不止与一个因素有比较关系，两两因素相比较的结果，是否能使全部因素在相互比较关系中，都能取得一致性的结果，这在构造矩阵时并未得到保证。因此，需要对判断矩阵进行一致性检验。

根据矩阵理论，如果判断是严格准确一致的话，则具有完全一致性的判断矩阵 R 中各 bij 值之间应存在如下关系：

（1）bij = 1；bji = 1/bij；

（2）bij = bi/bj =（bi/bk）*（bk/bj）= bik * bkj = bik/bjk 其中 i，j，k = 1，2，…，n。

判断矩阵在满足完全一致性条件下，可从数学上证明，n 阶判断矩阵具有唯一非零的、也是最大特征根 $\lambda max = n$，且除此之外，其余特征根均为零。当判断矩阵不能保证具有完全一致性时，相应判断矩阵的特征根也将发生变化，这样就可以利用判断矩阵特征根的变化来检查判断矩阵的一致性程度。

在 AHP 中引入判断矩阵的一致性检验指标 CI，即以 $CI = \dfrac{|\lambda max - n|}{n - 1}$ 来检查人们判断思维的一致性。CI 值越大，表明判断矩阵偏离完全一致性越厉害；CI 值越小，表明判断矩阵越接近于完全一致性。一般，判断矩阵阶数 n 越大，人为造成偏离完全一致性指标 CI 也越大，阶数 n 越小，人为造成偏离也越小。

此外，对于多阶判断矩阵，还需引入判断矩阵的平均随机一致性指标 RI，RI 值只与矩阵维数大小有关，对于 1 至 9 阶判断矩阵，其 RI 值如表 5—7 所示。

表 5—7　　　　　　　　　　随机一致性指标 RI

1	2	3	4	5	6	7	8	9
0.00	0.00	0.52	0.89	1.12	1.36	1.32	1.41	1.46

当 n < 3 时，判断矩阵永远具有完全的一致性。判断矩阵的一致性指标 CI 与其同阶的平均随机一致性指标 RI 之比便是随机一致性比率，即 CR = CI/RI。

一般规定，当 CR < 0.10 时，即认为判断矩阵具有完全的一致性。否则，就需要重新调整判断矩阵，使其满足 CR < 0.10 的一致性结果。

因此，一致性检验的步骤为：

（1）求判断矩阵的最大特征根 λmax；

（2）计算一致性指标 CI = | $\lambda max - n$ | /n – 1；

（3）确定平均随机一致性指标 RI 值；

（4）计算随机一致性比率 CR：CR = CI/RI；

（5）当 CR < 0.10 时，判断矩阵具有满意的一致性。

按照以上步骤，对各层次判断矩阵进行一致性检验：

B 层判断矩阵 A—B：

$\lambda max = 4.207$　CI = | $\lambda max - n$ | /n – 1 = 0.069

查 RI = 0.89　CR = CI/RI = 0.077 < 0.10 一致性检验通过。

C 层判断矩阵 B1—C：

$\lambda max = 3.094$　CI = | $\lambda max - n$ | /n – 1 = 0.047

查 RI = 0.52　CR = CI/RI = 0.0903 < 0.10 一致性检验通过。

C 层判断矩阵 B2—C：

$\lambda max = 2$　CI = | $\lambda max - n$ | /n – 1 = 0

查 RI = 0.00　CR = CI/RI = 0 < 0.10 一致性检验通过。

C 层判断矩阵 B3—C：

$\lambda\max = 3.013$ $CI = |\lambda\max - n| / n - 1 = 0.0066$

查 $RI = 0.52$ $CR = CI/RI = 0.013 < 0.10$ 一致性检验通过。

C 层判断矩阵 B4—C:

$\lambda\max = 2$ $CI = |\lambda\max - n| / n - 1 = 0$

查 $RI = 0.00$ $CR = CI/RI = 0 < 0.10$ 一致性检验通过。

D 层判断矩阵 C1—D:

$\lambda\max = 2.007$ $CI = |\lambda\max - n| / n - 1 = 0.007$

查 $RI = 0.00$ $CR = CI/RI = 0 < 0.10$ 一致性检验通过。

D 层判断矩阵 C2—D:

$\lambda\max = 0$ $CI = |\lambda\max - n| / n - 1 = 0$

查 $RI = 0.00$ $CR = CI/RI = 0 < 0.10$ 一致性检验通过。

D 层判断矩阵 C3—D:

$\lambda\max = 3.0067$ $CI = |\lambda\max - n| / n - 1 = 0.003$

查 $RI = 0.52$ $CR = CI/RI = 0.006 < 0.10$ 一致性检验通过。

D 层判断矩阵 C4—D:

$\lambda\max = 3.0883$ $CI = |\lambda\max - n| / n - 1 = 0.044$

查 $RI = 0.52$ $CR = CI/RI = 0.08 < 0.10$ 一致性检验通过。

D 层判断矩阵 C5—D:

$\lambda\max = 3.048$ $CI = |\lambda\max - n| / n - 1 = 0.024$

查 $RI = 0.52$ $CR = CI/RI = 0.046 < 0.10$ 一致性检验通过。

D 层判断矩阵 C6—D:

$\lambda\max = 2.0$ $CI = |\lambda\max - n| / n - 1 = 0$

查 $RI = 0.00$ $CR = CI/RI = 0 < 0.10$ 一致性检验通过。

D 层判断矩阵 C7—D:

$\lambda\max = 2$ $CI = |\lambda\max - n| / n - 1 = 0$

查 $RI = 0.00$ $CR = CI/RI = 0 < 0.10$ 一致性检验通过。

D 层判断矩阵 C8—D:

$\lambda\max = 3.02$ $CI = |\lambda\max - n| / n - 1 = 0.01$

查 $RI = 0.52$ $CR = CI/RI = 0.02 < 0.10$ 一致性检验通过。

D 层判断矩阵 C9—D:

$\lambda max = 2.0$ $CI = |\lambda max - n| / n - 1 = 0$

查 $RI = 0.00$ $CR = CI/RI = 0 < 0.10$ 一致性检验通过。

D 层判断矩阵 C10—D：

$\lambda max = 0$ $CI = |\lambda max - n| / n - 1 = 0$

查 $RI = 0.00$ $CR = CI/RI = 0 < 0.10$ 一致性检验通过。

计算所得 CR 均 < 0.10，故各层次判断矩阵具有满意的一致性，权重有效。

（三）层次总排序

各矩阵对应权重确定后，逐层汇总合成为各指标对于总目标权重。前面得到各层因素对其上层因素的相对权重，但最终要得到各因素对于总目标的相对权重，特别是要得到最低层各指标对于总目标相对权重，这一过程是层次总排序。层次总排序就是将最低层权重与中间层权重合成，形成对总目标权重，最后由总排序权重确定序号。这一过程是由上而下逐层进行的，从层次结构的顶层开始，逐步向下层合成，根据同一层次中层次单排序的计算结果，综合得出对最高层的相对重要性的排序权重，最后由总排序权重确定序号，计算过程可用表 5—8 说明。

表 5—8　　　　　　　　　层次总排序的计算方法

层次 B（层次 B 对层次 A 的权重） 层次 C（层次 C 对层次 B 的权重）	B1 B2……Bm a1 a2……am	总排序权重
C1	w1 w2……w1	$\sum a_j w_{1j}$
C2	w2 w2……w1	$\sum a_j w_{2j}$
……	……	……
Cn	wn w2……wn	$\sum a_j w_{nj}$

通过层次总排序方法，计算 C—B 层层次总排序，见表 5—9。

表 5—9 　　　　　　　　　　C—B 层层次总排序

层次 B 层次 C	B1 0.460	B2 0.318	B3 0.112	B4 0.110	总排序权重	序号
C1	0.601	0	0	0	0.276	1
C2	0.170	0	0	0	0.078	6
C3	0.229	0	0	0	0.105	4
C4	0	0.667	0	0	0.212	2
C5	0	0.333	0	0	0.106	3
C6	0	0	0.081	0	0.009	10
C7	0	0	0.292	0	0.033	8
C8	0	0	0.627	0	0.070	7
C9	0	0	0	0.111	0.012	9
C10	0	0	0	0.889	0.098	5

通过层次总排序方法，计算 D—C 层层次总排序，见表 5—10。

表 5—10 　　　　　　　　　　D—C 层层次总排序

层次 C 层次 D	C1 0.601	C2 0.170	C3 0.229	C4 0.667	C5 0.333	C6 0.081	C7 0.292	C8 0.627	C9 0.111	C10 0.889	总排序 权重	序号
D1	0.780	0	0	0	0	0	0	0	0	0	0.469	2
D2	0.220	0	0	0	0	0	0	0	0	0	0.132	10
D3	0	1	0	0	0	0	0	0	0	0	0.170	9
D4	0	0	0.539	0	0	0	0	0	0	0	0.123	11
D5	0	0	0.164	0	0	0	0	0	0	0	0.038	20
D6	0	0	0.298	0	0	0	0	0	0	0	0.068	16
D7	0	0	0	0.619	0	0	0	0	0	0	0.413	3
D8	0	0	0	0.096	0	0	0	0	0	0	0.064	19
D9	0	0	0	0.285	0	0	0	0	0	0	0.190	7
D10	0	0	0	0	0.538	0	0	0	0	0	0.179	8
D11	0	0	0	0	0.194	0	0	0	0	0	0.065	18

层次 B 层次 C	C1 0.601	C2 0.170	C3 0.229	C4 0.667	C5 0.333	C6 0.081	C7 0.292	C8 0.627	C9 0.111	C10 0.889	总排序 权重	序号
D12	0	0	0	0	0.268	0	0	0	0	0	0.089	14
D13	0	0	0	0	0	0.833	0	0	0	0	0.067	17
D14	0	0	0	0	0	0.167	0	0	0	0	0.014	22
D15	0	0	0	0	0	0	0.750	0	0	0	0.219	5
D16	0	0	0	0	0	0	0.250	0	0	0	0.073	15
D17	0	0	0	0	0	0	0	0.522	0	0	0.327	4
D18	0	0	0	0	0	0	0	0.143	0	0	0.090	13
D19	0	0	0	0	0	0	0	0.335	0	0	0.210	6
D20	0	0	0	0	0	0	0	0	0.833	0	0.092	12
D21	0	0	0	0	0	0	0	0	0.167	0	0.019	21
D22	0	0	0	0	0	0	0	0	0	1	0.889	1

（四）层次总排序与一致性检验

层次总排序一致性检验过程也是从高到低逐层来进行的，总排序随机一致性比率为：

$$CR_总 = CI_总/RI_总$$

当 $CR_总 < 0.10$ 时，则认为层次总排序结果具有满意一致性，否则需要重新调整判断矩阵的元素取值。

对于北部湾旅游可持续发展层次结构的总排序一致性检验为：

$CI_总 = 0.001848$

$RI_总 = 0.5799$

$CR_总 = CI_总/RI_总 = 0.003187 < 0.10$

因此，层次总排序具有满意的一致性。

四 北部湾旅游可持续发展的评价结果

（一）综合评价指数的计算

在确定各单项指标在各自对应层次的权重（相对重要度）及其对系统总层次的总序权重（综合重要度）的基础上，通过线性加权合成法，可进一步求其综合评价指数以评价北部湾旅游可持续发展的程度。线性加权合成法就是指标体系中各项指标的标准值与其权重的乘积之和。以W为各单项指标的总排序权重，以Xi作为各单项指标的标准值，综合评价指数Z的计算公式如下：

$$Z = \sum W_i X_i \ (i = 1, 2, \cdots, n)$$

式中：Z—被评价对象得到的综合评价值；

Wi—评价指标的权重；

Xi—单个指标无量纲化后的值，即指标的标准值；

N—评价指标个数。

（二）综合评价指数的分级

参照国内外综合指数分级方法，设计一个评价指数分级标准并给出相应的分级评语，给综合评价指数一个定性的描述。旅游可持续发展度分为五级，各级的指数范围见表5—11。

表5—11 　　　　　　　　评价指数分级表

分级	指数值	评价
1	>90	可持续发展能力强
2	80～90	可持续发展能力较强
3	60～79	基本可持续发展
4	30～59	可持续发展能力弱
5	<30	可持续发展能力很弱

根据综合评价指数Z的计算公式，得到广西北部湾2005年旅游可持续发展的综合指数Z1、2010年旅游可持续发展的综合指数Z2和2015年旅游可持续发展的综合指数Z3分别为：Z1 = 58.76，Z2 = 88.13，Z3 = 94.71。

对照评价指数分级表可知，北部湾旅游处于的状况是经济、社会、旅游资源、环境正由可持续发展能力弱向基本可持续发展能力强过渡。

五 评价结果分析

依表5—2计算结果可以看出：广西北部湾2005年旅游可持续发展

主要受到旅游产业贡献率、旅游资源的异景和异域文化特征突出程度、旅游区环境达标率、环境质量综合指数等因素的影响。到了2010年广西北部湾旅游可持续发展情况有了很大的改观，主要的制约因素有旅游资源的异景和异域文化特征突出程度、生态环境优良性。通过预测2015年的情况也不错，但还需在旅游资源的异景和异域文化特征突出程度、生态环境优良性两方面努力，由此可见，广西北部湾旅游可持续发展主要还是需要加强生态环境条件建设和旅游资源的合理开发与保护。

从2005年到2010年再到2015年，对照评价指数分级表可知，广西北部湾旅游可持续发展的综合指数由2005年的58.76增加到2010年的88.13，说明广西北部湾旅游处于由可持续发展能力弱向可持续发展能力较强过渡。广西北部湾经济、社会、旅游资源、环境的正面指标得到进一步提高，负面指标得到有效的控制，尤其是人均GDP、旅游总收入、旅游收入占GDP的比重、旅游产业贡献率、污水处理率、旅游区环境达标率等指标有很大幅度的提高，表明广西北部湾的旅游业正在步入正轨，对国民经济的贡献越来越大。同时根据广西"十二五"规划的相关资料以及广西目前的发展趋势，推算出广西北部湾旅游可持续发展能力综合指数2015年为94.71，表明广西北部湾的旅游可持续发展能力不断增强，经济、社会、资源和环境能够协调发展，探索出一条可持续发展的道路。

第六章

北部湾旅游可持续发展现状研究

第一节 广西北部湾经济发展状况分析

一 广西北部湾经济发展状况

2008 年 1 月，国家批准实施《广西北部湾经济区发展规划》，批准设立广西钦州保税港区、广西凭祥综合保税区，广西发展迎来了千载难逢的历史性机遇。广西北部湾经济区对全区经济的带动作用开始显现，经济区数据首次在自治区统计局提供的数据中单列出来。

（一）南宁市经济发展状况

南宁作为广西的首府，是广西的政治、经济、文化中心，经济发展速度非常快，南宁市近几年经济情况见表 6—1。2009 年实现国民生产总值 1524.71 亿元，是 2003 年的 3.03 倍。1978 年，中共十一届三中全会以后，经济发展速度逐步加快，改革开放 30 多年来，随着开发的力度不断加强，国民经济步入了快捷、健康的发展轨道。全市经济年均增长 11.2%，发展速度比 20 年前提高了 3.8 个百分点。

南宁在全区经济发展中占有举足轻重的地位，经济总量居全区第一位。2009 年全市地区生产总值达到 1524.71 亿元，全市生产总值占全区生产总值的比重由 1958 年的 14.12% 上升到 19.65%。南宁市人均生产总值由 2003 年的 7874 元提高到 2009 年的 21829 元，相当于 2003 年的 2.77 倍，人均生产总值高于全区（1.6 万元）平均水平。财政能力有了显著的提高，2004 年南宁市财政总收入仅为 74.60 亿元。2005 年南宁市财政收入在广西全区率先突破 100 亿元，2009 年全市财政总收入突破

200 亿元，达到 231.37 亿元，比 2008 年净增长 40.2 亿元，增长 21.3%。经济快速发展，居民的收入也随着提高，可支配收入增加。城镇居民人均可支配收入由 2003 年的 9162 元提高到 2009 年的 16254 元，增长幅度达 77.41%。

表6—1　　　　　　　2003—2009 年南宁市经济发展主要指标

年份	生产总值（亿元）	人均生产总值（元）	财政收入（亿元）	城镇居民人均可支配收入（元）
2003	502.53	7874	68.04	9162
2004	588.86	9126	74.60	8060
2005	723.36	11057	100.22	9203
2006	870.15	13071	120.16	10193
2007	1069.01	15759	150.84	11877
2008	1316.21	19142	191.17	14446
2009	1524.71	21829	231.37	16254

资料来源：广西年鉴、广西统计年鉴数据整理

（二）北海市经济发展状况

北海位于广西南端，在北部湾东岸，是中国西南地区重要港口城市和广西北部湾经济区重要组成城市。充分利用自身的地理优势，大力发展港口经济和旅游经济。北海银滩度假区和涠洲岛等景点每年吸引成千上万的游客前来旅游度假，极大地促进了北海经济的发展。2003 年，北海实现地区生产总值 140.14 亿元，2009 年地区生产总值 321.06 亿元，是 2003 年的 2.29 倍。人均生产总值从 2003 年的 0.96 万元提高到 2009 年的 2.0302 万元。随着当地及国家政府对北部湾经济区的重视，吸引了众多投资者前来北海投资。2009 年社会固定资产投资额 321.85 亿元，是 2003 年的 7.47 倍。北海的投资和旅游繁荣发展，为当地带来了巨大的经济效益，当地居民从中受益，直接表现在居民人均可支配收入中。北海城镇居民人均可支配收入从 2003 年的 8015 元提高到 2009 年的 15134 元，增幅高达 88.82%，北海市经济发展指标见表6—2。

表6—2   2003—2009 年北海市经济发展指标

年份	生产总值（亿元）	人均生产总值（万元）	社会固定资产投资（亿元）	城镇居民人均可支配收入（元）
2003	140. 14	0. 96	43. 06	8015
2004	161. 89	1. 09	51. 4	8773
2005	181. 62	1. 22	67. 24	9014
2006	199. 64	1. 33	87. 45	10400
2007	246. 58	1. 5988	135. 36	12300
2008	313. 88	2. 0093	200. 31	14000
2009	321. 06	2. 0302	321. 85	15134

资料来源：广西年鉴、广西统计年鉴数据整理

（三）防城港市经济发展状况

防城港是中国西南地区出海通道的主要港口。防城港市的经济发展增长迅速，各项经济指标都有高增长，如表6—3 所示。防城港市 2003年生产总值只有 71.98 亿元，2009 年增加到了 251.04 亿元，增长幅度高达248.76%。人均生产总值由 2003 年的0.9159 万元增加到 2009 年的2.9602 万元，增长幅度为 223.2%。社会固定资产投资的增长幅度尤为迅速，2003 年是 19.7 亿元，2009 年达到 254.10 亿元，增长幅度高达1189.85%。城镇居民人均可支配收入由 2003 年的7833 元增加到 2009年的 16067 元，增长幅度为 105.12%。

表6—3   2003—2009 年防城港市经济发展指标

年份	生产总值（亿元）	人均生产总值（万元）	社会固定资产投资（亿元）	城镇居民人均可支配收入（元）
2003	71. 98	0. 9159	19. 7	7833
2004	84. 6	1. 07	30. 4	6324
2005	94. 77	1. 19	42. 96	7254
2006	119. 61	1. 48	68. 96	9113
2007	159. 28	1. 9329	103. 53	12159
2008	212. 18	2. 5375	146. 05	14364
2009	251. 04	2. 9602	254. 10	16067

资料来源：广西年鉴、广西统计年鉴数据整理

（四）钦州市经济发展状况

钦州市的经济增长迅速，各项经济指标都有大幅度的增长，具体见表6—4。生产总值由2003年的155.33亿元增长到2009年的396.18亿元，增长幅度达155.06%。人均生产总值迅速增长，2009年为12206元，是2003年4636元的2.63倍。社会固定资产投资增长尤为迅速，2003年仅为44.5亿元，2009年高达374.65亿元，增长幅度高达741.91%。城镇居民人均可支配收入2009年是15768元，是2003年的2.12倍。

表6—4　　　　　　　　　2003—2009 年钦州市经济发展指标

年份	生产总值（亿元）	人均生产总值（元）	社会固定资产投资（亿元）	城镇居民人均可支配收入（元）
2003	155.33	4636	44.5	7437
2004	174.65	5231	62.4	7299
2005	205.52	6000	89.85	8942
2006	245.07	7107	117.88	10000
2007	303.92	9552	165.93	12057
2008	377.42	11740	248.91	14106
2009	396.18	12206	374.65	15768

资料来源：广西年鉴、广西统计年鉴数据整理

（五）崇左市经济发展状况

崇左在2003年成立崇左地区，经济发展开始逐渐发展，其中制糖业、锰业、水泥和电力业是崇左市的四大支柱行业。2003年，生产总值为106.49亿元，到2009年，全市生产总值304.36亿元，年均增长19.13%；人均生产总值由2003年的4687元增长到2009年的13921元，年均增长19.89%；社会固定资产投资由2003年的32.49亿元增加到2009年的212.28亿元，年均增长36.73%；2003年城镇居民人均可支配收入4011元，2009年为14051元，年均增长23.24%，具体经济发展指标见表6—5。

表6—5 2003—2009 年崇左市经济发展指标

年份	生产总值 （亿元）	人均生产 总值（元）	社会固定资产 投资（亿元）	城镇居民人均可 支配收入（元）
2003	106.49	4687	32.49	4011
2004	128.73	5627	40.73	6217
2005	151.13	6566	52.81	7102
2006	194.03	8366	71.05	8650
2007	231.87	10826	115.15	11070
2008	264.8	12226	128.49	12732
2009	304.36	13921	212.28	14051

资料来源：广西年鉴、广西统计年鉴数据整理

（六）玉林市经济发展状况

玉林是广西东南部一座具有千年历史的古城，总面积 12838 平方公里，总人口 595.5 万人。全市有华侨及港澳台同胞 100 多万人，是广西最大、全国著名的侨乡。玉林市经济基础坚实，发展商机无限。玉贵走廊建设、中小企业商机博览架构合作平台，海螺水泥、燕京啤酒、旺旺食品等相继落户。机械产业、水泥陶瓷、健康产业、服装皮革四大产业集群日益壮大，非公有制经济活跃，中小企业名城崭露头角。玉柴是全国最大的内燃机生产基地，三环陶瓷是全国最大的日用陶瓷生产出口基地之一，福绵管理区被誉为"世界裤子之都"。玉林市是华南地区主要的商品集散地之一，市场发达，商贾云集，交易活跃。

2009 年经济快速发展，全市生产总值由 2003 年的 244.76 亿元增加到 2009 年的 683.49 亿元，年均增长 18.67%；人均生产总值由 2003 年的 4160 元增加到 2009 年的 12033 元，年均增长 19.37%；社会固定资产投资由 2003 年的 48.33 亿元增长到 2009 年的 444.61 亿元，年均增长高达 44.75%；城镇居民人均可支配收入由 2003 年的 7877 元增长到 2009 年的 15827 元，年增长率为 12.33%。玉林市年生产总值突破 100 亿元，从 1950 年起花了 44 年时间；突破 200 亿元，花了 7 年时间；突破 300 亿元，花了 3 年时间，突破 600 亿元，只花了 2 年的时间，具体经济发展指标见表 6—6。

表 6—6　　　　　　　　2003—2009 年玉林市经济发展指标

年份	生产总值（亿元）	人均生产总值（元）	社会固定资产投资（亿元）	城镇居民人均可支配收入（元）
2003	244.76	4160	48.33	7877
2004	299.87	5061	92.3	6770
2005	356	5998	131.3	8297
2006	415.06	6908	176.11	10200
2007	506.04	9083	230.68	12202
2008	605.92	10770	290.69	14156
2009	683.49	12033	444.61	15827

资料来源：广西年鉴、广西统计年鉴数据整理

二　经济发展的趋势与特征

（一）经济发展的趋势

2004 年中国—东盟博览会首次在南宁举办，并获得巨大成功，吸引越来越多的投资商到广西特别是广西北部湾地区投资。政府加大对基础设施的投资建设，广西北部湾城市的经济发展迅猛。2003年广西北部湾经济区中，南宁、北海、防城港、钦州、崇左和玉林六市的生产总值总计 1221.23 亿元，每年的生产总值持续稳定增长，到 2009 年六市的生产总值总量达 3480.84 亿元，增长率为185.03%。南宁的生产总值在六市中所占的比重最大；随着玉博会等交易会的开展，玉林的经济发展速度很快；钦州的增长速度尤为迅速，2005 年以来其增长速度超过北海，继续保持增长速度；但是相对于南宁来说，北海、防城港、钦州、崇左生产总值偏小。广西北部湾六市的经济继续保持稳步增长的趋势（见图 6—1）。

（二）经济发展的特征

1. 广西北部湾六市生产总值持续增长。随着经济的快速发展，广西北部湾"4 + 2"城市的经济的发展保持持续增长的态势（见图 6—2）。2003 年广西北部湾南宁、北海、防城港、钦州、崇左和玉林六市的生产

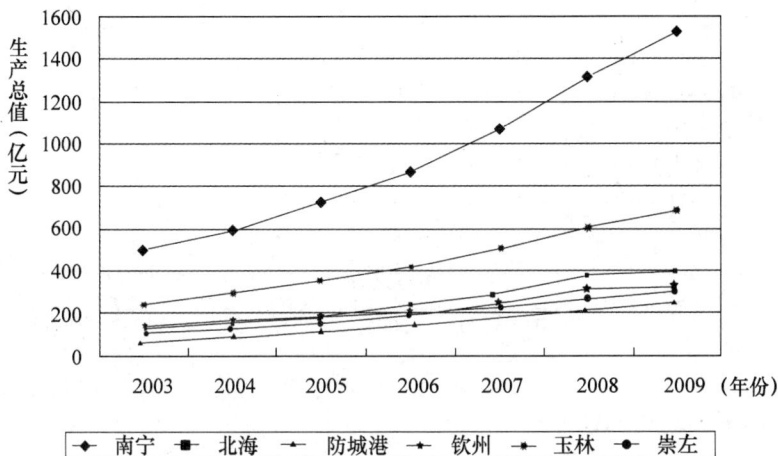

图6—1 2003—2009 年广西北部湾各城市生产总值情况

资料来源：广西年鉴数据整理

总值之和为 1221. 23 亿元。随着中国—东盟博览会的举办，广西与东盟国家的经济来往越来越密切，广西北部湾 "4 + 2" 城市在积极的经济环境中得到了快速的发展。2004 年北部湾 "4 + 2" 城市的生产总值之和达到 1438. 60 亿元，与同期相比，增长幅度达 17. 8%。随着北部湾 "4 + 2" 城市的经济与国内外经济不断渗透发展，北部湾 "4 + 2" 城市生产总值持续增长，2005 年、2006 年、2007 年、2008 年、2009 年五年的生产总值之和分别为 1712. 40 亿元、2043. 56 亿元、2516. 7 亿元、3090. 41 亿元、3480. 84 亿元。2009 年六市生产总值是 2003 年的 2. 85 倍。

2. 广西北部湾生产总值占全区生产总值份额大。2003 年广西北部湾生产总值之和为 1221. 23 亿元，占广西生产总值的 44. 68%，2004—2009 年六年六市生产总值之和占广西生产总值分别是 41. 90%、41. 14%、42. 56%、42. 73%、43. 09%、44. 86%。六市生产总值之和占广西生产总值的比例在 40% 左右。目前广西共有 14 个行政地区，北部湾六市生产总值占了广西生产总值的 40%，所占的份额很大，而且有继续扩大的趋势（见图6—3）。

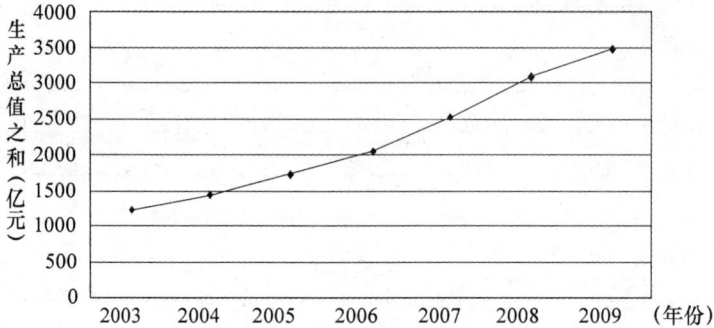

图6—2　2003—2009年广西北部湾生产总值之和

资料来源：广西统计年鉴

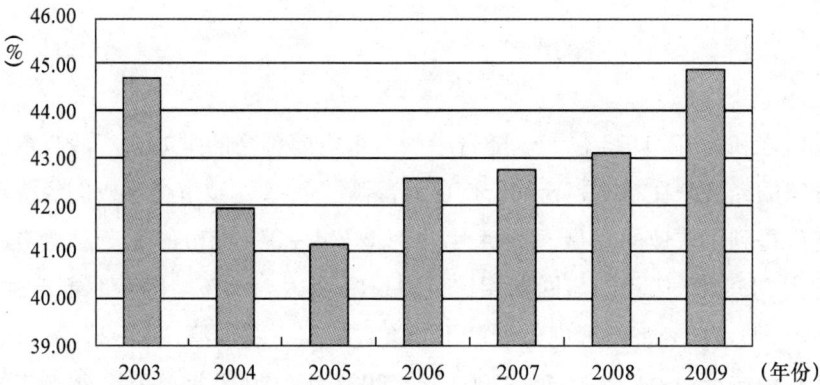

图6—3　2003—2009年广西北部湾六市生产总值之和占广西生产总值的比例

资料来源：广西统计年鉴

3. 南宁生产总值在六市中的份额最大。2003年，南宁生产总值占广西生产总值的18.39%，而北海、防城港、钦州、崇左和玉林五市生产总值占广西生产总值比例分别为5.13%、2.63%、5.68%、3.90%和8.96%，北海、防城港、钦州、崇左和玉林生产总值所占比例之和是26.30%。2004、2005年、2006年、2007年、2008年和2009年南宁生产总值的比例分别为17.15%、17.80%、18.12%、18.16%、18.35%和19.70%（见图6—4），与其他五市相比，所占广西生产总值都远高于其他五市。

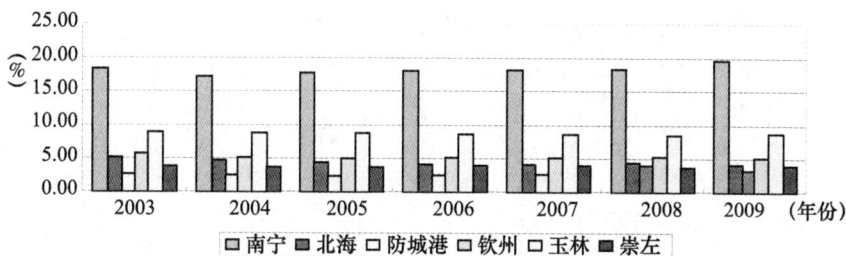

图6—4 广西北部湾六市生产总值占广西生产总值的比例

资料来源：广西年鉴数据整理

三 制约经济发展的因素

广西北部湾的经济取得了长足进步，经济规模不断扩大，为促进广西北部湾国民经济持续发展发挥了积极的作用。在发展的同时，不能忽视制约经济发展的因素。

（一）产业结构不尽合理

广西北部湾"4＋2"城市的产业结构不尽合理，经济发展仍然以农业为主，工业化程度比较低，第三产业不发达。工业产业结构单一，不利于保持持续增长。崇左经济发展主要依靠制糖业、锰业、水泥行业和电力业的拉动，四大行业增加值所占比重达90％左右，产业结构比较单一，这些行业一旦受损，将影响到崇左的发展速度，如机制糖和铁合金产品，2008年市场价格下跌较为严重，崇左市工业增长受到了极大的影响。钦州第一产业所占的三大产业的比例很高，甚至超过了第二产业。2003年，钦州三大产业增加值分别是69.98亿元、37.17亿元、48.38亿元，三大产业所占的比重分别是45.05％、23.93％、31.15％，产业结构构成不平衡。2004—2007年四年中，钦州的三大产业构成中，第一产业所占的比例均高于第三产业，尽管2008年和2009年第三产业超过第一产业，但所超数值不大，如图6—5所示。三大产业经济结构失衡，制约北部湾经济的发展。

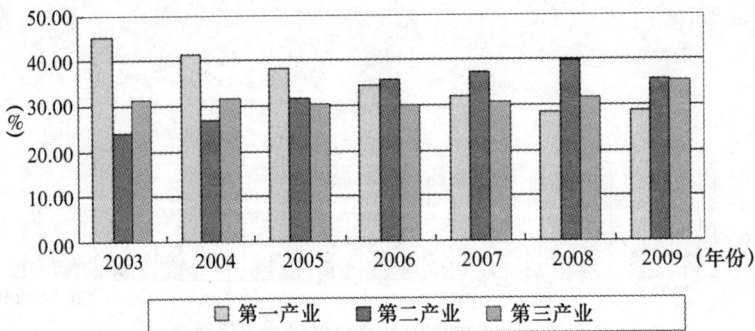

图6—5 钦州三大产业比例

资料来源：广西年鉴数据整理

（二）人力资源缺乏

广西北部湾地区，由于地域与教育水平的局限，使得人力资源呈现出人才总量偏小、人才偏少的不利局面。在现有的劳动力中，具有大专以上学历的人数所占比例偏低，专业技术过硬的高级技术人才奇缺。人才结构不合理，专业人才结构失衡。广西北部湾的企业中，一些发展较好的行业聚集的人才比较多，比如房地产业、金融业等，而一些发展中或者发展缓慢的行业则没能够储存足够的人才。一批在经济和科研领域起主导作用的拔尖人才和领军人才严重缺乏，比如高质素的人力资源管理人员、营销人员在各行业中仍然比较缺乏。而一些企业由于薪酬待遇等方面缺少留住人才的吸引力，人员流动性大，容易造成企业的"营养不良"，导致经济发展缺少依托。铁山港区等一部分地区因交通不便、信息不灵、科技基础差，不能为科技人员提供优越的环境条件，缺乏吸引力，存在人才短缺的情况。

（三）产业结构层次较低，高科技产业薄弱，污染密集型产业居多

目前，南宁、北海、钦州、防城港、崇左和玉林六市主要的支柱行业为农副食品加工、造纸、制药、电力生产及供应、有色金属冶炼等，临海工业尚处于起步阶段，大工业少，高新技术产业薄弱，缺乏大型骨干企业和中心城市带动。据了解，目前北部湾经济区已有中石油钦州1000万吨炼油项目等7个"一千万"项目和电子产业等两个"一千亿"项目，但与将北部湾经济区真正发展成我国经济新高地的目标仍有

距离。此外，广西北部湾城市的支柱行业大都是污染密集型产业，有些甚至是严重污染密集型产业，对区内的生态环境及海洋资源的可持续开发存在着较大的威胁。另外，由于北部湾经济区的经济要素分散，市资源禀赋差异不大，使得一些重大产业和重大项目的布局在各市存在不必要的重复建设，有雷同、重叠现象，如火电、造纸业、粮食加工业、石化产业，整个北部湾经济区的工业发展速度虽然很快，但是结构不合理，仍急需调整以适应社会经济发展的需求。

（四）区域内城市间的竞争性强，互补性不足

广西北部湾城市由于区位的同一性，资源禀赋相似，而各市又都本着"比较优势"的原则来构建自己的产业结构，使得北部湾经济区六个城市间出现了明显的"产业雷同"现象。特别是在直线距离不超过300公里的区域同时存在3个枢纽港口，各市在港口和临海工业的建设中各自为政，甚至出现了争夺物资和资金的狭隘现象，严重影响了整体资源的利用和规模效益的发挥，使得各城市之间的竞争加剧，互补性和协同作用减弱，而这种内耗性的竞争会降低系统资源的利用效率，降低整个区域的对外竞争力。

第二节　广西北部湾旅游业发展分析

一　广西旅游业发展状况分析

广西旅游资源特色突出，种类丰富，涵盖了山水风光、海滨休闲、边关风情、民族风情、历史文化等，为广西旅游业发展奠定了坚实的资源基础。广西旅游人次与收入持续增加，如表6—7所示：2009年全区接待旅游者约1.20亿人次。其中入境旅游者209.85万人次，比上年增长4.4%；国内游客11805.9万人次，增长21.87%。2009年全区旅游总收入701亿元，增长31.3%。其中，国际旅游（外汇）收入6.43亿美元，比上年增长6.86%；国内旅游收入656.97亿元，增长33.56%。依托旅游资源、地理区位、生态环境、市场拓展与政策扶持等多方面优势条件，广西旅游业进入蓬勃发展时期。

2002年，广西全区接待国内旅游者4886.92万人次，2009年国内游

客人数为 11805.9 万人次，增幅达 141.58%；2004—2009 年国内游客数量每年都以两位数的增长速度稳定上升，年增长率分别为 21.52%、17.69%、13.96%、15.54%、13.31% 和 21.87%。2002 年全区的国内旅游收入为 204.11 亿元，2009 年为 656.97 亿元，增长率高达 221.87%；同样 2004—2009 年全区国内旅游收入每年都以两位数的增长速度持续上涨，增幅分别为 19.52%、20.20%、20.23%、20.36%、22.35% 和 33.56%。国内旅游收入的增长速度高于国内旅游者数量的增长，国内游客的旅游消费水平在逐年提高。

表 6—7　　　　　2002—2009 年广西旅游市场与旅游收入情况

年份	国内旅游者（万人次）	国内旅游收入（亿元）	入境旅游者（万人次）	外汇收入（亿美元）
2002	4886.92	204.11	136.34	3.04
2003	4540.35	193.36	65.02	1.55
2004	5517.51	231.11	117.58	2.74
2005	6493.38	277.8	147.71	3.5
2006	7399.67	334.01	170.77	4.04
2007	8549.73	402.03	205.52	5.64
2008	9687.41	491.88	201.02	6.017
2009	11805.9	656.97	209.85	6.43

资料来源：广西旅游年鉴、广西年鉴、广西旅游统计

二　北部湾旅游业发展现状和趋势分析

（一）北部湾旅游业发展现状

广西北部湾城市有着独特的山水风光、滨海休闲、边关风景、壮乡风情、宗教文化等旅游资源，丰富的旅游资源吸引着越来越多国内外游客前来旅游。2003 年，北部湾"4＋2"城市的旅游接待量为 2265.31 万人次，2009 年达到 5827.43 万人次，增长了 157.25%；2004—2008 年的接待游客量分别是 2694.49 万人次、3112.99 万人次、3524.52 万人次、4142.61 万人次、4728.25 万人次，如图 6—6 所示。

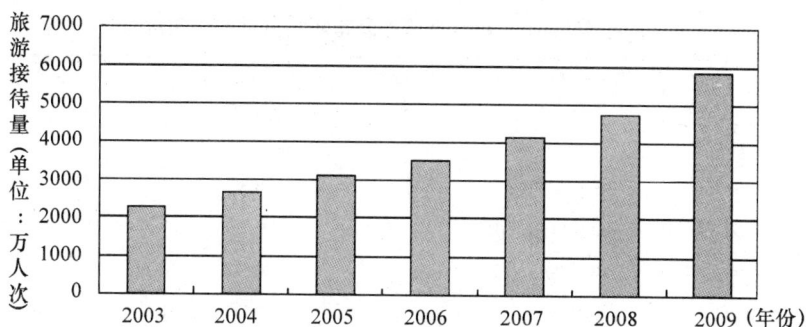

图6—6　2003—2009年广西北部湾旅游接待量

资料来源：广西旅游年鉴、广西统计年鉴数据整理

2009年广西北部湾六市接待游客人数为5827.43万人次，其中国内游客为5783.63万人次，环比增长23.45%，入境游客为43.8万人次，同比上升1.51%。国内旅游收入为325.58亿元，增长32.44%，外汇收入为12943.87万美元，同比上升8.75%。2005年以来，接待游客量增长速度迅速，旅游收入快速增长，特别是2007年以来，接待游客量和旅游收入的增长明显，如表6—8所示。广西北部湾六市的旅游发展进入蓬勃时期。

凭借优美的自然山水风光、滨海旅游及"桂林山水甲天下"的高知名度，桂林市占有广西入境旅游市场的绝大份额。2009年，广西全区各市接待入境旅游者209.85万人次，桂林市接待入境游客达129万人次，占全区各市入境游客总数的61.47%。20世纪90年代中期，随着中越政治、经济友好关系的全面发展，越南游客经凭祥、东兴口岸入境来华的人数迅速增加。据2006年统计，崇左市（原南宁地区）接待越南游客占全区各市接待越南游客的首位，占39.5%；防城港市第二，占24.58%；北海市第三，占17.43%。其中崇左市的入境旅游者人数总量的位次逐年递增，2009年总量达16.7万人次，比上年增长14.93%，排在全广西第三位。在广西北部湾旅游城市中，钦州市的入境旅游者人数总量增长速度最快，2009年入境旅游者接待人次达2万人次，是2004年接待总量的12.71倍。北部湾"4+2"城市入境游客量稳定持续增长，如表6—9所示。

表6—8　　　2003—2009 年广西北部湾旅游市场与旅游收入情况

年份	国内旅游者（万人次）	国内旅游收入（亿元）	入境旅游者（万人次）	外汇收入（万美元）
2003	2253.20	90.97	12.11	2690.07
2004	2673.54	122.86	20.95	4668.10
2005	3086.10	141.25	26.89	6539.44
2006	3490.00	168.26	34.52	8678.15
2007	4095.34	202.70	47.27	12409.83
2008	4685.1	245.83	43.15	11902.15
2009	5783.63	325.58	43.8	12943.87

资料来源：广西旅游年鉴数据整理

表6—9　　　2004—2009 年广西各市入境旅游者人数（人次）

2004 年			2005 年			2007 年			2009 年		
位次	城市	人次数	位次	城市	人次数	位次	城市	人次数	位次	城市	人次数
1	桂林	807714	1	桂林	1000976	1	桂林	1285952	1	桂林	1290000
2	贺州	80045	2	贺州	93496	2	崇左	158468	2	贺州	191300
3	南宁	65592	3	崇左	92963	3	南宁	141103	3	崇左	167000
4	崇左	64207	4	南宁	83317	4	贺州	122114	4	南宁	123000
5	梧州	35212	5	柳州	41751	5	梧州	64069	5	梧州	78900
6	防城港	32200	6	梧州	40799	6	防城港	55156	6	柳州	67900
7	北海	25334	7	防城港	35763	7	北海	55011	7	北海	57300
8	玉林	20626	8	北海	30228	8	柳州	50215	8	防城港	57000
9	柳州	20020	9	玉林	23526	9	玉林	45869	9	贵港	35000
10	贵港	10126	10	贵港	14870	10	贵港	26816	10	河池	21000
11	百色	7515	11	百色	8541	11	百色	18451	11	钦州	20000
12	河池	3682	12	河池	4461	12	钦州	17086	12	百色	16000
13	来宾	2025	13	来宾	3353	13	河池	7850	13	玉林	13700
14	钦州	1573	14	钦州	3100	14	来宾	7028	14	来宾	7000

数据来源：广西旅游年鉴、广西旅游统计

（二）广西北部湾旅游业发展特征

广西北部湾经济区全面实施区域经济、开放带动和重点突破战略，旅游经济总量和效益大幅度提高，旅游业连续多年实现了健康、快速发展，旅游业已成为带动地方经济和社会发展重要的动力和先导产业。

1. 北部湾旅游业处于发展初级阶段。广西北部湾城市的旅游资源丰富，但是旅游资源的开发还不够成熟，旅游资源整体开发水平不高，不少优秀旅游资源处于待开发和浅开发状态。东兴市巫头岛虽然自然资源丰富，气候很好，是一个避暑胜地，但是还处在待开发的状态；横县西津湖风景区开发粗放，处于欠开发状态。旅游基础设施相对落后，旅游配套设施有待改善，特别是旅游"软"设施落后，旅游人才缺乏。旅游文化和旅游社会环境亟待加强开发。

2. 北部湾旅游业处于发展的黄金期。区域整体社会经济发展的快速增长奠定了北部湾良好的发展基础；广西北部湾经济区上升为国家战略和优惠政策的制定实施区域，为广西北部湾旅游带来基础设施的全面改善，为发展旅游服务配套提供支撑和有效衔接；广西北部湾旅游业发展得到高度重视，并得到财力、物力的大力支持，旅游本身发展水平不断提升，产业发展速度快；广西北部湾经济区具有独特的区位优势，区位优势和旅游价值得到全面彰显；广西北部湾旅游的迅速发展，国内国外的两个市场不断壮大，客源市场不断拓展，旅游业蓬勃发展。

3. 北部湾旅游业面临全面转型升级。广西北部湾旅游地的发展处于初级阶段，观光休闲旅游占主导，景区（点）主要还是通过收取门票来获取旅游收入，旅游收入途径单一。钦州三娘湾的门票是 30 元/张，南宁动物园门票是 50 元/张，青秀山作为南宁休闲的"后花园"，门票是 15 元/张，玉林云天文化城的门票是 80 元/张，除了北海银滩等少部分景区是不收门票外，其他大部分的景区（点）都要收取几元到几十元不等的门票。随着游客旅游需求的不断更新变化，旅游景区应该从以观光为主的门票经济向综合收益为主的产业经济转变，拓宽旅游经济收入渠道，同时保持经济收入的增长；广西北部湾旅游地滨海旅游资源丰富，南宁作为广西的首府，旅游向商务会展等方向发展，广西北部湾旅游从观光产品为主向休闲度假、城市商务旅游等为主的复合型旅游目的地跨越。

第三节　广西北部湾旅游客源市场分析

一　广西北部湾六市国内旅游市场分析

（一）广西北部湾六市国内旅游总体市场规模不断扩大

广西北部湾"4＋2"旅游城市的旅游市场规模不断扩大。2003年，广西北部湾城市共接待2253.2万人次，2004年、2005年、2006年、2007年、2008年和2009年接待的游客人数分别是2673.54万人次、3086.1万人次、3490万人次、4095.34万人次、4685.10万人次和5783.63万人次，增长率分别是18.66%、15.43%、13.09%、17.34%、14.4%和23.45%，增长幅度都超过两位数。2009年，广西国内游客总人数是11805.9万人次，广西北部湾"4＋2"城市旅游总人数占全区的48.99%，其中南宁接待人数为3083.4万人次，占26.12%。随着广西北部湾经济区的开发，广西北部湾"4＋2"城市的知名度也将不断提升，广西北部湾国内旅游市场广阔。

（二）广西北部湾各市国内旅游市场逐年扩大，南宁国内旅游者接待人次总量以绝对优势领先

南宁作为广西的政治、经济和文化中心，丰富的旅游资源、每年的中国—东盟博览会和南宁国际民歌艺术节等都为南宁带来众多的国内游客，使得南宁接待国内游客数量的基数远大于其他五市。2009年南宁国内旅游者人数为3071.1万人次，北海为810万人次，防城港为418.1万人次，钦州为402.2万人次，崇左为471.7万人次，玉林为610.53万人次；可以看出南宁国内游客总量以绝对的优势领先于其他五市，如表6—10所示。

南宁在广西北部湾旅游中甚至是广西旅游的龙头地位稳固。随着北部湾经济区的建立，北海原有的滨海旅游的知名度将得到进一步提升，玉林依靠自身旅游资源，不断拓展客源市场，防城港、钦州与崇左在国内的知名度也不断提升，其国内旅游者规模发展前景广阔。

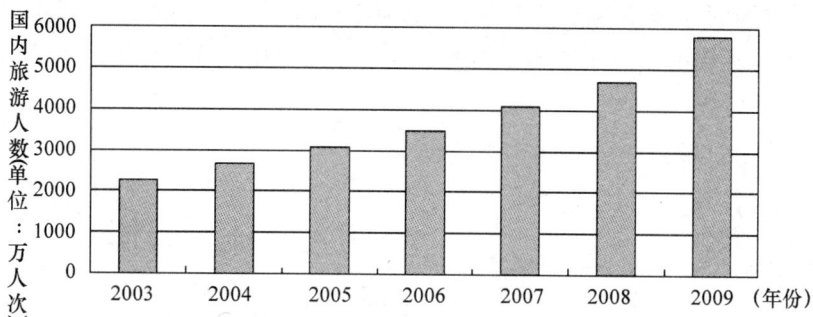

图6—7　广西北部湾城市接待的国内旅游人数

资料来源：广西旅游年鉴数据整理

表6—10　2003—2009年广西北部湾六市旅游地国内旅游者人数（万人次）

	2003年	2004年	2005年	2006年	2007年	2008年	2009年
南宁	1142.71	1386.91	1623.48	1840.68	2058.1	2558.14	3071.13
北海	368.5	398.82	440.36	471.19	601.36	694.97	810
钦州	136.46	165.11	176.39	193.56	302.38	645.42	402.2
防城港	113.59	153	169.81	178.7	193.81	150.19	418.09
玉林	308.63	355.76	404.05	484.89	583.39	529.46	610.53
崇左	183.31	213.94	272.01	320.98	356.3	406.25	471.65

资料来源：广西旅游年鉴、广西年鉴数据整理

（三）在国内旅游市场构成中，北海的国内一日游市场份额偏大

2008年，北海市国内游客与一日游游客接待数量分别为94.97万人次和264.90万人次，其中一日游游客数量所占比例高达44.05%。在北海国内旅游市场有效的构成中，一日游游客份额与过夜旅游者相当，是极其重要的国内客源市场组成部分。而南宁、防城港、钦州、玉林和崇左的国内旅游市场主要以过夜旅游者为主，一日游游客所占比例较小，因此应加强对广西区内及周边地区潜在一日客源市场的开拓力度。

二　广西北部湾六市入境旅游市场分析

2009年广西北部湾中北海、防城港、钦州、崇左接待入境游客人数规模不断扩大，南宁略有下降，玉林接待规模下降幅度较大。除2008

年由于地震及暴雨等自然灾害频繁发生，接待的入境游客略有减少外，2003年至2007年，接待的入境游客人数逐年增加。具体数值如表6—11所示：

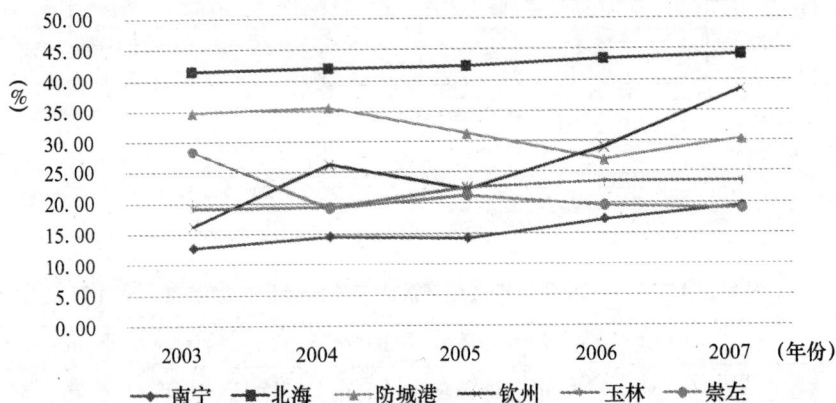

图6—8　2003—2007年广西北部湾一日游比例

资料来源：广西旅游年鉴

表6—11　　　　2003—2009年广西北部湾入境旅游人数（人次）

年份	南宁	北海	防城港	钦州	玉林	崇左
2003	34908	13193	18018	808	11778	42432
2004	65592	25334	32200	1537	20626	64207
2005	83317	30228	35765	3100	23526	92963
2006	106455	40245	45286	4017	31956	117215
2007	141103	55011	55156	17086	45869	158468
2008	138500	55700	43400	18000	30600	145300
2009	123000	57300	57000	20000	13700	167000

资料来源：广西旅游年鉴、广西年鉴、广西统计年鉴数据整理

（一）旅游者人均停留时间不长

从表6—12看，2003—2009年入境游客在玉林平均停留的时间超过2天，超过在北部湾其他城市的平均停留时间。2003年入境游客在玉林平均停留的时间超过3天，从2003年到2007年，入境游客在玉林停留

的时间逐渐下降；2008 年至 2009 年开始逐步上升，2009 年回升至 2.83 天，仍为最高。而南宁、北海、防城港、钦州和崇左五市每年的入境旅游者的平均停留时间均不到两天，南宁和钦州的入境游客停留的天数相对北海、防城港和崇左来说，停留的时间相对长些。

表 6—12 2003—2009 年广西北部湾入境旅游者平均停留天数情况（天）

年份	南宁	北海	防城港	钦州	玉林	崇左
2003	1.73	1.39	1.25	1.93	3.09	1.16
2004	1.64	1.43	1.27	1.77	2.84	1.19
2005	1.79	1.36	1.21	1.38	2.64	1.37
2006	1.62	1.51	1.18	1.41	2.61	1.38
2007	1.64	1.54	1.15	2.08	2.28	1.32
2008	1.7	1.52	1.19	1.93	2.4	1.43
2009	1.64	1.52	1.23	1.78	2.83	1.5

资料来源：广西旅游年鉴、中国旅游年鉴数据整理

（二）广西北部湾入境旅游外汇收入持续增长

2003 年由于"非典"影响，外汇收入受到重创，广西北部湾的入境旅游外汇收入总计 2334.96 万美元，2003 年由于北海与防城港两市均有大幅度下降，分别比上年降低 64.6% 和 46.8%。从 2004 年起，广西北部湾旅游地外汇收入逐步恢复，广西北部湾入境旅游外汇收入比 2003 年均有 50% 以上的增长率，南宁、北海与钦州的增长率高达 92.55%、97.67% 和 90.29%，旅游业在"非典"之后恢复迅速。至 2005 年，仅钦州的入境旅游外汇收入超过"非典"期以前的水平，北海、防城港、玉林和崇左均未恢复到 2002 年的创汇水平，增长速度十分缓慢（见表 6—13）。总体来看，南宁和崇左的入境旅游外汇收入占广西北部湾旅游地入境旅游外汇收入的绝对份额；北海和玉林的入境旅游外汇收入居中，防城港和钦州因接待入境旅游外汇收入远落后于南宁、崇左、北海与玉林四地。随着钦州三娘湾等景区的开发，滨海旅游发展迅速，十万大山等景区的开发，其增长速度不容忽视，具有很大的入境旅游市场开拓空间。

表6—13　　2003—2009 广西北部湾入境旅游收入情况

年份	南宁		北海		防城港		钦州		玉林		崇左	
	创汇（万美元）	同期比（%）	创汇（万美元）	同期比（%）	创汇（万美元）	同期比（%）	创汇（万美元）	同期比（%）	创汇（万美元）	同期比（%）	创汇（万美元）	同期比（%）
2003	890.47	-39.66	279.93	-64.6	291.14	-46.8	23	-13.2	591.31	-47	614.22	*
2004	1714.63	92.55	553.35	97.67	484.65.	66.47	43.77	90.29	905.09	53.06	966.61	57.37
2005	2459.93	43.47	624.39	16.09	544.86	12.42	69.04	57.74	961.66	6.25	1861.56	92.59
2006	3108.09	26.35	969.30	50.89	705.58	29.50	91.93	33.15	1361.44	41.57	2441.79	31.17
2007	4171.58	34.22	1400.84	44.52	915.55	29.76	626.57	581.62	1995.10	46.54	3300.19	35.15
2008	4127.07	-1.07	1558.85	11.28	927.67	1.32	645.42	3.01	1311.54	-34.26	3331.60	0.95
2009	3939	-4.56%	1721	10.4	1268.3	36.72	647.8	0.37	709.27	-45.92	4658.5	39.83

资料来源：广西游游年鉴、广西统计年鉴、广西旅游年鉴、中国旅游年鉴数据整理

* 刚成立为市，还没有数据。

（三）越南游客占主导

20世纪90年代中期，随着中越政治、经济友好关系的全面发展，越南游客经凭祥、东兴口岸入境来华的人数迅速增加。2000年到广西的越南游客为6.8万人次，2009年上升到22.9万人次，比上年增长32.69%。从1998年到2002年，越南已连续5年成为来桂旅游第三大客源国。2003年至2009年，广西北部湾旅游地接待入境旅游者人数总量分别为8.5万人次、15.0万人次、19.8万人次、25.3万人次、30.41万人次、43.13万人次、44.05万人次，其中越南游客数量占首位，占到整个广西北部湾旅游地入境旅游者人数的一半以上，分别占71.91%、71.73%、68.92%、72.32%、72.22%、36.28%和49.44%。虽然在市场份额上有所下降，越南仍是广西北部湾"4+2"城市的第一大客源国，具体数据见图6—9。

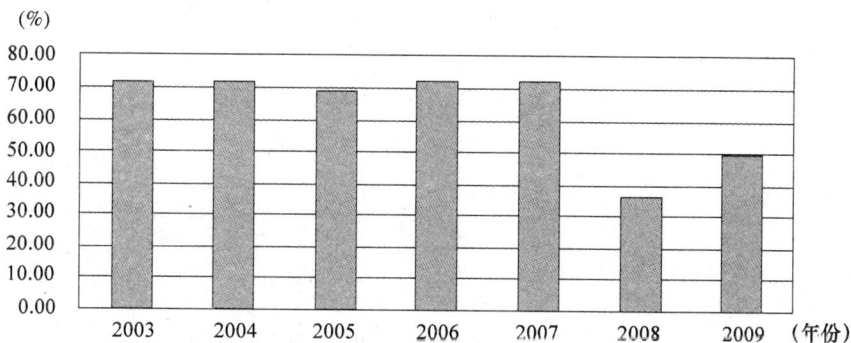

图6—9 越南占广西北部湾入境旅游比例
资料来源：据广西旅游年鉴数据整理

（四）旅游空间结构构成，东南亚国家是主流，欧美市场潜力大，港澳台居中

日本、新加坡与其他东南亚国家的入境旅游者人数较为突出，在亚洲客源市场构成中，日本、马来西亚、泰国、新加坡等国家的游客接待人数以较大差距落后于越南，但东盟国家是广西北部湾旅游地比较稳定的传统客源国且是广西入境旅游市场的主流。

欧美入境旅游市场中，美国、加拿大、英国和法国一直是广西北部湾入境旅游市场中的重要客源国。由于地理位置、人文联系等因素，欧美市场总体规模小于东南亚各国，尽管如此，但这些客源国是广西北部湾入境旅游市场中值得珍惜和不断开拓的远程客源市场，其增长潜力较大。

表6—14   2003—2007年广西北部湾入境旅游客源国情况（人次）

国家	2003年	2004年	2005年	2006年	2007年
越南	61053	107865	136585	183040	219730
日本	4604	2860	3377	4039	3337
马来西亚	1681	5714	7479	13771	12440
菲律宾	837	595	1076	1535	1700
新加坡	1240	3399	4316	6759	6176
印尼	527	1099	2533	2213	2155
韩国	533	1229	1621	1637	1813
泰国	1480	1993	3205	2657	3814
英国	1285	2066	2340	2701	3157
法国	674	1171	1687	1806	2036
德国	641	1607	1756	1343	1820
意大利	806	399	648	479	588
瑞士	159	259	196	134	146
瑞典	274	549	783	340	470
俄罗斯	371	325	197	153	344
西班牙	594	970	1056	561	456
美国	4307	6920	7853	7996	9120
加拿大	1207	1444	1951	2402	2653
澳大利亚	1230	1324	2360	2352	2483
新西兰	195	292	323	530	1183

资料来源：广西旅游年鉴数据整理

2007年，广西北部湾接待我国港澳台入境旅游者129824人次、东盟国家游客246566人次、日本和韩国游客5150人次、欧美游客22813人次、大洋洲游客3964人次，总计408317人次。从空间结构来看，以东盟国家入境旅游者人数最多，所占比例高达60.39%，这是因为广西与东盟国家有着密切的人文联系和区位关系；其次是港澳台游客，占31.79%；欧美入境旅游者占有一定份额，比例为5.59%；而日本和韩国游客数量相对较少，占1.26%，但具有较大的市场开拓潜力，见表6—14、图6—10。

三 广西北部湾旅游市场定位

（一）国内客源市场

1. 核心目标市场。广西区内各市：随着人们生活水平的不断提高，消费观念与消费结构有所改变，周末的短途旅游成为现代城市居民普遍喜爱的消遣方式。2008年全国实行新的放假制度，取消"五一"黄金周，因此全年形成了多个小假期，使人们增加了短途出行的计划。对于广西北部湾"4+2"城市来说，依托旅行距离短、交通条件便利等优势，区内游客是最重要的客源市场。南宁市拥有丰富的自然旅游资源，独特的地理位置，是中越边境游和跨国游的集散中心；而北、防、钦沿海三市拥有优良的海滩、洁净的海水以及优美的海湾，滨海旅游已成为区内旅游热点；崇左拥有得天独厚的德天跨国大瀑布和边境旅游资源；玉林浓厚的宗教文化吸引着越来越多的游客。选择在周末及小假期到北部湾进行观光休闲的游客将持续增加，区内旅游者规模将不断扩大。

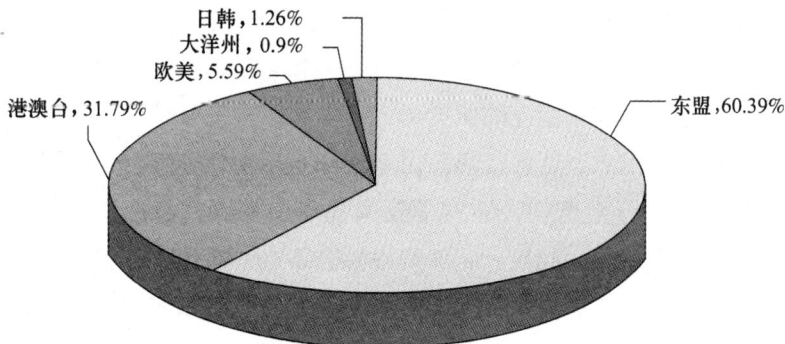

日韩,1.26%
大洋州,0.9%
欧美,5.59%
港澳台,31.79%
东盟,60.39%

图6—10 2007年广西北部湾入境旅游空间结构

资料来源：广西旅游年鉴数据整理

2. 基本目标市场。国内各省区：广西北部湾旅游资源丰富、区位优势突出，南宁是首府，北海、钦州、防城港三市既沿边又沿海，崇左独特的区位优势，具有令人羡慕的壮乡风情、边关风情、滨海风光、宗教文化和民俗文化，与桂林的山水风光形成资源优势互补，对国内各省区旅游者具有不同寻常的吸引力。近几年，广西北部湾加强资源整合，形成了一条集观光、休闲、度假、宗教、民族体验、出国等为一体的"旅游走廊"，以鲜明的旅游形象向全国各地宣传推广，及中国—东盟博览会永久落户南宁，北部湾区域经济合作的加强，广西北部湾城市带在国内的知名度不断提升。2008 年以来南宁增开到哈尔滨、大连、南京、重庆等国内航线，而北海于 2005 年 3 月恢复北海至越南下龙湾海上跨国航线，这些措施吸引了我国东北、华东、华南、西南等国内市场大量游客。广西北部湾城市不断研究旅游市场，推出新的旅游产品，如防城港市利用中越两国的界河——北仑河，主要针对青年游客开发了界河漂流旅游项目，使游客既能体验漂流的惊险刺激，又能感受别样的异国风情。广西北部湾旅游地凭借独特的地理位置、自然风光和人文资源，旅游形象不断加强，知名度不断提升，受到国内广大旅游者的青睐，在原有西南、珠三角稳定的客源市场基础上，国内客源市场规模将逐渐扩大，国内各省区均是广西北部湾旅游地的重要市场。

（二）入境客源市场

1. 核心目标市场。越南及中国港澳台地区：广西北部湾与东南亚诸国邻近，是中国通往东南亚的便捷通道，具有明显的区位优势。越南一直是广西最重要的东盟客源市场。由于中国与东盟国家经济、贸易、旅游等方面的合作日益密切，形成了较大规模的物流、信息流和资金流等。加之民间友好交往频繁，北部湾旅游合作进一步深化，在无障碍旅游区建立的条件下，凭借广西北部湾资源和区位优势，广西北部湾的越南游客占入境市场的绝对份额，并且将保持快速增长的趋势。

近几年由于广西成为台商旅游投资的热点，在港澳台客源市场中，台湾游客占有较大比重，其次是香港，澳门占有份额最少。广西旅游资源品种多且品位高，独特的山水风光、边关风情和少数民族文化都对港澳台地区的游客形成强吸引力。2007 年桂林接待香港游客 11.90

万人次，接待台湾游客 33.95 万人次，澳门游客 0.15 万人次；而广西北部湾接待香港游客总计 8.61 万人次，台湾游客 6.93 万人次，澳门游客 0.99 万人次。广西北部湾旅游市场中港澳台地区的市场规模没有达到理想水平，但凭借其发达的经济水平、高消费水平、高出游频率以及地理区位等优势，港澳台地区仍是广西北部湾旅游客源市场中的核心目标市场。

2. 基本目标市场。美国、马来西亚、泰国、新加坡、菲律宾等东盟国家：随着广西北部湾旅游城市地位的不断提升，旅行社对美国市场的积极开拓，特别是南宁国际民歌艺术节及中国—东盟博览会的举办，每年到南宁进行艺术交流、商贸洽谈等活动的美国游客增加，美国的市场总量巨大，其旅游资源与广西北部湾资源具有互补性，是广西北部湾旅游发展中重要的入境客源市场。

东盟游客来桂旅游（除越南外）大多流向与其自身旅游资源具有较大差异性的桂林市。桂林发展入境旅游较早且资源知名度较高，其独特的喀斯特地貌与优美的山水风光与这些东盟国家旅游资源形成互补。广西北部湾城市中的北海、钦州和防城港三市以滨海旅游为主，旅游资源与大部分东盟国家的旅游资源相似，而北海、防城港和钦州三市的滨海旅游资源逊色于东盟国家，大部分的东盟国家游客只是到达南宁进行旅游、商贸活动，故前往广西北部湾旅游的东盟游客落后于桂林一座城市。马来西亚、泰国、菲律宾等东盟国家虽然在北部湾入境旅游市场的规模不人，但与广西具有良好的区位条件，且具有与之相异的边关风情和民俗文化，只要加强资源整合，针对客源市场需求开发旅游产品，丰富旅游产品种类，不断对广西北部湾进行宣传促销，提升知名度，这部分旅游市场总体规模将不断扩大。新加坡凭借其强大的经济实力，同样是广西北部湾旅游市场中的重要部分。

3. 机会市场。日韩及欧美市场：从地区经济发展水平、居民出游力来看，日韩与欧美等国家都是具有巨大潜力的客源市场，由于距离、交通等原因，使其成为广西北部湾旅游的机会市场。南宁是中国的"绿城"，拥有独特的壮乡风情和千年古镇扬美；北海是滨海度假旅游地，拥有独一无二的"南珠文化"和北海至越南下龙湾的跨国黄金航线；钦州市着力打造"中华白海豚之乡"品牌,知名度不断提升;防城港具有沿海沿边的区位优势,并且拥有独特的"京族文化"和边关风情;崇左拥有亚洲第一大瀑布——德天瀑布和玉林的宗教历史旅游资源,这些旅游资源都足以对日韩和欧美国家形成相当大的吸引力。

第四节 广西北部湾旅游资源分析

一 旅游资源状况

广西北部湾旅游资源十分丰富、类型多样、特色鲜明,是我国非常宝贵、具有巨大发展潜力的旅游地。它具有自然风光优美、海岛半岛众多、海洋资源丰富、生态环境良好、民俗风情浓郁、边关历史神秘、历史文化厚重等资源特征。已开发的景区(点)众多,现将广西北部湾旅游地的资源分为热带生态农林旅游资源、滨海旅游资源、历史文化旅游资源、民族民俗旅游资源、休闲旅游资源等。

(一)广西北部湾的热带生态农林旅游资源

广西北部湾的热带生态农林旅游资源主要分布在南宁、北海、防城港、玉林、钦州和崇左,如表6—15所示。

表6—15　　　　　广西北部湾热带生态农林旅游资源

序号	名称	所在城市	序号	名称	所在城市
1	青秀山	南宁	10	十万大山	防城港
2	大明山	南宁	11	佛子山	玉林
3	龙虎山	南宁	12	大容山	玉林
4	良凤江森林公园	南宁	13	都峤山	玉林
5	大龙湖	南宁	14	龙门七十二泾	钦州
6	九龙瀑布	南宁	15	六峰山	钦州
7	金满园	南宁	16	明仕田园风光	崇左
8	八桂田园	南宁	17	大新德天瀑布	崇左
9	山口红树林	北海			

资料来源:广西统计年鉴整理

（二）滨海旅游资源

广西北部湾滨海旅游资源主要包括北海、防城港两个城市的旅游资源，如表6—16所示。

表6—16　　　　　　　　　广西北部湾滨海旅游资源

序号	名称	所在城市	序号	名称	所在城市
1	银滩旅游风景区	北海	4	海底世界	北海
2	涠洲岛	北海	5	金滩	防城港
3	星湖岛	北海	6	江山半岛	防城港

资料来源：广西统计年鉴整理

（三）历史文化旅游资源

广西北部湾历史文化旅游资源如表6—17所示。

表6—17　　　　　　　　　广西北部湾历史文化旅游资源

序号	名称	所在城市	序号	名称	所在城市
1	扬美古镇	南宁	8	法国领事馆旧址	南宁
2	顶蛳山贝丘遗址	南宁	9	刘永福故居	钦州
3	扶绥恐龙化石群	南宁	10	天涯亭	钦州
4	宁明花山壁画	南宁	11	冯子材故居	钦州
5	大小连城	南宁	12	古汉墓	北海
6	红八军纪念馆	南宁	13	友谊关	崇左
7	陈勇烈祠	南宁			

资料来源：广西统计年鉴整理

（四）民族民俗旅游资源

广西北部湾民族民俗旅游资源如表6—18所示。

表6—18　　　　　　　　　广西北部湾民族民俗旅游资源

序号	名称	所在城市	序号	名称	所在城市
1	"三月三"歌圩	南宁	3	京族哈节	防城港
2	广西民族文物苑	南宁	4	杨贵妃出生地遗址	玉林

资料来源：广西统计年鉴整理

（五）休闲度假旅游资源

广西北部湾休闲度假旅游资源如表6—19所示。

表6—19　　　　　　　　广西北部湾休闲度假旅游资源

序号	名称	所在城市	序号	名称	所在城市
1	嘉和城温泉谷	南宁	8	南宁动物园	南宁
2	九曲湾温泉	南宁	9	横县西津湖	南宁
3	花花大世界	南宁	10	灵水	南宁
4	伊岭岩	南宁	11	南湖公园	南宁
5	乡村大世界	南宁	12	凤凰湖	南宁
6	人民公园	南宁	13	八寨沟	钦州
7	金伦洞	南宁	14	谢鲁山庄	玉林

资料来源：广西统计年鉴整理

二　资源品质分析

广西北部湾旅游资源分析如下：

（一）广西北部湾旅游资源单体品质高，具有较高的品位度

A级是旅游景区（点）品质高低的重要标签，在广西北部湾旅游地不仅拥有数量众多的A级旅游景区（点），其中还包含多处国家级和省（自治区）级以上旅游景区（点），而且其类型涵盖了风景名胜区、国家地质公园、自然保护区、国家森林公园等，体现出了较高的丰度和较高的品位度，具体表现在以下几个方面：

1. 广西北部湾地区的国家A级旅游景区数量较多，且总体级别较高。依据国家《旅游区（点）质量等级划分与评定》标准，国家旅游局评定的2A级景区、3A级景区以及4A级景区，其中广西北部湾A级景区共有33个。具体而言，其中4A级景区共有16个，包括南宁市的青秀山风景名胜区、嘉和城温泉、九曲湾温泉度假村、南宁动物园、药用植物园、八桂田园，北海市的银滩旅游区、海底世界和海洋之窗，钦州市的三娘湾旅游区、刘冯故居景区、八寨沟景区，崇左市的大新德天跨国瀑布景区，玉林市的陆川谢鲁景区、容县三名旅游景区和兴业鹿峰山

风景区；3A级景区包括南宁市的人民公园、金花茶公园、西津湖旅游风景区、乡村大世界、龙虎山风景区、昆仑关旅游风景区、横县九龙瀑布景区、宾阳蔡氏书香古宅、良凤江国家森林公园、武鸣伊岭岩风景区，钦州市龙门群岛海上生态公园，防城港市的东兴京岛景区、东兴陈公馆景区，玉林市的北流勾漏洞景区和崇左市的凭祥友谊关景区；2A级景区目前只有防城港市的十万大山国家森林公园和崇左市的凭祥地下长城景区，从表6—20中得知，33个A级景区中，拥有16个4A级景区，占48.5%的比重，总体而言，景区级别较高。

2. 广西北部湾旅游资源单体丰度高，潜在旅游资源具有较大的开发价值。广西北部湾旅游资源丰富且品位高，拥有自然风光、生态环境、历史文化、宗教文化等类型多样的旅游资源。目前广西北部湾地区拥有6个旅游度假区、12个风景名胜、5个国家森林公园、1个国家地质公园以及5个自然保护区。

广西北部湾旅游资源单体丰度较高，其中青秀山被誉为南宁市的"绿肺"，每年吸引着国内外众多游客，同时青秀山还拥有18洞72杆国际标准的高等级高尔夫球场，满足各种级别锦标赛的要求。球场占地面积2400多亩，球道总长度为7186码。其中，拥有60个练习位的高尔夫球练习场，为全国较少的高标准灯光球场之一。九曲湾旅游度假区拥有无可比拟的天然温泉资源和浓郁的广西少数民族文化，开业仅一年多就荣获"国家4A级旅游景区"、"中国十大温泉质量品牌"、"全国旅游业十佳信誉单位"和被中国保健协会授予全国唯一"中国温泉养生基地"等殊荣。北海银滩国家旅游度假区是国务院1992年10月4日批准建立的12个国家级旅游度假区之一，被评为中国35个"王牌景点"中的"最美休憩地"，广西十佳景点之一。银滩"滩长平、沙细白、水温净、浪柔软、无鲨鱼"，具有"天下第一滩"之称。涠洲岛火山地质公园面积为25平方公里，是中国最大最年轻的火山岛，被评为中国最美丽的十大海岛之一。冠头岭国家森林公园森林资源非常丰富，同时还是大批候鸟迁徙停留栖息地。山口国家红树林生态自然保护区是1990年9月经国务院批准建立的我国首批（5个）国家级海洋类型保护区之一，是我

表 6—20　　　　　　　　广西北部湾国家 A 级旅游景区一览表

等级	序号	旅游景区名称	所在地区	占全区的比例
4A	1	青秀山风景名胜区	南宁市	16.33%
	2	嘉和城温泉		
	3	九曲湾温泉度假村		
	4	南宁动物园		
	5	药用植物园		
	6	八桂田园		
	7	银滩旅游区	北海市	
	8	海底世界		
	9	海洋之窗		
	10	三娘湾旅游区	钦州市	
	11	刘冯故居景区		
	12	八寨沟旅游景区		
	13	大新德天跨国瀑布景区	崇左市	
	14	陆川谢鲁景区	玉林市	
	15	容县三名旅游景区		
	16	兴业鹿峰山风景区		
3A	1	人民公园	南宁市	15.63%
	2	金花茶公园		
	3	西津湖旅游风景区		
	4	乡村大世界		
	5	龙虎山风景区		
	6	昆仑关旅游风景区		
	7	横县九龙瀑布景区		
	8	宾阳蔡氏书香古宅		
	9	良凤江国家森林公园		
	10	武鸣伊岭岩风景区		
	11	龙门群岛海上生态公园	钦州市	
	12	东兴京岛风景名胜区	防城港市	
	13	东兴陈公馆景区		
	14	北流勾漏洞景区	玉林市	
	15	凭祥友谊关景区	崇左市	

等级	序号	旅游景区名称	所在地区	占全区的比例
2A	1	十万大山国家森林公园	防城港市	2.08%
	2	凭祥地下长城景区	崇左市	

注：截至 2009 年 2 月 1 日，广西全区已评定国家 A 级旅游景区共计 98 家，占全区景区数量（约 800 家）的 12.25%，其中有 2 家 5A，46 家 4A，43 家 3A，7 家 2A。

国大陆海岸发育较好、连片较大、结构典型、保存较好的天然红树林分布区。十万大山森林公园是著名电影《英雄虎胆》主要的外景拍摄基地，是融避暑度假、休闲疗养和观光娱乐为一体的山岳型国家级森林公园。其中冠头岭国家森林公园和山口国家红树林生态自然保护区等景区目前尚未得到充分开发利用，具有较大的旅游开发价值。

3. 广西北部湾地区旅游资源类型丰富多样，旅游资源组合优势突出。广西北部湾地区拥有数量较多的 A 级景区（点）和高品质的旅游景区（点），其资源类型拥有优美风光、滨海风光、森林景观，也涵盖了火山地貌、红树林景观，以及富有历史文化内涵的人文古迹，具有多种不同类型资源组合开发的较好优势，且每处均具有自己的独特之处。

表6—21   广西北部湾旅游景区品位度情况表

类型	名称	所在地区	级别（景区特色）
旅游度假区	南宁九曲湾旅游度假区	南宁市	国家级
	北海银滩旅游度假区	北海市	国家级
	防城港江山半岛旅游度假区	防城港市	自治区级
	合浦南国星岛湖旅游度假区	合浦市	自治区级
	北海涠洲岛旅游度假区	北海市	自治区级
	玉林佛子山旅游度假区	玉林市	自治区级

类型	名称	所在地区	级别（景区特色）
风景名胜区	青秀山风景名胜区	南宁市	国家级
	大明山风景名胜区	上林县	自治区级
	龙虎山风景名胜区	隆安县	自治区级
	南万—涠洲岛海滨风景名胜区	北海市	自治区级
	江山半岛风景名胜区	防城港市	自治区级
	京岛风景名胜区	东兴市	自治区级
	花山风景名胜区	宁明县	国家级
	北流勾漏洞风景名胜区	北流市	自治区级
	龙泉岩风景名胜区	兴业县	自治区级
	宴石山风景名胜区	博白县	自治区级
	都峤山风景名胜区	容县	自治区级
	谢鲁山庄风景名胜区	陆川县	自治区级
国家森林公园	九龙瀑布森林公园	横县	水源涵养林
	良凤江森林公园	南宁市	天然次生林
	冠头岭国家森林公园	北海市	天然次生林、海滨风光
	十万大山国家森林公园	上思县、防城港市防城区、钦州市钦北区	水源涵养林、森林景观
	大容山国家森林公园	北流市	天然次生林
国家地质公园	涠洲岛火山国家地质公园	北海市	丹霞地貌
自然保护区	合浦儒艮自然保护区	北海市	儒艮
	山口红树林国家自然保护区	北海市	红树林生态系统
	北仑河口海洋自然保护区	防城港市防城区、东兴市	红树林生态系统
	十万大山国家自然保护区	上思县、防城港防城区、钦州市钦北区	水源涵养林
	弄岗自然保护区	崇左市	白头叶猴

资料来源：广西年鉴整理

广西北部湾还拥有 5 个全国农业旅游示范点，分别是南宁市的杨美

北部湾旅游可持续发展战略研究

古镇、金满园休闲观光园、乡村大世界，钦州市的三娘湾景区和广西楹联第一村——大芦村民俗风情旅游区。扬美古镇始建于宋代，繁荣于明末清初，是辛亥革命党人黄兴、梁烈亚进行革命活动的根据地。《邓小平在广西》、《杜鹃声声》、《石达开》、《血溅鸳鸯》、《豪门寡妇》等电影、电视剧都曾以扬美风光和人文景观作为拍摄外景。金满园休闲观光园是集现代农业新技术展示、新品种示范种植、新成果推广、健康种苗繁育、培训教育、休闲观光于一体的综合性现代农业科技观光园，是人们休闲的好去处。乡村大世界极具乡土风情，2005年举办了第34届环球洲际小姐广西赛区选美大赛、南宁乡村大世界葡萄节等大型活动，还是中国—东盟博览会的对外接待基地。钦州三娘湾景区被评为广西十佳景区之一，是著名电视剧《海霞》的拍摄基地，更是中华白海豚（五彩海豚）的生态家园。大芦村民俗风情旅游区，是广西最大的古代民居建筑群，距今已有400多年的历史。楹联是大芦村的一大特色，目前留存楹联共350副，1999年被广西楹联学会授予"广西楹联第一村"的称号。

（二）广西北部湾旅游资源享有较高的知名度

旅游资源知名度的高低一定程度上反映其资源禀赋的状况。广西北部湾旅游资源不但品位高，同时还享有较高的知名度。

1. 新老全国优秀旅游城市携手并进，再现广西北部湾独特魅力。1998年南宁市被国家旅游局命名为"中国优秀旅游城市"。南宁作为中国—东盟旅游集散地，为广西旅游发展发挥着十分重要的作用。作为中国首批优秀旅游城市之一，北海市一直是广西滨海旅游的中心和焦点，同时也是广西乃至全国知名度较高的优秀旅游城市。玉林在2001年获得"中国优秀旅游城市"的称号，是广西宗教旅游的焦点。在2007年，钦州市凭借丰富奇特的旅游资源、较好的旅游服务和设施质量，荣获"中国优秀旅游城市"称号，可谓新老全国优秀旅游城市携手并进，利用旅游资源互补的突出优势，再现广西北部湾的独特旅游魅力。

2. 中国最美地方榜上有名，涠洲岛再次成为旅游焦点。涠洲岛被《中国国家地理》杂志社评选为中国最美的十大海岛之一，火山地质公园面积为25平方公里，是中国最大最年轻的火山岛。涠洲岛不仅享有较高的知名度，而且具有其他岛屿无法比拟的品位度，北海涠洲岛火山地质公园被评为国家级地质公园,同时还属于自治区级风景名胜区、自治区级旅游度假区。近年来,涠洲岛成为广西滨海旅游的新宠儿,享有较高的知名度。

(三)广西北部湾与周边旅游地的相关性分析:替代性和互补性共存

1. 替代关系。广西北部湾旅游地的旅游资源不具有垄断性。从区内来看,桂林的漓江、猫儿山等山水旅游资源比广西北部湾旅游地的十万大山、伊岭岩等旅游资源更具有竞争性。桂林漓江是世界独特性的旅游资源,是任何其他地方的旅游资源都无法比拟的。从全国范围来看,滨海旅游资源的竞争压力大,替代性强。三亚、珠海、深圳、厦门、福州、宁波等亚热带滨海旅游城市,青岛、烟台、大连、秦皇岛等温带滨海旅游城市以及其他国家级旅游度假区的竞争十分激烈,北海银滩虽然发展比较早,但是旅游接待等各方面与其他滨海旅游城市有一定的差距,并且银滩所受到的环境影响在扩大,而东兴金滩和钦州三娘湾发展比较晚,在国内外还没有形成自身较大的竞争优势。广西北部湾的民族旅游,很容易被云南多民族旅游替代。玉林在发展宗教旅游上,有桂平西山等宗教旅游竞争者。南宁是一座"绿城",会展旅游有了一定的发展,但是广州、长沙、杭州等地会展旅游可替代南宁。从中国南海地区来看,其他邻近国家众多的旅游城市表现为滨海旅游和会展旅游,而且设备完善、经营史长、市场占有率高,广西北部湾尚不具备竞争优势。但是,从发展远景来看,随着广西北部湾经济区的开发,独特的区位优势和资源优势,为广西北部湾旅游迎头而上,甚至反超提供可能。

2. 互补关系。广西北部湾旅游资源互补性很强,关系类似于"前店后厂"——南宁市是广西首府,区域性国际城市,国内外客流比较大,但是由于南宁市地方狭小,旅游资源和产品依然不够多,外地客人最多只在南宁市游玩1—2天。而北钦防三市拥有得天独厚的滨海旅游资源,四地相距非常近,交通便捷。因此,南宁市可以作为吸引外地客人的旅游窗口,而北钦防可以作为提供丰富产品的"旅游大商店",通过"商务+休闲度假"的方式,吸引来南宁市的游客到北钦防观光旅游,广西北部湾旅游可以与其他旅游地区形成良好的补充。从区内来看,南宁和桂林是广西旅游的两个重要的中心地,南宁由于政治、经济、交通等因素而具有区位优势,而桂林则具有资源优势,两个城市可以形成良好的双向互补关系；同时北海有滨海旅游资源和游客，防城港为越南游客进入广西提供便捷的通道，钦州拥有独特的白海豚，玉林有着悠久的宗教文化，区内其他地区如河池秀美的自然资源和长寿秘诀、崇左跨国大瀑布等旅游资源，广西北部湾旅游地区完全可以与区内各地区形成多向互补关系。从国内来看，广西北部湾旅游地区中南宁是国内唯一堪称中国"绿城"的城市，绿化覆盖面积3666公顷，覆盖率达36.1%，是其他城市无法取代的。从中国南海地区看，广西北部湾地区毗邻我国经济发达地区粤港澳，面向东盟，具有历史、文化、民俗等方面的独特性，而且旅游资源丰富全面，品位高，潜力大，完全可以取得竞争优势。

第五节　广西北部湾旅游服务功能分析

一　旅行社条件分析

（一）旅行社行业背景

旅行社以营利为目的，为旅游者提供便利旅行的各种有偿服务。我国旅游管理部门将旅行社划分为国际社和国内社，各省区旅行社的数量一定程度上反映了旅游产业的发展程度。而旅行社"双百强"则是从旅行社的经营质量上进行评选，是反映旅行社实力的指标。

旅行社作为旅游业的"晴雨表"，其发展水平与方向反映出旅游业的发展水平和现状。广西壮族自治区十届人大四次会议上通过的自治区国民经济和社会发展第十一个五年规划中明确提出：从"十一五"开始，广西旅游进入建设旅游强省阶段，广西北部湾旅游发展的重点向提高旅游效益和品质转变。结合我区目前普遍存在的旅行社规模小，管理水平低、经济效益差的问题，就打造创新型旅行社进行了思考并力图寻找一些切合我区旅行社实际的、有一定的引导和示范意义的、可操作性的良策。

广西北部湾旅游业经历了30多年的努力已有较大的发展，成绩斐然。尤其是国内几大旅行社集团在广西的分支机构，如国旅集团、中旅集团、中青旅集团、康辉集团等都是日益发展、逐步壮大起来的。集团化经营给各个分支机构保证一定的接待量。同时，作为品牌经营，他们的知名度、公信力都较高。除此之外，绝大多数旅行社规模偏小、管理水平偏低、效益低下，甚至难以为继。

（二）旅行社现状分析

1. 旅行社行业总体现状。如表6—22和图6—11所示，从横向来看，2007—2009年，桂林旅行社在广西所占比重最大，其次是南宁、北海、玉林、防城港、崇左、钦州所占的比重较小，与南宁和北海相比还有很大的差距，这主要是由很多客观因素所决定的。南宁是广西的首府，人口基数大，旅游需求量大，所以相对来说，旅行社分布较为密集；作为全国最为著名的旅游城市之一，桂林的旅游业一直在广西占有主导地位，这也是毋庸置疑的，其旅行社数量最多。从纵向来看，2007—2009年各市旅行社总数基本处于稳定不变（部分有所增加）状态，但在全区的比重均呈现出逐年下降的趋势，这说明广西北部湾各市旅行社的增长速度并没有能够跟上全区的发展速度。

表6—22　　　2007—2009年广西北部湾六市与桂林市旅行社构成

	旅行社总数（个）			旅行社总数区内比重（%）		
	2007年	2008年	2009年	2007年	2008年	2009年
北海市	30	34	34	11.8	7.83	7.83
钦州市	12	13	13	4.7	3	3
防城港市	8	12	12	3.1	2.76	2.76
南宁市	60	68	68	23.5	15.67	15.67
桂林市	110	129	129	43.1	29.72	29.72
玉林市	26	26	26	10.2	6	6
崇左市	9	13	13	3.5	3	3

资料来源：广西统计年鉴数据整理

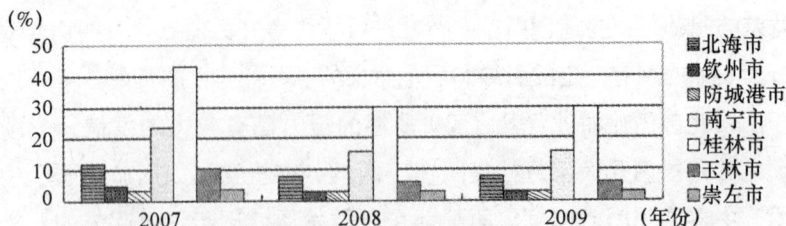

图6—11　2007—2009年广西北部湾六市与桂林市旅行社总数占广西比重对比
资料来源：广西统计年鉴整理

2. 广西北部湾旅行社行业现状。如图 6—12 所示，可知：截止到 2009 年，广西北部湾的城市中，南宁的旅行社数量是最多的，占广西北部湾旅行社总数的 40.96%，南宁市是广西的首府，是广西重要的旅游集散地，这是由它独特的政治、经济、地理等因素决定的，国家政策因素在其中也起到了重要作用；北海的旅行社占广西北部湾旅游区旅行社总数的 20.48%，北海市一直是广西滨海旅游最重要的城市，这是由它得天独厚的滨海旅游资源决定的；玉林的旅行社占 15.66%；崇左市和钦州市的旅行社数量相同，均占广西北部湾旅行社总数的 7.83%；防城港市的旅行社占 7.23%，防城港市旅游资源的开发相对滞后，发展潜力大。总体上，广西北部湾旅行社数量分布不均衡，首府南宁具有一定优势，北海和玉林旅行社数量居中，同时，防城港、钦州和崇左的旅游业资源丰富，随着广西旅游业的发展，在今后的几年内，其旅行社数量会有进一步的提高。

3. 旅行社从业人员结构分析。旅行社职工人数（见图 6—13）：钦州、防城港、玉林、北海和崇左的所有旅行社总职工人数与南宁市旅行社总职工人数相比，有着十分大的差距。桂林市旅行社职工人数占全区旅行社职工的总人数比重接近 50%，远远高于广西北部湾的任何一个城市，这也从另一个角度说明了广西北部湾旅游在广西旅游市场中地位不够高，同时也表明，广西北部湾旅游还有很大的发展空间。

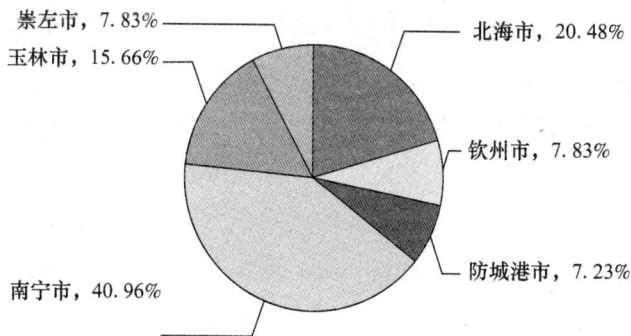

图 6—12　2009 年北部湾旅行社数量构成

资料来源：广西旅游年鉴数据整理

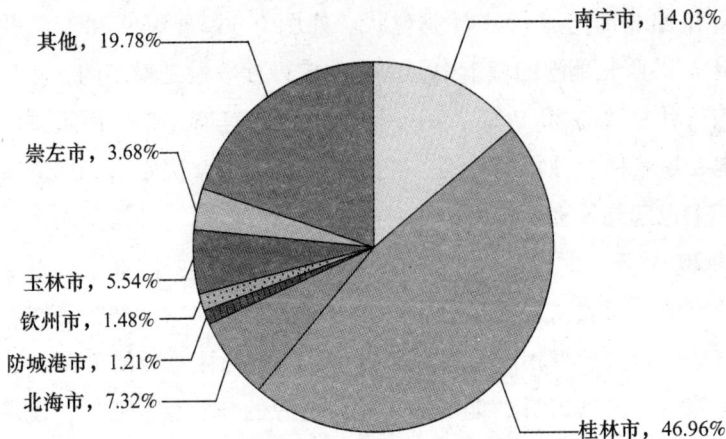

图6—13　2009年广西旅行社职工数量区内比重

资料来源：广西统计年鉴数据整理

二　酒店业条件分析

酒店业的发展状况是旅游目的地接待能力的反映，在一定意义上也体现了特定区域过夜旅游者的规模。广西北部湾酒店业主要从星级酒店的数量、客房数以及床位数的统计数据3个方面进行说明，酒店行业的整体生存状况则用酒店客房入住率来衡量。

（一）酒店业总体现状

如表6—23和表6—24所示，可知：2007—2009年南宁市是广西星级酒店数量最多的城市，其次是桂林，北海、玉林、崇左、钦州和防城港的星级酒店数量有111家。但是一个地区酒店的数量，是要与该地区游客的数量相匹配的，各地区的酒店数量规模，总体上反映了各地区旅游市场的占有率，南宁市作为中国—东盟博览会的永久举办城市，其酒店数量是与其游客市场规模相适应的；桂林市的星级酒店数量比南宁市低，是南宁市近几年会展旅游发展的结果，而桂林市旅游业在广西的主导地位并没有改变；北海、钦州、防城港、崇左和玉林五城市的星级酒店数量的规模较小，也是其旅游业发展尚未成熟的表现，还有很大的成长空间。同时，广西北部湾六市星级饭店总量、旅游宾馆饭店客房总数、旅游宾馆饭店床位总数占广西区的比重均处在48%左右。说明广西北部湾"4+2"城市在广西区内的地位十分重要。

表6—23　2007—2009 年广西北部湾六市与桂林市旅游区旅游饭店统计

	星级饭店数量（家）			旅游宾馆饭店客房数量（间）			旅游宾馆饭店床位数（张）		
	2007 年	2008 年	2009 年	2007 年	2008 年	2009 年	2007 年	2008 年	2009 年
南宁市	83	82	85	13423	14049	13423	23283	24399	23283
北海市	41	40	37	6603	6640	6603	12802	12446	12802
钦州市	12	15	18	1881	1905	1881	3288	3412	3288
防城港市	8	8	16	1099	1067	1099	2065	1987	2065
玉林市	23	23	20	1869	1911	1869	3610	3640	3610
崇左市	24	20	20	2205	1788	2205	4135	3332	4135
桂林市	70	71	73	11670	12351	11670	22108	23641	22108

资料来源：广西旅游年鉴、广西统计年鉴数据整理

表6—24　2007—2009 年广西北部湾六市与桂林市旅游饭店占区内比重（%）

	星级饭店数量占区内比重			旅游宾馆饭店客房数量占区内比重			旅游宾馆饭店床位数占区内比重		
	2007 年	2008 年	2009 年	2007 年	2008 年	2009 年	2007 年	2008 年	2009 年
南宁市	21.6	20.87	20.43	24.2	24.49	24.2	22.8	23.27	22.8
北海市	10.7	10.18	8.89	11.9	11.57	11.9	12.5	11.87	12.5
钦州市	3.1	3.82	4.33	3.4	3.32	3.4	3.2	3.25	3.2
防城港市	2.1	2.04	3.85	2	1.86	2	2	1.9	2
玉林市	6	5.85	4.81	3.4	3.33	3.4	3.5	3.47	3.5
崇左市	6.3	5.09	4.81	4	3.12	4	4	3.18	4
六市总和	49.8	47.85	47.12	48.9	47.69	48.9	48	46.94	48
桂林市	18.2	18.07	17.55	21	21.53	21	21.6	22.55	21.6

资料来源：广西旅游年鉴、广西统计年鉴数据整理

（二）客房出租率现状分析

如表6—25 以及图6—14 所示，可以了解到：从 2002 年到 2007 年这六年间，广西各地区星级饭店的客房入住率是相对比较稳定的。南宁市的星级酒店客房出租率一直比较稳定，整个大环境比较乐观，客房出租率水平也较高，2007 年的出租率达到 61.68%；玉林的客房出租率一

直保持在 60% 以上，2007 年达到 66.59%；北海市的客房出租率一直较低，其中最低的是 2003 年，由于受整个旅游市场大环境的影响，其客房出租率只有 39.80%，出租率最高的一年是 2007 年，北海的客房出租率接近 50%；钦州市星级酒店的客房入住率一直处于较高的水平，除了 2003 年受"非典"的影响，酒店客房出租率下降外，其他年度的客房出租率都在增加，而且增长速度很快，在 2007 年，钦州市星级酒店的客房出租率达到 61.36%；防城港市的星级酒店客房出租率情况和钦州相似，2007 年，其星级酒店客房出租率达到 59.41%；2002 年崇左的客房出租率未做统计，2003—2007 年崇左的客房出租率总体上来说不够稳定，上下浮动很大。桂林市星级酒店客房出租率起伏不定，2002 年是其出租率最高的一年，达到 62.36%，2003 年受到重创，出租率下降到 47.31%，2004 年回升幅度较大，2005 年继续增长，2007 年从 2006 年的 57.53% 降至 56.83%。

与旅游相对比较发达的地区相比较，整个广西北部湾星级酒店客房出租率是不平衡的，南宁、钦州和玉林的客房出租率高，而且稳定；北海的客房出租率一直处于较低水平，平均客房出租率比桂林低 10 多个百分点，客房出租率低已经成为旅游业的最大短板，目前，解决北海和崇左酒店业的客房出租率问题，已经成为广西北部湾旅游发展的当务之急；防城港的基本情况较好，还需加强对酒店的管理及稳定客源。

表6—25　2002—2007 年广西北部湾六市与桂林市饭店客房出租率（%）

年份	南宁市	北海市	钦州市	防城港市	桂林市	玉林市	崇左市
2002	61.75	42.91	57.29	43.83	62.36	67.96	——
2003	58.08	39.80	54.18	43.66	47.31	63.85	60.00
2004	59.76	44.81	66.72	49.10	53.52	68.31	43.39
2005	65.66	42.40	68.66	56.68	55.47	63.64	48.13
2006	63.92	41.67	56.16	53.96	57.53	60.77	54.98
2007	61.68	48.14	61.36	59.41	56.83	66.59	59.95

资料来源：广西旅游年鉴数据整理

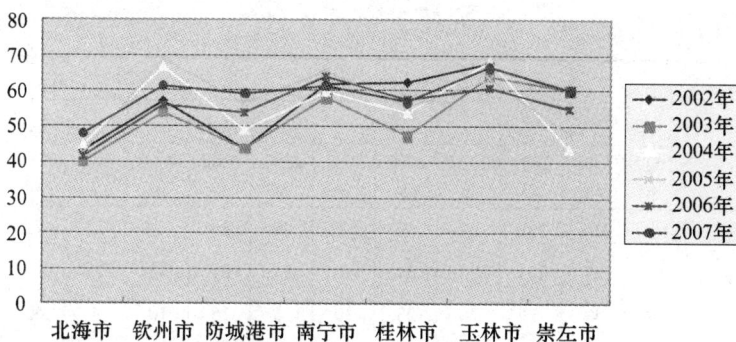

图 6—14　2002—2008 年广西北部湾六市与桂林市旅游酒店客房出租率
资料来源：广西旅游年鉴数据整理

三　旅游交通条件分析

（一）旅游车船总体规模现状

如表 6—26 所示，可知：2008 年与 2007 年相比，广西北部湾旅游客车总量没有增加；2009 年与 2008 年相比增加了 587 辆，增幅达到 92.15%。广西北部湾各市旅游客车总量具有不同幅度的增加。其中，2009 年钦州和南宁的客车总量增加最为明显，分别是 2008 年的 10.92 倍和 1.3 倍。而大、中、小型客车数量除了防城港的大型客车减少了 1 辆外，其中小型客车和其他各市的大中小型客车均处于增长状态。另外，广西北部湾六市客车总量、大中小型客车数量与桂林相比均有较大的差距。说明广西北部湾旅游基础设施正处于不断建设阶段。

表 6—26　　　2007—2009 年广西北部湾旅游客车数量统计（辆）

| 城市 | 客车合计 | | | 其中 | | | | | | | | |
| | | | | 大型客车 | | | 中型客车 | | | 小型客车 | | |
	2007年	2008年	2009年	2007年	2008年	2009年	2007年	2008年	2009年	2007年	2008年	2009年
北海	277	277	307	25	25	76	140	140	189	112	112	42
钦州	24	24	286	16	16	85	3	3	61	5	5	140
防城港	34	34	81	7	7	6	23	23	24	4	4	51

城市	客车合计			其中								
				大型客车			中型客车			小型客车		
	2007年	2008年	2009年	2007年	2008年	2009年	2007年	2008年	2009年	2007年	2008年	2009年
南宁	168	168	386	69	69	102	26	26	191	73	73	93
玉林	87	87	111	34	34	45	37	37	48	16	16	18
崇左	47	47	53	28	28	30	15	15	18	4	4	5
六市总和	637	637	1224	179	179	344	244	244	531	214	214	349
桂林	2064	2064	2196	889	889	1047	562	562	680	613	613	469

资料来源：广西统计年鉴数据整理

如表6—27所示，可知：2008年与2007年相比，广西北部湾各市游船总数和总座位数均没有发生改变，2009年与2008年相比，北海、钦州和防城港均有不同程度的增加，其中钦州增幅较大，而南宁、玉林处于未改变状态，崇左在游船总数方面呈现下降态势，但在总座位上有所增加。总的来看，广西北部湾的游船总数和总座位数均有增加，但其总量远低于桂林的水平。

表6—27　　　　2007—2009年广西北部湾游船及座位数数量统计

	游船					
	游船总数（艘）			总座位数（座）		
	2007年	2008年	2009年	2007年	2008年	2009年
北海市	15	15	17	2269	2269	2774
钦州市	21	21	42	430	430	632
防城港市	1	1	1	70	70	138
南宁市	5	5	5	390	390	390
玉林市	15	15	15	1200	1200	1200
崇左市	76	76	46	2158	2158	2368
六市总和	133	133	126	6517	6517	7502
桂林市	202	202	318	17328	17328	20975

资料来源：广西统计年鉴数据整理

北部湾旅游可持续发展战略研究

表 6—28 及图 6—15 描述了 2002—2009 年广西旅游车船总数的变化情况，2002 年，全区的旅游客车数只有 1631 辆，游船数 276 艘，到了 2009 年，全区客车数已经达到 4184 辆，游船数增加到 605 艘，实现稳步增长。其中，全区旅游客车、游船数增长速度较快。数据显示，全区客车数量 2009 年是 2002 年的 2.57 倍，2009 年游船数是 2002 年的 2.19 倍。广西北部湾"4 + 2"城市的游船发展速度慢，整个广西游船增加速度，体现着广西北部湾"4 + 2"城市的发展状况，加大力度发展北部湾旅游的工作中，提高游船的数量是关键。

表 6—28　　　　　　　2002—2009 年广西旅游车船总数统计

	2002 年	2003 年	2004 年	2005 年	2006 年	2007 年	2008 年	2009 年
全区客车数（辆）	1631	1760	1760	3239	2967	3152	3300	4184
全区游船数（艘）	276	287	281	352	739	474	703	605

资料来源：广西统计年鉴数据整理

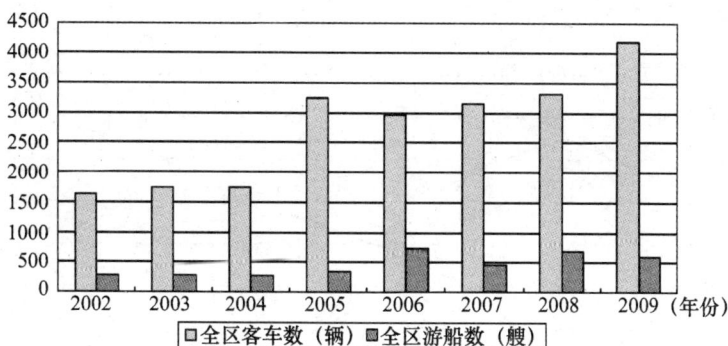

图 6—15　2002—2009 年广西旅游车船总数统计

资料来源：广西统计年鉴数据整理

（二）旅游客车规模现状

从来自于表 6—29 和图 6—16 的信息，可以分析得知：

其一，广西北部湾旅游区的旅游客车总体数量稳步增长。2002 年旅游客车总量达到 379 辆，2003 年上升到 486 辆，而 2004 年则下降到 427

辆，2005 年数量又缓慢回升到 459 辆，2006 年数量上升到 529 辆，到了 2007 年快速增加到 637 辆，2008 年和 2009 年迅速增长到 913 辆和 1224 辆。

其二，广西滨海旅游区的客车数量区内比重不稳定。2002—2003 年，广西北部湾旅游区的客车数量有所增加，但增加不大；从 2003 年到 2005 年，数量一直在下滑；2005 年到 2009 年比重有所上升。

表6—29　　　　　2002—2009 年广西北部湾旅游客车总数统计表

年份	旅游客车数（辆）	旅游客车数区内比重（%）		旅游客车数（辆）	旅游客车数区内比重（%）
2002	379	23.2	2006	529	17.8
2003	486	27.6	2007	637	20.2
2004	427	24.3	2008	913	27.14
2005	459	14.2	2009	1224	29.25

资料来源：广西统计年鉴数据整理

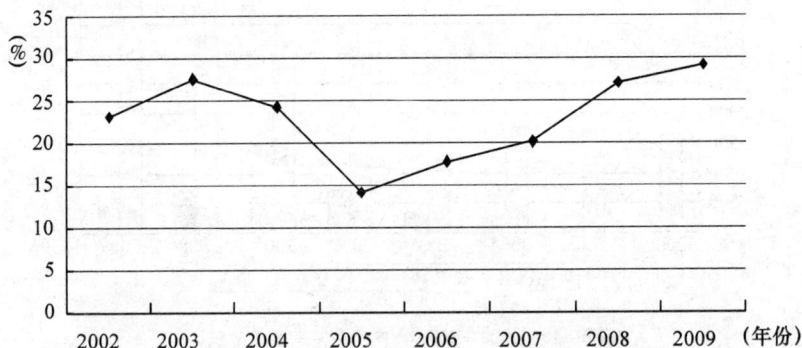

图 6—16　2002—2009 年北部湾旅游客车数量占区内比重
资料来源：广西统计年鉴数据整理

（三）旅游游船规模现状

表 6—30 和图 6—17 的数据表明，广西北部湾的游船总数在增加与下降中交替变化，2002—2004 年是下降的，2004—2005 年开始上升，

2005—2006 年又出现下降，2006—2007 年出现剧增，2007—2008 年又出现下降，2008—2009 年又出现上升。

表6—30　　　　　　　　　广西北部湾游船总数统计

年份	游船总数（艘）	游船总座位（座）	游船总数区内比重（%）	区内游船总座位（座）	游船总座位数区内比重（%）
2002	38	3430	13.8	25857	13.3
2003	65	2929	22.6	25221	11.6
2004	35	2240	12.5	25380	8.8
2005	50	4462	14.2	27078	16.5
2006	48	5282	6.5	37796	14
2007	132	6447	27.8	27669	23.3
2008	105	6698	14.94	38113	17.57
2009	126	7502	20.83	35680	21.03

资料来源：广西统计年鉴、广西旅游年鉴数据整理

　　由于广西北部湾旅游游船数量较小，而不同的游船的座位数差别较大，因此用游船总座位数来分析广西北部湾水运状况。从图 6—17 可知，2002—2004 年，广西北部湾旅游区的游船总座位数占区内游船总座位数的比重是一直在下降的，而且下降速度较快，2004—2005 年开始出现上升，2005—2006 年又有所下降，2006—2007 年情况出现好转，上升的速度迅速，2007—2008 年又有所下降，2008—2009 年又出现上升。

　　通过对广西北部湾旅游交通发展现状进行分析，广西北部湾旅游交通研究起步较晚，对其研究缺乏系统性、专业性和前瞻性；而广西的旅游交通发展伴随着交通运输业蓬勃发展而逐渐兴起，虽然近年来其发展速度较快，尤其在一些旅游资源丰富而交通等基础设施相对落后的地区已经引起足够的重视并得到了迅速发展。然而，首先从广西北部湾旅游交通的实际发展来看，仍然存在区域性失衡问题，缺乏系统规划，重通道建设，忽视景区内交通布局，旅游交通的破坏性建设和环境保护之间的矛盾等尚未解决。

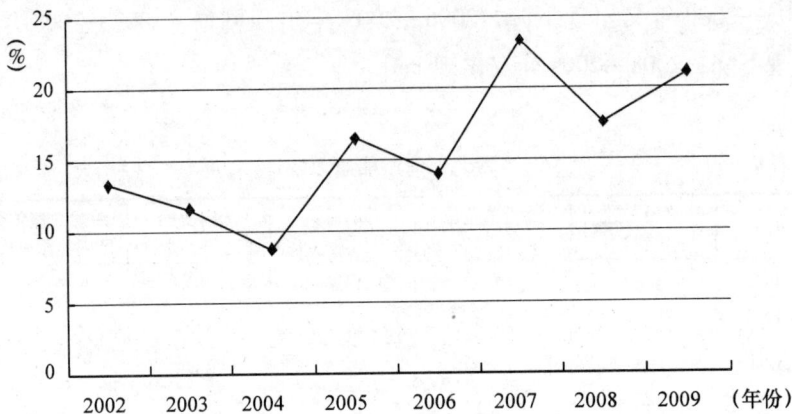

图6—17　2002—2009年北部湾旅游区游船总座位数占区内比重

资料来源：广西统计年鉴、广西旅游年鉴数据整理

（四）广西北部湾旅游交通现状

1. 南宁市旅游交通现状。南宁具有沿海、沿江、沿边、沿线的"四沿"优势，因此交通十分便利。

航空：南宁吴圩机场位于南宁市南面的吴圩乡境内，距市区32公里，可起降波音737等大型客机，目前开辟的民用航线有国内、境外及国际航线18条，每周76航班，航线直达国内主要城市及香港、河内、曼谷等境外城市。

铁路：南宁铁路线通过湘桂、黔桂、黎湛、南防、南昆等干线，北与全国各干线相连接，向东可达湛江、广州，向南可达钦州、防城港、北海，西南可至越南河内，全市铁路专用线23条。

水路：全市现有客运码头1个，主要货运码头4个，货运码头泊位15个，最大靠泊能力250吨。邕江穿流市区中心，南宁至广州、香港、深圳、梧州等7条内河航道已开通。

公路：南宁距北海、钦州、防城港市分别只有204公里、104公里、172公里，距中越边境仅180多公里。南宁的公路有包括209国道（呼北线）、210国道（包南线）、322国道（衡友线）、324国道（福昆线）、325国道（广南线）以及渝湛线（重庆—贵阳—南宁—湛江）和衡昆线（衡阳—南宁—昆明）等8条国道在此汇集，可通达广西各市、县和全国各主要城市、地区。南宁市区共有 7 个长途客运站，开辟了区内外 7 个地区、57 个县市的客运班线 371 条。客运总站和琅东客运站是市内两个主要客运站，发往桂林、柳州、玉林、北海、防城港、钦州、贵港等省内客车基本每 15—30 分钟一班；发往外省的客车中，到广州和深圳的班次较多，十分便利。

2. 北海市旅游交通现状。航空：作为广西三大机场之一的北海福成机场距离市区 24 公里，开通了到北京、上海、香港等 20 多个城市的多条国内、国际航线，近百个航班。

铁路：钦北铁路与钦防、南昆、黎湛铁路相接，沟通了全国铁路网，北海与南宁之间每天对开一趟列车，方便客源互送，客流量分布衔接良好。

海运：北海与世界上 98 个国家和地区的 210 多个港口有着密切的贸易往来，拥有万吨级以上泊位 4 个，5000 吨级以下的泊位 16 个；每天都有开往海口的班轮。

公路：北海市公路交通比较发达，桂林经南宁至北海的高速公路已经全线通车，北海至重庆的高速公路也已经开通。北海共有 4 个汽车站，方便旅客的流动，立体的海、陆、空旅游交通网络，为北海市旅游发展提供了保障。

3. 钦州市旅游交通现状。

航空：钦州市目前没有机场，但距离北海福成机场、南宁吴圩机场均只有 100 公里左右。

铁路：钦州境内有南防和钦北两条铁路经过，连接了省会南宁和沿海的防城港、北海等城市，黎塘—钦州、钦州—钦州港等铁路在钦州市区交汇。钦州火车站位于市区的西北面，每天都有开往南宁、北海、防城港等地的多趟客运列车，铁路运距比湛江港短约 145 公里（走黔贵）、294 公里（走南昆线），比广州港短约 517 公里（走黔贵线）、667 公里（走南昆线）。

水路：钦州口岸为国家一类口岸，配套设施齐全。钦州港东南距海南省海口市 149 海里，距离越南海防港 163 海里，距香港 456 海里。大西南货物从钦州港进出，是我国大西南、湘西、鄂西地区通往东南亚最便捷的出海通道。

公路：钦州位于南宁、北海、防城港三市之间，是北部湾地区重要的交通枢纽。钦州境内有桂北、南钦、钦北、钦防等多条高等级公路，公路交通十分便利。南宁—防城港、钦州—北海、南宁—北海、钦州—灵山、钦州—犀牛脚等9条高等级公路横贯钦州市区，钦州汽车客运站每天都有前往南宁、桂林、玉林、防城港、北海等大中城市的客运班车。

4. 防城港市旅游交通现状。

航空：防城港市目前还没有机场，但交通便利，走南宁—防城港高速公路从防城港到南宁吴圩机场只需2小时；走桂林—北海高速公路到北海福成机场也不到2小时。

铁路：防城港铁路只开通防城港—南宁一趟往返列车，通过南防线连通黎钦线、湘桂线、南昆线等，通往全国各地。因此，从国内其他地区要到防城港，必须先到南宁中转。

水路：防城港毗邻北部湾，海陆距越南海防市150海里、距胡志明市800海里，距香港约500海里，近可达广西、广东沿海和海南省以及越南沿海各地，远可至中国香港和澳门、日本以及东南亚等国家和地区，是走向东南亚的出海大通道。有防城港港、白龙珍珠港、东兴港、江平港等多个港口，都是以货运为主的大型码头，有少许开往越南下龙湾的客船。

公路：防城港北距南宁市143公里，东距钦州市53公里，距北海市153公里，距湛江市317公里；已建成的钦防高速公路与南宁、钦州、北海相通，并与西南、华南公路网连接，公路交通四通八达，遍及城乡。南宁汽车总站每半小时一趟开往防城港的汽车，单程需3小时。防城港的主要辖区有防城区、港口区、东兴市和上思县，每天有固定班车来往于市区与各县、市地区之间，因此，旅游交通非常便利。

5. 玉林市旅游交通现状。

航空：玉林市目前没有机场，空中航线将成为玉林向外交往的新交通发展方向，玉林机场前期工作正紧锣密鼓地进行。

铁路：玉林市是粤、港、澳通往内地的主要交通要道，火车线路连通全国各主要城市和香港九龙。承接京广线的黎湛铁路贯穿境内玉州区、兴业县、陆川县、博白县，并与全国铁路网络相连。而且，洛湛铁路永州至玉林段也于 2009 年 7 月 1 日正式通车。

公路：玉林市长途汽车通达区内各个城市，已开通玉林至广东、湖南、贵州、云南、海南、福建、江西等省级班车。境内全部为二级公路到所辖县（市、区），高速公路直达港澳、广州、南宁、梧州、北海、桂林等地。324 国道横穿玉州区、兴业县、容县、北流市。市内高等级公路网络贯穿各县（市、区），形成"半小时经济圈"，各县（市、区）进入主要景点的道路全部开通，能确保旅游团队顺利进入。

6. 崇左市旅游交通现状。

航空：崇左市目前没有机场，但是距离南宁吴圩国际机场仅 96 公里，沿南友高速公路向东北方向，不到 2 小时即可到达。

铁路：湘桂铁路从东北至西南贯穿崇左市，并在边境重镇凭祥友谊关与越南铁路相连接，直通越南首府河内市。崇左火车站每天都有两列往返于南宁和凭祥的客运列车。

公路：崇左公路交通十分发达，境内有南友高速公路贯通全市，并在凭祥友谊关与越南一级公路相连，距离越南首府河内仅 240 公里，除此之外，崇左至钦州高速公路、322 国道等纵横交错，形成了四通八达的公路交通运输网络。崇左市长途汽车总站每天均有开往南宁、防城港、靖西、东兴等省内各大中城市的客运班车。

第六节　广西北部湾环境现状分析

一　生态环境（ecological environment）

广西北部湾经济区介于东经 105°24′—112°7′、北纬 20°54′ — 24°2′ 之间，南临北部湾，西与越南接壤，东临广东省，属于南亚热带季风型海洋性气候，四季分明，光热充足，雨量充沛。目前，广西北部湾经济区生态环境总体良好。南宁有着"绿城"的称号，并获得"联合国最佳人居奖"荣誉，环境优美，城市空气质量位于国内省会城市前列。北海市的银滩有"天下第一滩"的美誉,以"滩长平、沙白细、水温净、浪柔软、无鲨鱼"闻名遐迩。在 2005 年国家环保总局《全国城市环境管理和综合整治 2004 年度报告》公布的"全国环保重点城市空气污染指数最小"的 10 大城市排行榜上,北海市名列榜首。钦州三娘湾的中华白海豚被称为"海上大熊猫"、"海上国宝",是世界最为濒危的一类海洋生物。防城港,是"植物界大熊猫"金花茶的故乡,拥有十万大山国家森林公园以及中国最大、最典型的成片海湾红树林和城市红树林。

(一) 大气环境

总的来说,2010 年广西北部湾经济区环境空气质量总体保持良好,该区的 6 个城市中,环境空气质量均达二级标准。具体指标体现为:

1. 空气污染指数。广西各城市环境空气综合污染指数(表示城市受污染程度的综合指标)范围为 0.99—2.23,平均值为 1.40,比 2009 年 (1.47) 下降了 0.07。在广西北部湾各城市中,空气质量总体均处于良好状态,达到国家城市环境空气质量二级标准。其中,防城港市空气质量优良天数 364 天,优良率达 100%,全年环境空气质量总体良好。北海市空气优良天数 359 天,城市空气质量优良率达 98.4%,轻微污染为 6 天,占全年天数的 2.6%;南宁市空气质量达到良及优的有 349 天,占全年天数的 95.6%,轻微污染有 16 天,占 4.4%。

2. 空气污染物含量。广西北部湾各城市二氧化硫(SO_2)、二氧化氮(NO_2)、可吸入颗粒物(PM 右下脚 PM_{10})年平均浓度均达到或优于国家二级标准。其中南宁市二氧化硫、可吸入颗粒物达到国家环境空气质量二级标准,二氧化氮达到国家环境空气质量一级标准。全年可吸入颗粒物、二氧化硫,其中可吸入颗粒物占 99.1%,二氧化硫占 0.9%。北海市,二氧化硫、二氧化氮、一氧化氮、臭氧等环境空气污染物平均浓度均达标,但可吸入颗粒物平均值为 0.068 毫克/立方米,超标率为 2.1%。

3. 酸雨状况。"十一五"期间,从城市酸雨的整体变化情况看,广西各市降水 pH 年均值略有上升但上升趋势不显著,从城市酸雨频率的变化情况看,广西各市整体水平呈现显著的下降趋势。而相比 2009 年,

2010 年北部湾六市中的南宁、防城港酸雨污染平均水平有所下降。南宁市区降水平均 pH 值为 5.37，较上年降低了 0.14PH 值单位，平均酸雨频率 28.0%，较上年降低了 1.9%；防城港市降水中平均 pH 值为 5.58，较上年提高了 0.16 个 pH 值单位，年平均酸雨频率为 25.9%，比上年下降了 12.7%；北海的酸雨污染水平略有上升，北海市全年酸雨频率为 2.3%，比上年上升了 0.75%。崇左和钦州处于良好水平。崇左市降水酸度 pH 平均值为 6.82，远高于全区平均值 5.05；钦州市酸雨频率范围为 0%，达到最高标准。

（二）水环境

1. 地表水环境。2010 年广西 33 条主要河流水质总体良好，比 2009 年略有提高，大部分河流可满足水环境功能区目标要求。其中有 63 个断面水质符合《地表水环境质量标准》（GB 3838—2002）的Ⅲ类标准，达到相应水环境功能目标要求，水质达标率为 96.9%，较 2009 年（96.8%）提高了 0.1 个百分点。广西北部湾六市水质基本上均达到国家标准。其中，南宁市所监控的 8 个断面按年均值计算均能达到或优于Ⅲ类标准，Ⅲ类水质达标率为 100%；2 个国家考核断面水功能区达标率为 100%。北海市地表水水质优良率达 100%，防城港市除东兴旧纸厂断面水质为Ⅳ类，水质状况为轻度污染外，其余监测断面水质达到Ⅲ类标准以上，水质状况良好。监测主要河流水环境功能目标达标率为 100%，与上年持平。

2. 地下水环境。2010 年广西地下水水位动态变化主要受大气降雨及地表水位升降影响。与 2009 年相比地下水年平均水位均呈下降趋势。按《地下水质量标准》（GB/T 14848—93）综合评价，全区地下水质量总体以优良和良好级为主，但局部有较差级和极差级水质存在，地下水水质污染以点状污染为主，局部存在小范围的面状污染，主要超标因子为氨氮、亚硝酸盐、硫酸盐、氯化物、铁、锰、汞等。南宁市地下水水质良好级占 50%，较差级占 44%，极差级占 6%；但其地下水污染总指数较上一年度有所上升，pH 值、铁、锰、氨氮、亚硝酸盐等项目是影响地下水水质的主要指标。

3. 近岸海域水环境。2010 年，广西近岸海域海水水质状况整体良好，全年各监测项目平均浓度符合Ⅰ、Ⅱ类水质的监测站位达89.6%，比2009年上升2.1%；Ⅲ类和劣Ⅲ类水质比例为4.2%，比2009年下降4.2%。海洋环境功能区水质达标率为89.6%，比2009年下降2.1%。广西北部湾六市中，北海海域水质各项指标均达到《海水水质标准》Ⅱ类标准。防城港市北仑河口海洋自然保护区水质达到第Ⅰ类标准，金滩海水浴场风景区、天堂滩风景区达到第Ⅱ类标准，防城港口区海域达到第Ⅲ类标准，近岸海域水环境功能区达标率为100%。北仑河口海洋自然保护区和天堂滩风景区海域海洋自然保护水质类别与上年持平；金滩海水浴场风景区和防城港港口区海域的水质类别比上年略有下降。

4. 水库水环境。2010年广西对12座水库开展的水环境监测表明：全年期、汛期和非汛期除大王滩水库水质为Ⅳ类，其他水库各水期水质均为Ⅱ—Ⅲ类。除大王滩水库水质为轻度富营养化程度外，其他水库水质均为中营养化程度。其中，2010年南宁市区三津、陈村、西郊、中尧、河南、清水泉6个集中式饮用水源地水质达标率为96.24%。其中邕江地表水源水质总体良好，主要指标达标率为100%。清水泉地下水源地水质主要受总大肠菌群指标超标影响，达标率较低。防城港市防城江木头滩、北仑河狗尾濑、江平江拦河坝和上思那板水库等集中式饮用水源地水质达到Ⅱ类标准以上，水质状况为优，达标率为100%。北海市区集中式饮用水源地水质达标率为100%。

（三）自然生态环境

就目前而言，北部湾城市群的生态环境整体状态良好。2009年建成区绿化覆盖率全区水平为28.5%，广西北部湾城市中除钦州、防城港外，其余四市均高出全区水平，南宁以39.65%居于首位。相比2009年，2010年南宁、防城港的建成区绿化覆盖率分别提高0.71%、3.86%，玉林下降0.23%。2009年全区城市人均公园绿地面积为8平方米，广西北部湾城市中除玉林、南宁外，其余四市均低于全区水平，其中北海最低（6.0平方米）。2009年广西北部湾六市中除玉林市森林覆盖率（62.26%）高于全区森林覆盖率（58%），其他五市森林覆盖率总体略低于全区水平（见表6—31）。

表6—31　　　　　　　　　2009年北部湾城市生态环境情况

生态 ＼ 城市	南宁	北海	钦州	防城港	玉林	崇左	全区
建成区绿化覆盖率（%）	39.65	35.56	23.77	23.74	32.26	33.11	28.5
城市人均公园绿地面积（平方米）	9.90	6.03	7.51	7.56	11.02	7.37	8
全市森林覆盖率（%）	43.15	54.93	44.31	49.31	62.26	48.78	58

资料来源：2009年广西及各市环境状况公报

（四）声环境

2010年，广西城市声环境质量整体保持较好水平，其中78.6%的城市道路交通声环境质量处于好或较好水平，50.0%的城市区域声环境质量处于较好水平。广西北部湾各市的噪声均为超标，噪声污染问题还不显著，部分市噪声污染也有所下降。其中，南宁市噪声污染最大。区域环境噪声平均等效声级下降的城市有北海、防城港。下降幅度最大的城市是防城港市，下降了3.39分贝；平均等效声级上升的城市有南宁、崇左。钦州、河池基本持平。城市道路交通声环境平均等效声级下降的有南宁、北海、防城港、崇左，下降幅度最多的是崇左市，下降4.9分贝；钦州、玉林平均等效声级均有所上升。

（五）其他城市生态环境

经济区生物多样性十分丰富，森林面积增加较快，覆盖率高，钦州和防城港等地区森林覆盖率已经超过国家平均水平；经济区典型南亚热带森林分布广泛。

沿海红树林分布面积广、种类多样，北部湾海域生物种类繁多，受保护的珍稀动植物种类多。然而，在经济发展中生物多样性还存在如下问题：天然林逐渐被破坏，人工林面积逐渐增大；生物多样性减少，外来物种入侵明显；自然保护区面积不足，生态保护不力等。

二　社会环境（social environment）

主要包括当地居民的受教育程度、民风民俗、对新事物的接受程度等。社会文化环境，是指企业所处的社会结构、社会风俗和习惯、信仰和价值观念、行为规范、生活方式、文化传统、人口规模与地理分布等因素的形成和变动。

（一）社会结构

北部湾旅游圈主要分布着壮族、瑶族、京族等少数民族，邕宁、武鸣、崇左、大新、龙州、凭祥、上思等地壮族人口占总人口的90%以上，京族是我国30个少数民族人口最少的少数民族之一，主要分布在北部湾的"京族三岛"——巫头、万尾、山心，京族三岛与越南隔海相望，京族与越南的主体民族京族（越族）是跨境而居的同源民族。瑶族散居在防城港的十万山区各乡镇。还有热带海洋文化、南珠文化、边境文化、佛教文化等北部湾特色的文化。构建北部湾黄金旅游圈，要在结合各地的民俗和文化，开发旅游产品的同时，渲染文化氛围，同时给产品注入文化内涵，只有具有特色文化的旅游产品，才有着持久的生命力，是其他旅游产品所不能比拟的。

在已经设立的国内经济区当中，广西北部湾经济区无疑是少数民族最多，民族风情最为独特的一个。壮、苗、侗、瑶，以及人口最稀少的京族等少数民族聚居于此，经济发展将有力保护和促进当地"三月三"歌节，独弦琴、唱哈等原生态的民俗文化。

（二）宗教和民俗

宗教文化与社会主义社会相适应。当前佛教、天主教、基督教和谐相处、亲如一家，宗教管理规范、有序。

南宁和崇左聚居着壮、汉等民族，其中壮族人口约占两市总人口的一半。各族人民和睦相处，具有多姿多彩的民族风情和历史悠久的民族文化。北钦防三个港口城市是客家人、疍家人的聚居地。据不完全统计，目前三市共有客家人超过110万人。客家的民俗风情、人文史迹不但在钦廉四属产生强劲的凝聚力，也会在北部湾地区产生巨大的影响。钦廉的疍家人源出同一，钦廉疍家文化中的"妈祖信仰"、"南珠文化"等文化现象，都是北部湾文化中最有活力的元素。

（三）文化传统

南宁，民族欢乐活力动感的文化之城。南宁以壮族为主，聚居着壮、汉、苗、瑶等36个民族，各族人民和睦相处交流，民族文化缤纷灿烂，民俗活动多姿多彩。每年一届的南宁国际民歌艺术节吸引世界各国众多的艺术家、表演团体和商贾名流参加，壮乡人民以歌会友、以歌传情，充分展示歌的海洋，舞的故乡的无限魅力。古代北部湾地区最早的原住民是骆越，属百越中的一支。他们创造了北部湾地区辉煌的古代文明，他们的一些风俗习惯至今仍可在北部湾地区的民间风俗中找到影子。东汉以后，骆越的名称不再见于史书，而代之以俚、乌浒等，他们的出现，共同构成了北部湾地区复杂的古代民族结构，为民族历史的发展增添了异彩。北海、钦州都是古代海上丝绸之路始发港之一。"珠还合浦"的美丽传说、钦州的"海豚节"与北海的"国际珍珠节"、"比基尼大赛"、"海洋之窗"、"海底世界"等，都无不各具特色并融入了海洋文化的元素。由于这一区域曾是古代海上丝绸之路始发港，由此带进了外来宗教如天主教、基督教，形成了历史悠久的坐落在今合浦县境内几百座古"汉墓群"和有着100多年历史的坐落在北海市中心区的"北海老街"。受西洋文化特别是外来宗教中关于"从善"、"平安"思想的影响，拥有24平方公里面积的涠洲岛内一直"岛泰民安"，从无盗窃抢劫，社会和谐稳定而有序。还有传统的佛教文化。相传北海是佛教海上南传通道的中转站，是佛祖达摩等从海上在此登陆并有短暂传教活动的地方，位于市中心的普度寺历史上就是佛、道、伊三教合一的场所。北海现仍保留有"保子庵"、"东山寺"等名寺，这与有着广大信教国民的东南亚国家有很好的文化同源性和融合性。

（四）受教育程度

南宁拥有广西唯一一所"211 工程"学校——广西大学，同时还有广西民族大学等 30 多所高校。崇左有南宁师专崇左校区（广西文理学院）、广西理工职业学校和广西英华国际职业学校三所高职院校。玉林只有玉林师范学院一所院校，在校全日制的学生超过一万人，教师 630人。北海市现有高职院校三所，即北海职业学院、北海艺术设计职业学院及北海宏源足球职业学院，其中只有北海职业学院是公办性质。三所学校办学规模都偏小，据统计，2006 年毕业生人数分别为 125 人、147人、8 人，总计 281 人，还比不上一所正规高职学校一个热门专业的毕业人数，且就业率也不尽理想，只有 81.4% 左右。专业设置单一，以三产和师范类为主，没有任何二产类专业。钦州市现只有一所高校，即钦州学院，其前身是钦州师范高等专科学校，最近才升格为本科院校，办学规模中等，2006 年高职高专毕业生人数 1586 人，就业率为 67.8%，就业质量偏低，专业设置基本上都是师范类。防城港市目前还没有一所高校。

总体上，北部湾"4+2"城市教育发展的现状与当地经济社会快速发展的实际是不相适应的，高技能人才队伍培养水平的落后导致了高技能人才的严重缺乏，在一定程度上制约了当地经济的发展。

三　政策环境（policy environment）

（一）政府扶持力度加大

北海、钦州、防城港的区位优势使政府在规划旅游时给予政策支持。近期（1999—2003）重点实施计划简要概括为"411—538—40"工程。"411"是指初步形成广西旅游产业"四区一带一龙头"的总体布局；"5"是指突出建设完善五条重点旅游线路；"38"是指积极推进 38 个重点旅游项目建设；"40"是指突出建设和培育 40 个重点旅游市县。

北海、钦州、防城港与南宁一起构成的桂南旅游经济区，是"411—538—40"工程的四区中的一区。桂林—柳州—南宁—北海/防城港旅游带又是这个工程中重要的一带，环北部湾滨海边境旅游线即南宁—防城港—东兴—钦州—北海（含北海—越南下龙湾海上航线）是"411—538—40"工程中五条重点旅游线路之一，因此北海、钦州、防城港的旅游地位是非常重要的，全区在进行旅游规划时必然会给予政策上的大力支持。

中纪委驻国家旅游局纪检组长、局党组成员王军表示，国家旅游局重点支持广西特别是广西北部湾经济区发展旅游。王军到北海进行实地考察和调研时提出，北海要高起点做好涠洲岛的旅游规划，引进西班牙、法国等海滨度假产品发达国家的先进经验，在有效、合理保护的前提下，展示海岛文化，打造涠洲精品。同时，加大推介和宣传力度，让国内外游客慕名而来。

（二）执法力度加强

全区加大依法治旅的力度，强化依法行政的理念，重点打击各种旅游非法经营活动，使全区的旅游环境进一步得到改善。

2004年全区旅游法制建设取得了新的进步。全面贯彻落实《行政许可法》，及时清理行政审批项目，完善旅游行政审批程序，并修订了系列规章制度，使全区的旅游行业法制建设上了一个新的台阶。行政许可清理工作顺利完成、修订了现有的法规《广西壮族自治区旅游管理条例》、《广西壮族自治区国内旅行社设立审批办法》、《出境旅游领队证审核实施办法》、《导游证核准实施办法》、《临时导游证核准实施办法》，下发《关于加强全区旅游质量监督、实行旅游行业定期公告制度的通知》。

2005年下发了一些旅游政策与法规《关于建立健全旅游安全生产责任制加强我区旅游安全工作若干意见》、《关于规范广西出境旅游团队管理的通知》、《广西壮族自治区工商局、广西壮族自治区旅游局关于进一步整治和规范我区旅游市场维护旅游者合法权益的通知》，制定并执行《自治区旅游局政务公开和事务公开暂行办法》、自治区旅游机关首问责任制暂行办法》、《自治区旅游局一次告知制暂行办法》等。

在全区旅游法治比较健全的大环境下，北部湾各市也对各自的旅游行业加以规范化管理，加强旅游市场整顿，完善旅行社的经营管理及饭店管理，加大旅游景区规划开发的力度。

（三）北部湾政治面临环境比较复杂敏感的地缘政治威胁，但基本处于稳定

政治稳定性是激发旅游需求不断增加的重要因素。不稳定的政治环境，使旅游者要承担各种风险，从而造成旅游者的心理压力，使旅游需求下降。

随着一体化经济席卷全球，多边贸易不断发展，求和平、谋发展、促合作已经成为不可阻挡的时代潮流。国家贯彻"与邻为善、以邻为伴"的周边外交方针，我国与东盟等周边国家山水相连，国家之间睦邻友好和务实合作将得到进一步加强。这些为北部湾旅游营造了和平稳定的周边国际环境。

四 技术环境（technology environment）

技术环境，是指企业所处的环境中的科技要素及与该要素直接相关

的各种社会现象的集合，包括国家科技体制、科技政策、科技水平和科技发展趋势等。技术环境影响到企业能否及时调整战略决策，以获得新的竞争优势。

（一）科技水平

中国电信广西公司有关负责人在签约仪式上演示了广西旅游信息化的美好蓝图，主要包括 7 个方面的旅游信息化应用，其中"全球眼"、"旅游一卡通"最能吸引人的眼球。"全球眼"——旅游实时视频体验系统已经在全区 14 个市和部分县（市）开通，目前已经在重要旅游景点安装开通了 1169 个点。全区、全国乃至全世界的游客，在家通过互联网即可 24 小时享受各大旅游景区的实时视频。此外，即将建立的"旅游一卡通"系统，将覆盖景区、宾馆、饭店、旅游商店、汽车站、火车站、航空公司等各大旅游消费区域，导游带领旅行团出游时无须携带大量现金，所有消费均以 IC 卡记账，由旅行社与各大消费场所统一结算，这将规范广西旅游市场，进一步提升广西旅游服务水平。

2008 年 7 月 20 日，中国电信广西公司与自治区旅游局签订了旅游信息化合作框架协议，今后游客通过中国电信的各项旅游信息化服务平台，就可以轻松享受到各种公共信息服务。

（二）科技政策

目前，游客可通过网络上的"全球眼"，看到广西部分主要景区（点）的即时状态，这对游客决定是否值得"到此一游"更加具有说服力。据了解，这只是广西全力推进的旅游信息化十大工程中的一个小内容。为进一步提升广西旅游服务质量，扎实推进旅游强省建设，自治区旅游局日前在桂林召开了旅游信息化工作会议。肖建刚局长在会上强调了全区信息化建设的重要性，并部署了全区旅游信息化建设十大工程：

1. 建立广西旅游信息情报中心。要在桂林旅游高等专科学校建立广西旅游信息情报中心。借助教学模式，对广西旅游建设的现状、发展等全方位地进行信息收集、整理、分析、研究，以利于科学、理性地把握好广西旅游业的发展现状，指导全区旅游工作的开展。同时，通过信息情报中心实现全区旅游信息互联，信息资源共享。

2. 建立一个强大的旅游信息数据库。以"旅游行业信息在线管理与营销 DIMOS 系统"为平台，不断充实完善该系统数据库信息，建立健全信息维护体系和机制，将其打造成为一个强大的、非常完备的、真实权威的、实时有效的广西旅游行业信息数据库。

3. 努力打造广西旅游信息服务品牌。一是加强建设"广西旅游在线"信息服务品牌；二是借助电信、移动产业优势，着力搭建"广西旅游信息服务中心"，将其打造成为旅游业界和广大旅游者通过接受信息服务而广泛认同的广西旅游服务一大品牌；三是着力打造广西酒店管理联盟。首先在全区三星级以上酒店中实施，再在各市星级酒店中全面推广普及，并将旅游信息化建设指标作为今后酒店星级评定及复检的一个评分标准和依据，推进广西星级饭店向服务个性化、人性化方面发展，努力打造酒店服务品牌。

4. 推进旅游行业管理无纸化办公建设。全面启用"旅游行业信息在线管理与营销 DIMOS 系统"，实现全区旅游行业管理无纸化办公。

5. 推进电子商务快速发展。要通过培育、总结、示范的方式，以企业为主体，逐步在全区旅游行业中发展、推广电子商务的利用和运营。

6. 完善营销网络系统。以"旅游行业信息在线管理与营销 DIMOS 系统"为平台，加强完善 14 个城市及部分重点旅游县地方门户网站，在全区建立起一个完整的 DIMOS 系统网站群，实现宣传共享，整体促销。开设和完善广西网络旅游大篷车品牌等旅游精品网页，在区内外开展强力的网络旅游大篷车宣传促销活动，提升广西旅游的知名度。

7. 加强市场监管系统建设。与自治区交通厅、公安厅协调，对区内所有旅游运营车辆强制性地推广运用 GPS，对其整个旅游运营情况进行管理监控，并根据监管系统的数据，依法处理旅游交通事故。同时，通过旅游信息化，加大管理部门对旅游企业的监控和管理力度，为妥善处理好各类旅游投诉事件提供有效、便捷的信息，达到真正维护好旅游企业和广大游客的合法权利的目的。

8. 加强国际旅游信息合作。要加强广西与世界客源市场主要国家和港澳台地区的营销系统联网，加强与新浪、搜狐、网易、腾讯等国内知名网站的对接与合作。开设同一系统内的中、英、法、日、俄、西班牙语等世界主要通用语言版本，让国际著名的旅游组织、旅行商、旅游企业能共同参与和合作，推进与世界知名网络系统互动，真正使广西旅游信息系统进入国际旅游市场乃至世界经济的合作与交流中，为加快广西与国际旅游合作与发展提供一个新的平台，为推进泛北部湾旅游合作发挥积极的作用。

9. 加大旅游信息人才的引进和培训力度。要加快引进和培训信息化方面的人才，特别是加大对最急需的数据库开发、无纸化办公操作的人才引进和培训力度，确保旅游信息数据库和旅游行业管理无纸化办公两项工程的圆满完成。

10. 加强与通信、电信、移动等信息化部门的多方合作，实现优势互补，资源共享、合作共赢。与自治区通信管理局、中国电信广西公司、中国移动广西公司等单位和部门实行强强联手，研讨信息化建设思路和多方合作成果，进一步扩大合作领域，拓展发展空间，发挥旅游信息功能，实现互利共赢。

（三）科技发展趋势

打造广西最大的网上旅游管理平台，打造广西最大的旅游商务平台，利用广西旅游在线网站平台，努力打造广西旅游服务品牌，做好12301旅游服务热线运行和维护等工作，进而完善全区12301住处采集维护的工作机制，加强与各大网站运营商的合作，并进一步深化与电信、移动、联通等信息化部门的多方合作，实现优势互补，资源共享，合作共赢。

第七章

广西北部湾旅游可持续发展 SWOT 分析

第一节　广西北部湾旅游可持续发展优势（strengths）

一　区位优势优越

北部湾是中国毗邻东南亚的重要海上通道，北面经琼州海峡可通往广东、福建及北方沿海，南面抵海南，西面达越南，西南出北部湾可到东南亚、印度半岛。早在汉武帝时就已开辟有从番禺（今广州）经徐闻到合浦，再经东南亚抵印度半岛和今天斯里兰卡的海上航线。历史上，广西沿海就是"海上丝绸之路"的起点，是中国对外海上交通贸易和对外交往的重要通道与口岸。

广西北部湾背靠中国大西南地区、面向东南亚国家，已经成为我国东南和大西南地区对接东盟的"出海大通道"，是"海上东盟"的重心。广西北部湾经济区地处北部湾经济圈的中心位置，沿海沿边又沿江，是我国唯一与东盟海陆相连的区域，是双向沟通华南与西南的接合部，是我国实现以东带西、东中西共同发展新格局的重要结点，是中国与东盟、东亚与东南亚的连接点。它位居中国—东盟经济圈、华南经济圈、西南经济圈的接合部，对内是西南地区最便捷的出海大通道，对外是中国与东盟合作的前沿地带和重要门户，在我国"睦邻、富邻"及开放开发的战略格局中具有重要的地位和作用，是我国近期对外开放的重点区域。目前，广西北部湾经济区正致力于打造中国—东盟自由贸易的交通枢纽。广西北部湾经济区拥有丰富的港口资源，是我国西南主要港口群所在地，是中国连接东盟的交通枢纽。

二 资源种类多，内容丰富

广西北部湾"4+2"城市的旅游资源种类多、内容丰富。南宁市以"国际民歌艺术节"为切入点，大力发展都市风光旅游。南宁市区以青秀山风景区、动物园、步行街、博物馆、文物苑为主要景点；南宁周边北有大明山，西有龙虎山，具有典型的亚热带岩溶雨林地貌，东北有闻名中外的昆仑关，良凤江国家森林公园内有亚热带树种及濒临灭绝的树种共122科1294个品种，新并入南宁的横县被誉为"中国茉莉花之都"，附近的马山金伦洞是广西喀斯特地貌最长最大最深的原始石漠溶洞。北海号称"中国最大天然氧吧"，空气清新，气候温暖湿润、有海水、海滩、海岛、海鲜、海洋珍品、海底珊瑚、海洋运动、海上森林、海上航线、海洋文化十大特色海洋旅游资源，珍珠、红树林、珊瑚礁、美人鱼、白海豚等闻名遐迩，还有涠洲岛火山地质地貌、海蚀景观、合浦古汉墓群、合浦海上丝绸之路文化、曲樟客家文化、外沙岛疍家文化等。这些旅游资源总量之大、类型之多、品质之高、功能之全、集中度之高，在中国沿海城市中也极为罕见。钦州有被誉为南国蓬莱的海上风景名胜龙门七十二泾，100多个大小不一的岛屿参差错落地散布在纵横10公里的钦州湾海面上，景区内山环水绕，有数千亩国家二级保护植物、被称为海底活化石的连片红树林，青翠的红树林与激滟的波光相辉映，景色别致，扑朔迷离，在明朝就被列为钦州八景之一；此外还有民族英雄刘永福故居三宣堂、抗法名将冯子材墓、令人忘返的麻蓝岛、风景如画的六峰山等等。防城港则拥有以"边、海、山"为主的丰富多彩的旅游资源以及京、壮、瑶等别具一格的少数民族风情，横亘中部的十万大山森林公园，苍茫广袤，峰峦叠嶂，雄奇险秀，亚热带原始森林保存完好；以万尾金滩为代表的京族三岛集碧海、金滩、绿岛、京族风情于一身，民风淳朴，风光旖旎；江山半岛滩平沙软，大坪坡白浪滩、月亮湾、白龙炮台美景不断，有"中国夏威夷"之美誉。另外，以东兴口岸为首的中越边贸旅游也成为中外游客交流沟通的平台，边贸旅游也成为防城港旅游发展的龙头。崇左有世界八大斜塔之一的崇左归龙斜塔、崇左石景林以及世界珍稀动物白头叶猴保护区——弄关生态公园；我国具有国际意义的陆地生物多样性 14 个关键地区之一的地跨龙州、宁明的陇瑞—弄岗国家级自然保护区；国家 4A 级景区花山崖壁画；世界第二大、亚洲第一的大新德天跨国瀑布景区、明仕田园风光；中国九大名关中唯一边关的凭祥友谊关；侏罗纪时代的主人聚居地——扶绥恐龙化石群等等。此外，还有古老神秘的边关历史文化景观：中法战争历史、大小边城、边关古炮台、大清国万人坟、法国领事馆、陈勇烈祠、红八军纪念馆以及胡志明足迹之旅等边境异国风情。玉林拥有世界最大的铜鼓出土地——北流铜石岭风景区；"天南杰构"江南四大名楼——容县经略台真武阁；亚洲第一天然石桥——博白天仙桥；全国四大名庄之一的陆川谢鲁山庄；中国二十洞天、道教二十二洞天——容县都峤山和北流勾漏洞；唐代杨贵妃及晋代绿珠女出生地遗址，古民居建筑群——兴业庞村古民居；李宗仁屯兵遗址——城隍鹿峰山（龙泉洞）；三大温泉——陆川、博白温罗、容县黎村；森林景观——北流大容山森林公园——六万山；近代名人刘永福、朱锡昂、王力、李明瑞、俞作豫、黄旭初等名人故居；玉林市佛子山旅游度假区和大型人造景观"云天民俗文化世界"。

三　有相关的政策扶持

广西北部湾拥有极为良好的政策环境。该区享受沿边、沿海的优惠政策；是西部大开发的一个重点区域，在西部大开发"十一五"规划中，是三个重点经济区之一；是我国西部地区扩大对内、对外开放，构筑国内外经济合作新平台的核心区域，其中泛北部湾经济合作区、"西南大通道"是两个主要方面。而南宁作为中国—东盟博览会的永久举办地，拥有 CAFTA 建设带来的国际开放、开发和合作的政策优势和便利条件。2008 年 1 月，中央正式批准《广西北部湾经济区发展规划》，广西北部湾经济区发展由地方战略上升为国家战略，国家给予了 5 项新政策：综合配套改革、重大项目布局、保税物流体系、金融创新、开放合作等。同时，广西人民政府也制定《广西关于促进广西北部湾经济区开放开发的若干政策规定》，《规定》中明确支持会展、旅游等重点产业的发展，并给予优惠的政策。《广西北部湾经济区发展规划》被纳入国家发展战略目标后，国家旅游局向社会公开征集《广西北部湾经济区旅游发展规划》，这使得广西北部湾旅游迎来了千载难逢的发展机遇。国家旅游局大力支持广西实施北部湾开发，全面帮助广西北部湾经济区发展旅游事业。2008年下半年世界金融危机爆发以来，广西各地的旅游都受到了不同程度的影响，为保持、扩大广西旅游的发展，广西旅游局开展了声势浩大的"广西人游广西"活动。全区14个市的上百个旅游景区推出诱人的优惠政策，迅速掀起广西人游广西的高潮。优惠政策既有景区门票直接大幅打折优惠，又有针对团队的特别优惠如一团一议、协议价格等，还有旅游企业联合推出"套票"、"年票"、"一票（卡）通"等。自治区旅游局推出的《广西旅游年票》明信片，因为包含了34个知名景区的优惠权益，深受游客的青睐。一系列的优惠政策，大大刺激了广西特别是广西北部湾旅游地的发展，加上各景区纷纷推出的丰富多彩的主题活动，极大地激发了游客的出游热情。

第二节　广西北部湾旅游可持续发展劣势（weakness）

一　旅游资源方面

（一）A级景区数量占全区的比例不高，且分布不均，过于集中

从表6—20中发现，广西北部湾旅游资源A级景区占广西全区景区数量比例均不高，4A、3A和2A级景区分别只占到16.33%、15.63%和2.08%。其他尚未评定为A级的景区中，有较多品位度较高的景区具备较大潜力，如南宁花花大世界、大明山、冠头岭国家森林公园、涠洲岛国家火山地质公园以及其他自治区级风景名胜区等景区（点）。另外，A级景区主要分布集中于南宁、北海、玉林和钦州四市，4A级景区中崇左只有一个，防城港市尚属空白，而且在所有的A级景区中其拥有两个3A级和一个2A级景区，崇左和防城港的旅游景区应争取提高级别。

（二）有影响力的旅游精品较少，缺乏旅游精品战略

广西北部湾旅游资源丰度高而且品质较优，但是其中有影响力的旅游精品却很少，其中较为有知名度的是北海银滩度假区之外，其他诸多景区（点）有较高的品位度，甚至具有一定的资源垄断性，但是直至目

前仍是缺乏独创的旅游精品，也暂无旅游精品战略的制定，不能够很好地利用广西北部湾多处潜力较大的高品质景区（点），凸显本身的优势之处。广西北部湾应该加快步伐，力创独特的旅游精品。

（三）旅游资源以自然景观类旅游资源为主，人文资源分布集中

广西北部湾旅游资源类型丰富多样，以景观类旅游资源为主特别是以自然旅游资源为主，南宁、北海、防城港和崇左的人文资源很少，主要集中在玉林和钦州。如玉林的云天文化城、北流勾漏洞、真武阁、杨贵妃出身遗址，钦州的刘永福故居等。

（四）旅游产品粗放

广西北部湾"4＋2"城市的旅游资源类型多样，种类比较丰富，具有一定的吸引力和一定的知名度，旅游商品也具有一定的魅力。但是广西北部湾的旅游产品虽然多，但比较粗放，精品开发不够，没有提升到一定高度去吸引游客，形成品牌。南宁大明山、防城港十万大山等旅游产品的开发还不是很成熟，除了观光游览，其他的旅游项目并不完善。旅游商品的开发也存在这样的问题，对地方特色的商品开发不够，能够给游客带走的特色商品不多。除了北海的旅游商品珍珠外，南宁的壮锦是壮乡旅游产品，但是壮锦的数量规模很小；玉林除了有当地的牛巴外，旅游商品类别很少，崇左、钦州和防城港的旅游商品特色不明显，吸引力不强。旅游产品粗放，缺少有很强吸引力的主打名牌产品，缺少支撑旅游市场不衰的后劲项目，可能导致市场覆盖面越来越小，客源占有率越来越低。此类景区应突出旅游精品品牌，提升旅游品位，提高旅游产品质量，满足游客旅游需求。

二　基础设施薄弱

虽然广西北部湾经济区经济发展速度快，但是开放开发程度远远落后于珠三角、长三角等地，在旅游服务设施问题上存在着诸多问题。如少部分 A 级旅游景区（点）的硬件服务设施功能不齐全，有的硬件服务配套设施形同虚设（如游客中心、医务室等），没有真正发挥功能作用；景区（点）的高级管理人才少，一线服务人员的素质不高，管理水平和服务质量有待提高；部分景区（点）的配套设施档次低，公共信息图型符号不规

范，所采用的建设材料与环境不协调，维修保养不到位；管理规章制度不健全，管理执行过程材料缺乏，记录不完整（如消防、安全、特殊情况的安全处置等）。尤其是部分开放较早的热门景点，如北海银滩旅游度假区，其在 2004 年收到了广西旅游局下发的警告通知书，由于公共场所厕所档次过低、没有游客中心、安全警示牌数量明显不足等质量问题，达不到 A 级景区的相关要求，被暂缓通过旅游区质量等级复核。

三 关联协调性有待加强

广西北部湾"4+2"城市旅游资源丰富，但是"4+2"城市之间旅游开发的关联协调性不高，尤其是在景点建设上。对民俗文化主题公园的建设，包括南宁、防城港等市都主打东盟民俗文化旅游牌，每个城市都计划建一个甚至几个以东盟民俗文化为主题的旅游景区，试图以这种形式来阐述对东盟国家民俗文化旅游资源的开发利用，这种不重视市场需求的投资实际上是一种重复投资和浪费资源的行为。在宣传促销方面，广西北部湾"4+2"城市针对本城市单体旅游景区（点）的宣传力度不小，每年都花费大量的人力、财力和物力进行宣传，而整体上对广西北部湾"4+2"城市旅游圈进行宣传的力度却很小。特别是广西北部湾滨海旅游资源，北海银滩、东兴金滩及钦州三娘湾三地大力宣传自身的旅游产品，甚至不惜以诋毁其他景区的方式来宣传促销，这种行为不利于整个旅游圈的开发建设。

四 人才缺乏和科技力量薄弱

全国经济综合竞争力研究中心 2007 年研究报告统计分析的数据显示，2000—2005 年，广西的人力资源竞争力处于劣势，其中人口自然增长率（反向指标）排名第 26，大专以上受教育程度人口比例排名第 25。人力资源利用率（就业总人数占 15—64 岁人口比重）虽然排名第 4，处于"优势"，但第一产业从业人员占从业人口总数的 60%，受教育年限仅有 7.22 年，导致从业人员"量大质低"，第三产业从业人员人均受教育年限最高，也只有 10.97 年。从业人员整体文化水平提高的速度缓慢，落后于全国发展速度和水平。目前，广西北部湾"4+2"城市的专业研究机构数量不多，高校数量少，能为旅游提供的专业人才数量有限，科研能力不强，人才总量相对不足，队伍整体素质有待提高，经济与社会发展需要的应用开发型人才、高技能人才和各类实用人才紧缺，稳定人才的工作也存在不少困难。

第三节　广西北部湾旅游可持续发展机遇（opportunities）

一　发展旅游的环境稳定

随着一体化经济席卷全球，多边贸易不断发展，求和平、谋发展、促合作已经成为不可阻挡的时代潮流。我国贯彻与邻为善、以邻为伴的周边外交方针，随着与欧美国家的经贸关系加深，我国与欧美国家的关系在不断调整，并向积极稳定的方向发展。我国与东盟等周边国家山水相连、文化相近。2003 年，中国和东盟国家领导人在印度尼西亚巴厘岛签署了《中华人民共和国与东盟国家领导人联合宣言》，宣布建立"面向和平与繁荣的战略伙伴关系"，国家之间睦邻友好和务实合作得到进一步加强，这些为北部湾"4 + 2"城市旅游营造了和平稳定发展的周边国际环境。中国经济发展迅速，社会治安稳定，对违法犯罪活动的打击力度加强，旅游景区的安全设施不断更新完善，这些为广西北部湾"4 + 2"城市旅游提供了良好的国内外旅游环境。

二　合作加强

随着中国—东盟自由贸易区逐步建立、中国—东盟博览会永久落户南宁和大湄公河次区域经济合作、环北部湾经济区域、泛珠三角经济合作区域等国内外区域性经济合作、旅游合作的逐步发展和深入，各种有利政策将向北部湾地区集聚，广西北部湾"4 + 2"将成为各项区域合作安排的交会点，从而带入国家资源，促进民间、国际资本向北部湾集聚，把北部湾打造成为旅游投资的热土。

各项相关文件的签订，给北部湾区域经济合作打下了良好的基础。《中国与东盟全面经济合作框架协议》的签署，推动了中国与东盟自由贸易区建设进程，也为双方经济合作向新的广度和深度扩展打下了良好基础。《南海各方行为宣言》促进了有关国家海上合作的实施，为这一区域的合作与发展创造了良好的宏观环境。被人们誉为"自贸区建设新里程碑"的中国—东盟《服务贸易协议》从 2007 年 7 月 1 日起正式生效实施，这是继"早期收获"、"货物贸易协议"之后，中国—东盟签署实施的又一项合作协议。据《协议》规定，中国将在 WTO 承诺的基础上，在建筑、环保、运输、体育和商务等 5 个服务部门的 26 个分部门，向东盟国家做出新的市场开放承诺，允许对方设立独资或合资企业，放宽设立公司的股比限制等，东盟 10 国也分别在金融、旅游、建筑、医疗等行业向中国开放市场。《协议》的实施，为中国与东盟各国开展服务贸易提供了制度性保障，广西作为泛北部湾经济合作方面的主推方，其获得的将无疑是巨大的发展良机。2007 年广西北部湾与越南合作，共同开发"中越跨国海上之旅"等旅游路线；2009 年 3 月，恢复广西崇左市（凭祥）边境旅游异地办证工作，中国与越南的旅游合作进一步加强。"走进东盟—广西国际旅游大篷车"到马来西亚、泰国、柬埔寨和越南进行大力宣传，并签订旅游合作备忘录和合作协议。北海于 2008 年与俄罗斯无国界旅游协会召开洽谈会，就如何加强俄罗斯与北海旅游特别是养生保健旅游的合作进行深入探讨，并签署了旅游合作备忘录。广西北部湾旅游地国际国内旅游合作都得到了加强。

三　旅游业发展前景广阔

中国旅游业在全球增长迅速。从 20 世纪 90 年代开始，东亚太地区旅游业迅速崛起，到 2002 年首次超过美洲，跃居世界第二位。"九五"以来，我国旅游业以 10% 左右的速度增长，高于全球旅游业平均增幅 3 至 5 个百分点，由此世界旅游组织预测：到 2015 年，中国将成为世界第一大旅游目的地国和第四大客源输出国。2008 年我国国内旅游总人次为 17.12 亿人次，比上年增长 6.3%；国内旅游收入为 8749 亿元，比上年增长 12.6%，是全球最大的国内旅游市场之一。全年国际国内旅游总收入 1.16 万亿元，比上年增长 5.8%，其中接待入境游客 24325337 人，入境旅游收入 2839 亿元。2007 年 12 月，经国务院通过的《全国年节及纪念日放假办法》和《职工带薪年休假条例》对外公布，我国法定节假日由 10 天增加到 11 天，游客外出游玩的时间增多，加上人们外出旅游的积极性提高，国内外旅游市场前景十分乐观。

第四节　广西北部湾旅游可持续发展威胁（threats）

一　生态环境压力大

（一）海洋生态环境压力增大，海洋生态环境恶化

由于北部湾地区发展势头强劲，工业废水、废渣和城市中有害物大量排入海洋，使沿岸水质受到不同程度的污染。一些地方仅一天就有 28 件海域污染损害系列案在地方海事法庭审理，其中一件由数十个文蛤养殖场的经营者抱团向法院起诉的糖厂排污案，所涉及的 3500 多亩养殖场几乎绝收。同时，随着泛北部湾经济合作与建设的推进，一些大型重化、能源工业企业也纷至沓来，工业要发展，环境必定得付出沉重的代价，环境压力大。广西北部湾的中心战略是大港口和大工业，这势必会对旅游发展产生一定的挤压，甚至造成不可想象的后果。广西北部湾"4＋2"城市正在面临如何做到"既要金山银山又要绿水青山"而做出选择。来自北海市的一份关于海洋资源保护开发利用的调研报告也指出，目前北海的海岸线生态环境正在恶化，部分地区海域开发失控，近岸海域海水水质受到污染，严重影响了近海海域的海水质量，连尚待开发的涠洲岛也难以幸免地受到环境恶化的威胁，每年生活垃圾、固体垃圾 400 吨以上，岛上的鲍鱼养殖场、螺场产生的养殖废水也带来严重的污染问题。近几年，涠洲岛每年均出现海水异常、藻类和珊瑚白化现象，监测数字也表明，南湾港的石油类、COD、BOD 等因子超过国家的排放标准。部分游客在景区内部乱丢垃圾等不文明行为威胁着景区环境。旅游景区周边地区的村镇环境也存在脏、乱、差的现象，对良好旅游形象的树立产生了负面影响。缓解目前的环境压力，保护旅游生态环境已迫在眉睫。生态环境具有脆弱性，一旦被污染破坏，要治理好并恢复需要付出极大的人力、物力及财力。

（二）城市生态环境建设面临挑战

北部湾地区主要污染物的总量减排任务艰巨，主要环保设施不完

善，污水处理厂日处理量不到污水总量的 1/5。工业企业中水污染排放大户多属高能耗、技术含量低、规模较小、结构性污染严重。城市生活垃圾填埋处理过于简单，造成处理场周围的环境污染，尤其是地下水水质污染严重。北部湾一些城市发展规划环境影响报告书提供的数据表明，COD 的排放量已超过地表水环境理想容量，甚至已超出最大允许排放量。

（三）农村生态环境面临失控

随着农业产业结构调整，养殖业快速发展，规模化畜禽养殖粪便的直接排放，成为北部湾次级河流被污染的主要污染源，加重了地表水和次级河流的污染。畜禽养殖专业户及企业逐步成为新的污染大户。尤其是水产养殖，由于大量投放富含氮、磷的饲料、化肥及畜禽粪便进行肥水养鱼，池塘、水库、河道污染面积呈高速发展之势，地表水富营养化问题日益严重。由于缺乏正确引导和监督不力，农用化学物品使用不合理，致使大量化肥的有效养分流失进入水环境，加重了水体污染。

二　利益冲突明显

广西北部湾"4 + 2"城市有着共同的目标，那就是经济又好又快地发展。但是当涉及具体的经济利益主体不同时，为了获利，难免会发生利益冲突。政府作为地区的主要领导者，在发展旅游时除了考虑经济效益外，同时应考虑环境效益、社会效益等；而旅游企业只关心经济利益，在开发旅游景区（点）的时候，很少考虑到环境因素等，景区周边的社区居民的正常生活受到旅游的负面影响，如噪声污染、环境污染等。旅游企业与旅游企业、旅游企业与政府、社区居民与旅游企业、游客与社区居民、游客与旅游企业等多方利益交织在一起，形成一个复杂的利益网。十万大山自然保护区的土地涉及多方主体，有部分山林属周边社区群众集体所有，虽然对保护区内的集体山林有明确的管理权限，但是，由于群众山林的经营权交给保护区后，其损失补偿尚未得到明确，造成群众随意破坏，改变自然保护区土地现状的后果，利益冲突明显。

三 竞争激烈

随着旅游业的大发展，旅游市场的竞争越来越激烈。桂林旅游资源独特，知名度高，吸引着国内外众多游客前来旅游。而广西北部湾六市的旅游与桂林有着差距。广西南北两地的各大景区（点）纷纷宣传打造，争抢客源，给广西旅游的发展带来了挑战。广西北部湾"4＋2"城市旅游，虽然近几年发展很快，但城市知名度不高，客源市场狭窄，旅游竞争十分激烈。特别是滨海旅游的竞争尤为激烈，广西北部湾北、防、钦三市都有打滨海旅游的旗号，三市之间都在抢夺国内外游客，而与区外湛江、珠海、三亚、青岛等滨海旅游相比总体上发展滞后，有一定的差距。

广西北部湾旅游可持续发展有着优越的区位优势，旅游资源种类多，多方出台政策支持广西北部湾旅游的可持续发展，旅游发展的环境稳定，各方合作不断加强。但是不可忽视广西北部湾旅游可持续发展存在资源本身的欠缺、产品粗放、基础设施比较薄弱、产品关联协调性不强、人才缺乏和科技力量薄弱、生态环境压力大、多方利益冲突明显、各方竞争激烈的问题。广西北部湾旅游的可持续发展，既要充分利用存在的各项优势和抓住当前的各种机遇，也要改善当前存在的不足，规避威胁，扬长避短，实现广西北部湾旅游真正的可持续发展。

第五节　小结

根据以上 SWOT 分析的情况，进行总结如表 7—1。

表 7—1

优势—S	劣势—W
1. 区位优势优越 2. 资源种类多，内容丰富 3. 有相关的政策扶持	1. 旅游资源欠缺 2. 基础设施薄弱 3. 关联协调性有待加强 4. 人才缺乏和科技力量薄弱

机会—O	威胁—T
1. 发展旅游的环境稳定	1. 生态环境压力大
2. 合作加强	2. 利益冲突明显
3. 旅游业发展前景广阔	3. 竞争激烈

第八章

北部湾旅游可持续发展模式研究

第一节　北部湾发展循环型旅游的必要性和可行性

一　发展循环型旅游的必要性

广西北部湾地区旅游业存在着诸如旅游资源开发不当、生态环境破坏等种种问题，因此应当发展循环型旅游。循环型旅游可以通过对各种旅游资源的严格管理，全面预防对环境的消极影响，使人们保持文化的完整性、良好的生态环境和生物的多样性，进而使经济、社会和美学有机结合，可以在保持和增强未来发展机会的同时，满足游客和旅游地居民的需求，从而既取得经济效益、社会效益，又获得环境效益，最终实现旅游可持续发展的目标。

（一）维护和改善生态环境，提升当地旅游形象

目前广西北部湾地区旅游业呈现出重经济利益、轻环境效益的状态，如果这一状态一直持续下去，将有碍于当地旅游业的可持续发展。发展循环型旅游，对旅游资源进行合理开发，尽量减少垃圾和废物对目的地的污染，以维护和改善生态环境。这样可以削弱甚至避免对环境造成的危害，提高环境质量和效率，赢得社会的赞誉，旅游形象就会得到提升，从而为旅游业带来新的发展契机。

（二）提高旅游业管理水平，降低经营成本

广西北部湾地区旅游业起步相对较晚，很多相关单位对管理不够重视，管理体系混乱，管理水平不高。循环型旅游的实施，必然要求改变现在的管理模式，建立科学先进的管理模式，对广西北部湾地区旅游不

规范的开发及管理行为进行系统化、规范化、程序化的管理，将生态环境保护与可持续发展的观念融于企业管理中。同时，它对管理人员、工程技术人员、服务人员在经济观念、参与管理意识、环境意识、服务水平、职业道德等各方面素质提出了更高的要求，需各部门齐心协力，才能实现服务过程的控制和污染的预防，从而提高内部的环境管理水平，提高环境质量。循环型旅游以"3R"原则为其核心思想，其中又以"减量化"为首，强调在最少地消耗能源和资源的同时实现旅游资源利用的最大化，达到节能降耗、减污增产的目的，因而可有效降低旅游业经营成本。

（三）满足旅游者绿色消费

人们消费观念的"绿色趋向"意味着追求生态满足和生活质量，应用到旅游业当中即为"绿色旅游"。绿色旅游是指人类的旅游活动应当对自然、社会以及每个人不会带来伤害，强调旅游资源的开发和利用及旅游活动的进行必须达到人与自然的和谐、人与人的和谐，以及人自身的和谐。广西北部湾地区发展循环型旅游正符合这一消费趋势，将有利于当地旅游业的健康发展。

（四）增强旅游产品国际竞争力

环境问题将会成为制约国际贸易的一个重要因素，旅游业通过导入循环经济理念可以提高内部的环境管理水平，同时提高环境质量。旅游景区可考虑申请系列标准环境管理体系 ISO14000 认证，通过 ISO14000 认证就犹如获得了一张国际服务业贸易的绿色通行证，可极大地增强广西北部湾地区旅游业的国际竞争力。随着广西北部湾地区旅游业知名度的提高，越来越多的游客涌向这座闪亮的北部湾城市，一年一度的中国—东盟博览会在南宁市的永久落户将吸引世界越来越多的旅游者来广西，如果广西北部湾地区旅游业的竞争力能够进一步提高，就可吸引更多境外游客从世界流向此地。

二 发展循环型旅游的可行性

（一）拥有丰富的旅游资源

广西北部湾地区旅游资源单体品质高，具有较高的品位度。拥有优美风光、滨海风光、森林景观，也涵盖了火山地貌、红树林景观，以及富有历史文化内涵的人文古迹等资源类型，且每种类型均有自己的独特之处，具有多种不同类型资源组合开发的优势。A 级景区的数量和结构是旅游资源品位度的衡量指标，目前广西北部湾地区共有 A 级景区 33 个，其中 4A 级景区共有 16 个，占广西全区同等级景区数量的 16.33%，3A 级景区 15 个，占广西全区同等级景区数量的 15.63%，2A 级景区 2 个，占广西全区同等级景区数量的 2.08%；在 33 个 A 级景区中，4A 级景区达 16 个，占 48.5% 的比重。总体来说，景区级别较高。共有旅游度假区 6 个、风景名胜区 12 个、国家森林公园 5 个、国家地质公园 1 个以及自然保护区 5 个，北海冠头岭国家森林公园和合浦山口国家红树林生态自然保护区等景区目前尚未得到充分开发利用，具有较大的潜在旅游开发价值。

广西北部湾地区旅游资源还享有较高的知名度。优秀城市的数量是旅游资源知名度的重要衡量指标之一，南宁市、北海市、玉林市、钦州市已分别于 1998 年、1998 年、2001 年、2007 年被国家旅游局命名为"中国优秀旅游城市"。

（二）具备良好的发展环境

1. 岸线资源。广西北部湾地区海岸线东起与广东交界的英罗港洗米河口，西至中越交界的北仑河口，海岸线总长度为 1595 公里，其中防城港市大陆海岸线长 580 公里，钦州市大陆海岸线长 518 公里，北海市大陆海岸线长 497 公里，岛屿海岸线长 32 公里。良好的岸线资源为广西北部湾地区发展滨海循环型旅游提供了先决条件。

2. 经济基础。广西北部湾地区 2009 年生产总值为 3480.84 亿元，其中第一、二、三产业分别为 682.36 亿元、1296.72 亿元、1501.76 亿元，全社会固定资产投资达到 2651.39 亿元，较高的经济水平为广西北部湾地区发展循环型旅游提供了物质支撑。

钦州市的工业发展借助北部湾经济区建设的机遇大有风生水起之势；南宁市的经贸活动因为中国—东盟博览会的永久落户而越来越频繁；崇左市的农业将由于中国—东盟自由贸易区的建成而迎来更有利的发展契机。多样化的产业结构为广西北部湾地区推行循环型旅游发展模式奠定了产业基础。

（三）成熟的发展机遇

1. 广西循环型旅游发展具有现实紧迫性。广西北部湾地区有着丰富的自然资源和独特的人文资源，但由于旅游经济增长对自然环境的长期依赖，近年来一些主要旅游资源出现了问题，如北海银滩度假区海水和沙滩质量明显下降，严重制约了当地旅游业的发展。城镇污水排放量和工业固体物增加较快，城市生活垃圾无害化处理率较低，影响了旅游城镇的可持续发展。要保持旅游业的持续健康快速协调发展，就应当改变当前以旅游资源大量消耗和生态环境恶化为代价的发展方式，发展循环型旅游将从根本上缓解旅游资源受损、生态环境脆弱的现实局面。

2. 各级政府重视循环经济的发展。党的十六届五中全会明确提出要大力发展循环经济，国务院批准实施的《广西北部湾经济区发展规划》明确要求要发展循环经济。在发展规划上，广西南宁、北海、防城港、钦州4市领导重视生态环境保护和循环经济建设工作，均把发展循环经济作为构建和谐社会的重要内容来落实，并写入"十一五"发展规划。

3. 循环型旅游发展的宏观环境已具备。近年来，党和国家领导人多次强调要发展循环经济，建立节约型社会、发展循环经济被提到了前所未有的高度，广西北部湾地区发展循环型旅游的宏观环境已基本具备。

（四）国外发展循环经济的宝贵经验可供借鉴

循环经济在我国尚处于发展初期，而在日本、美国、德国等发达国家已取得了较好的成效和经验，主要体现在：促进循环经济的法律法规的建立，如日本颁布的《促进循环经济社会形成法》、《资源有效利用法》、《绿色购物法》、《废弃物处理法》等；有利于循环经济发展的政策体系的建立，包括金融政策、财政政策等；较成熟的环保技术和循环利用技术，如日本的清洁生产技术、废弃物回收利用技术等；生态工业园的建立，发挥园区的示范效应，包括美国、日本、德国、法国、意大利、奥地利、英国等国。这些发达国家的成功经验为广西北部湾地区发展循环型旅游提供了重要的参考。

第二节　北部湾循环型旅游发展模式

一　循环型旅游的一般发展模式

根据前文所述，关于循环经济的理论基础和旅游可持续发展的要求，结合明庆忠、李庆雷对旅游循环经济的研究成果，归纳出循环型旅游的几种一般发展模式。

（一）发展主体视角的模式

1. 旅游企业层面的模式。旅游企业层面的循环是一种微观循环，是旅游企业内部部分或全部要素的循环利用，这些要素主要包括旅游资源、物质和能源。一个独立的旅游企业很难具备全部的物质、资源都能闭环流动的条件，所以旅游企业层面的循环主要关注的是实施清洁生产，减少旅游资源、物料和能源的使用量，使部分要素得到循环利用，尽量回收利用废弃物，实现污染物排放的最小化。旅游业清洁生产是指从旅游产品与设施的设计与开发，到整个旅游过程，都要减少和消除旅游者、旅游企业对环境的直接与间接的负面影响，从而实现旅游业的可持续发展。旅游企业层面的循环主要表现形态为景区、饭店以及旅行社等旅游企业的清洁生产。

2. 区域层面的模式。单个旅游企业内的生产过程中必然会有无法消解的部分废弃物和副产品，这就需要从企业外去组织物料循环。旅游业的综合性也决定了它与很多产业之间存在耦合关系，如与农业、林业、畜牧业、渔业可能的耦合方式为观光农业、农家乐、土特产购物、观光休闲果园、森林公园、林产品购物、观光牧场、特色美食、畜牧产品购物、水库观光休闲、渔家乐，与加工业、制造业的耦合表现形态为加工（制造）场所参观、购物等。实现区域层面的循环的有效途径是建立旅游循环经济示范区。旅游循环经济示范区是依据循环经济理念及旅游生态学原理而规划、建设的一种以污染预防为出发点、以物质循环流动为特征、以可持续发展为最终目标的新型旅游区，是循环经济在旅游领域的具体体现。

3. 社会层面的模式。社会层面的循环是一种宏观循环，实现其的有效途径是生态旅游城市（县、区）。生态旅游城市是指运用生态学、经济学和旅游学的原理，遵循生态规律与城市发展规律，以生态城市的建设为基础，以城市生态旅游为主线，以自然生态的良性循环及人与自然、社会的和谐为核心，以实现城市的可持续发展为目标，进行规划、建设和管理的现代化新型城市。

（二）发展途径视角的模式

1. 产业组合式模式。第一、第二产业是物质生产过程，它为人们提供必需的生活资料，在旅游迅速发展的今天，它们也可以为旅游提供有吸引价值的旅游资源，可以把第一、二产业物质生产与旅游发展整合在一起，发展产业循环型旅游，通过物质产业生产模块与旅游模块的链接和循环带动作用，实现物质、能量、资金的循环利用。第三产业中的某些行业的生产同样也可与旅游发展整合在一起，发展产业循环型旅游。产业组合式发展模式的主要表现形态为农业旅游、工业旅游等。

2. 滨水城市型模式。滨水城市型循环发展模式是城市充分利用临江（海、河）的地理优势，通过旅游开发与城市发展的互动，达到经济、环境双赢的效果，从而推动地区旅游可持续发展。

二 广西北部湾地区旅游企业循环发展模式

（一）景区循环发展模式

广西北部湾地区在旅游景区开发的过程中，应从循环经济发展的角度出发，依托景区所具有的自然景观和生物资源，尽可能减少对不可再生资源的占用和消耗，减少和避免对景区环境可能造成负面影响的机会。其主要内容大致可以分为资源循环开发、景观生态设计、能源管理、水资源管理、废弃物、设施的维护与运作等六个阶段，如图8—1所示。

（二）饭店循环发展模式

根据饭店的运行规律，循环经济理念下饭店的运行过程分为生态设计、绿色采购与存储、清洁生产、绿色服务、废弃物处理等五个阶段。同时，根据循环经济和系统论的本质要求，设置绩效评估和反馈这一环节，从而形成旅游循环经济理念下饭店运营与管理的框架，如图8—2所示。

（三）旅行社循环发展模式

根据旅行社的特点，在旅行社运行过程中导入循环经济理念，可分为生态线路设计、旅游循环经济宣传、游客行为引导、清洁生产、办公室垃圾处理等五个阶段。同时，根据循环经济和系统论的本质要求，设置绩效评估和反馈这一环节，从而形成旅游循环经济理念下旅行社运营与管理的框架，如图8—3所示。

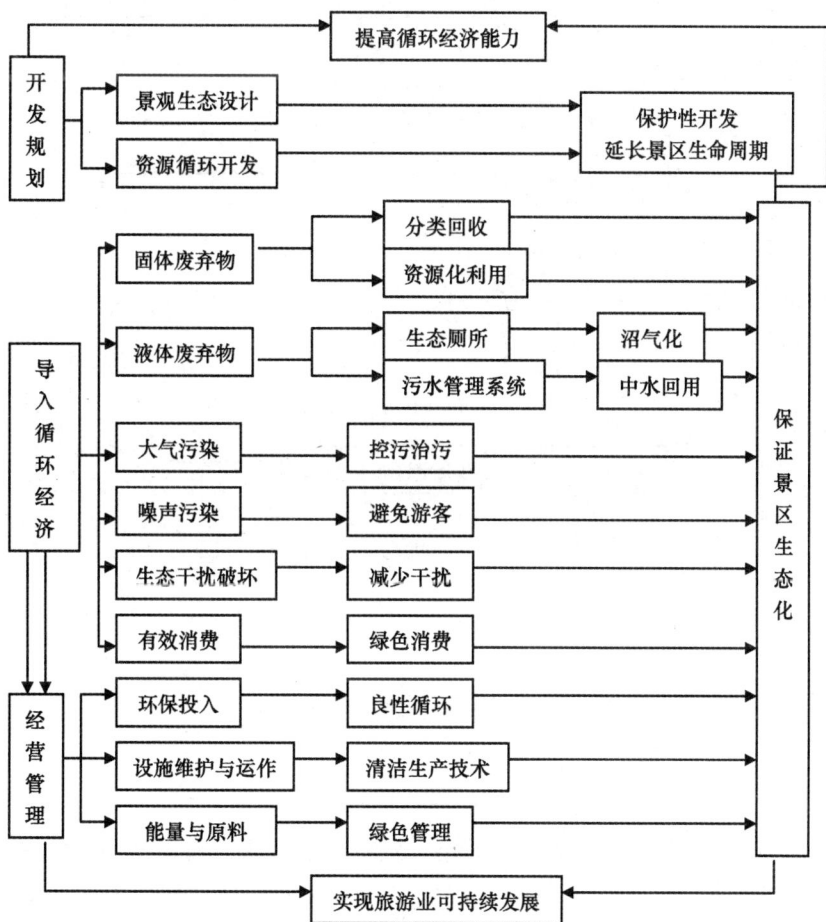

图8—1　景区循环发展模式

资料来源：明庆忠、李庆雷：《旅游循环经济发展研究》，人民出版社2007年版。

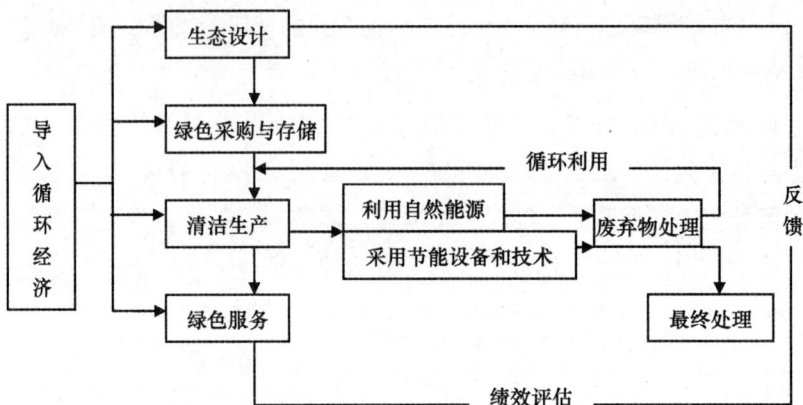

图8—2　饭店循环发展模式

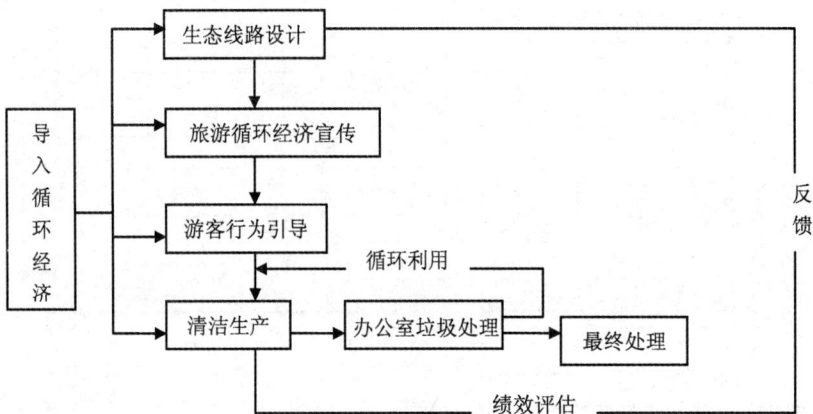

图8—3　旅行社循环发展模式

三　广西北部湾地区各市循环型旅游发展模式

（一）南宁市

第一，城市特征及其模式选择

南宁是一座商贸业兴盛的城市，经贸活动频繁，特别是中国—东盟博览会的永久落户南宁和中国—东盟自由贸易区的建成，引发了一系列相关的商务活动，典型的代表有：中国—东盟商务与投资峰会、中国—东盟港口合作与发展论坛、中国—东盟电信周、亚欧会议投资促进机构圆桌会议、中国—东盟海关与商界合作主题论坛、中国—东盟金融合作与发展领袖论坛、中国—东盟农业合作与发展论坛、中国—东盟电力合作与发展论坛等。对外经济开发区会引发大量的经贸活动，南宁拥有两个国家级经济开发区和四个自治区级经济开发区，包括国家级的南宁高新技术开发区、南宁经济技术开发区和自治区级的南宁—东盟经济开发区、广西南宁江南工业园区、广西南宁六景工业园区、广西南宁仙葫经济开发区。南宁属于旅游资源非优型城市，如果按照依赖旅游资源发展旅游业的传统模式，先天条件并不优良，而经济洽谈、贸易往来等活动都是促成旅游活动发生的强大推动力，寻找一种将兴盛的商贸业与旅游业综合起来的发展模式，努力弥补先天的缺憾，是推进南宁市旅游可持续发展的有效途径。

基于以上对南宁市城市特征的分析，南宁市宜选择经贸、旅游综合型这一可持续旅游发展模式，即商务旅游。商务旅游是随着经济社会的不断发展而形成的一种新兴旅游模式，指以经贸活动为主要目的，到达并在非常住地所产生的一切旅游活动。

第二，商务旅游模式的功能机制

这是一种产业组合式循环型旅游发展模式。商务旅游的活动范围通常是在城市核心，而南宁又是一座资源非优型城市，其发展方向的正确与否很大程度上关系到南宁市旅游发展的可持续性，在商务旅游运行过程中导入循环经济理念，贯穿旅游活动涉及的主要环节，具体模式如图8—4所示。

在景区张贴一些绿色环保标语，对游客进行宣传教育，做到"环保从我做起"，同时积极建设生态厕所，或使原有厕所生态化等，营造绿色环境；酒店的餐厅和客房尽可能避免使用一次性用品，尽量减少不必要的物品洗涤次数，做到绿色服务；旅行社不仅提倡办公用品节约、循环利用，还肩负引导游客进行绿色消费的重任。在商务活动载体上面，通过改造现有建筑物的方式以节约活动成本；同时想方设法提高会议、会展设施的重复使用率。从城市综合的角度考虑，打破环保依靠政府行为而旅游依靠市场消费的旧局，用市场作为两者的产业结合点，使旅游的外部性内部化，把环境保护和建设作为旅游发展的重要目标，实现旅游发展与环境保护共同发展，在两种产业产权界定的情况下，通过旅游资源有偿使用、征收旅游环境污染费和建立良好的管理机制来保证环保旅游的顺利发展。

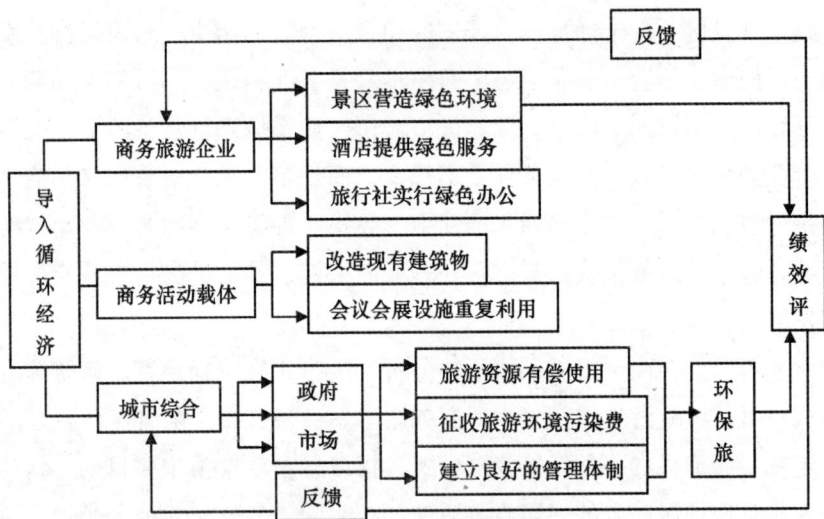

图8—4　商务旅游模式

第三，南宁市商务模式的实现策略

第一，宏观与微观层面"两手抓"。在宏观层面上，注意综合协调城市及其所在区域的经济、社会、文化、自然复合生态系统，构建文明、舒适、可持续的旅游环境；在微观层面上，从旅游服务产品的设计开发，到整个旅游过程，都要考虑消除或尽可能减少旅游企业、旅游者对旅游环境的负面影响。

第二，兼顾横向与纵向协调。在协调经济、环境、社会效益的同时，还需兼顾各利益相关者主体以及后代的发展要求，不仅应重视经济发展与生态环境、社会发展的和谐，更应注重居民生活质量的提高，更不能因眼前利益而采取"透支"后代的方式换取暂时"繁荣"。

第三，深度挖掘商务旅游客源市场。南宁市的商务旅游虽然蓬勃发展，然而实则尚处于浅层次发展阶段，潜力巨大，应当深入分析各类来邕商务旅游者的特征，寻找城市特色和商务游客需要结合点的高质量商务旅游产品，推动城市商务旅游向纵深发展。

（二）北海市

第一，城市特征及其模式选择

北海市气候宜人，空气清新，并以其富含负氧离子的空气而被外界誉为"中国最大城市氧吧"。旅游发展主要依托滨海自然旅游资源，集海滨、海岛、红树林、山川、海洋生物等高质量生态旅游资源于一身，分别以银滩、涠洲岛、山口红树林、冠头岭、儒艮为代表。

银滩面对古珠池之一——"青婴池"海域，具有"滩长平，沙细白，水温净，浪柔软，无鲨鱼"的特点，被誉为"天下第一滩"。海水年平均温度为23.7℃以上，年均涨落潮流速0.2~0.48米/秒，年平均波浪高0.57米，沙滩平均坡度为1.5°，沙粒度符合国际优良沙滩沙粒标准，陆岸植被丰富，环境幽雅宁静，空气格外清新，是进行海水浴、日光浴、沙滩浴和空气浴的天然海滨浴场。

红树林生态系是世界上最富多样性、生产力最高的海洋生态系之一，素有"海中森林"之称，为热带海岸独有的地理景观，与其他海岸风光比较自有一种截然不同的别致风情，是我国稀有的旅游资源。在北海沿海的滩涂上分布有红海榄、木榄、秋茄、桐花树等12种红树林植物，是我国大陆海岸带发育较好、保存较完整的天然红树林分布区，特别是连片的红海榄纯林在我国已极为罕见。经过国家海洋局对2009年近岸海洋生态系统健康状况的监测，北海红树林生态系统处于健康状态。

涠洲岛是我国大陆避寒疗养的佳地之一，有清新的空气、高浓度的负氧离子、和煦的阳光、苍翠的林木，具有发展避寒疗养旅游的优越气候条件，是人工气候调控所难企及的。岛的沿岸几乎没有污染性工业企业，大气质量和海水水质都可达到国家一级标准，大气中负氧离子丰富，冬季气温温和。

冠头岭全长3公里，由主峰望楼岭（前清曾设"望楼"于岭巅，海拔120米）与风门岭、丫髻岭、天马岭等山峦群体组成，东北延伸至石步岭南麓而止，同向潜脉与石步岭地角岭相连，山体为砂岩石质，西麓被海浪侵蚀成陡壁。岭下怪石奇岩，濒海有天然邃窟"廉阳古洞"，每当潮涌，撼石如雷，形成景观"龙岩潮音"；岭上松林相映，松风与海涛相呼应，形成景观"海涯观涛"。夕阳之下，登岭西望，苍海如血，气势磅礴。

儒艮属海生草食性哺乳动物，俗称海牛，目前世界上数量已很少，北部湾是其生存的少数海湾之一。合浦县营盘至英罗湾一带近海海域，生存着国家一级保护动物——儒艮，属亚热带海洋气候，海底潮沟深槽发育好，水温、盐度适中，海草资源丰富，是儒艮生息的优良环境，至少有六七十头儒艮生活于此，于 1992 年被国务院定为国家级儒艮自然保护区。

然而，近来北海市旅游资源和生态环境遭到破坏的问题亟待引起重视，典型的教训有银滩和涠洲岛。20 世纪 90 年代初，在砍伐了防风林和人工填海的银滩空地上，建起了数十幢由不同业主经营的疗养院、招待所，致使银滩付出了沉重的代价。公园内 33 幢楼堂馆所让公园的防浪堤紧贴潮线，改变了这一海域的海洋动力环境，严重干扰了海岸沙滩的自然发育过程，影响了海浪对沙滩的作用，引发沙滩萎缩和沙质变灰、变黑现象，原来平缓的潮间带沙滩变得起伏不平，形成积水槽沟。涠洲岛火山弹、珊瑚质沙滩受到破坏，红树林被砍伐，海底珊瑚遭受破坏，海水被污染。

通过以上对北海市城市特征的分析，可发现北海市自然生态旅游资源条件优越并且是当地旅游发展的主要依托载体，但是自然生态资源具有很强的先天脆弱性，随着社会前进步伐的加快承受着越来越大的被破坏的压力，资源与生态环境问题很大程度上影响着北海市旅游可持续发展，因此北海市宜选择生态旅游模式。从发展目标的角度来看，生态旅游是以欣赏和研究自然景观、野生生物及相关文化特征为目标，为保护区筹集资金，为当地居民创造就业机会，为社会公众提供环境教育，有助于自然保护和可持续发展的自然旅游，是以生态学观点和可持续发展思想为指导，以自然生态环境和相关文化区域为场所，为体验、了解、认识、欣赏、研究自然文化而开展的一种对环境负有真正保护责任的旅游活动。

第二，生态旅游模式的功能机制

首先，建立生态旅游经济示范区。以循环经济示范区为导向，推动北海市生态旅游发展。这是一种区域层面的循环型旅游发展模式，在某一区域内，当旅游业和相关产业发生耦合关系后，就可能出现生产者企业、消费者企业、分解者企业，形成代谢和共生关系，生态经济示范区尝试建立众多的物质循环链和循环网，如图8—5所示。

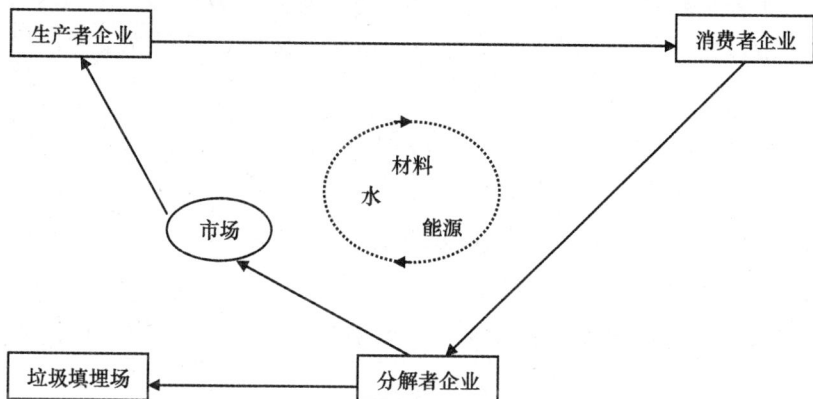

图8—5　旅游循环经济示范区模式

资料来源：明庆忠、李庆雷：《旅游循环经济发展研究》，人民出版社2007年版。

其次，打造生态旅游城市。这是一种社会层面的循环型旅游发展模式，它形成了较为完整的循环型旅游系统，出现了产业循环体系、科技研发体系、教育培训体系、绿色消费体系、废弃物综合处理体系、认证评估体系、政策法规体系。生态旅游城市的构建模式如图8—6所示。

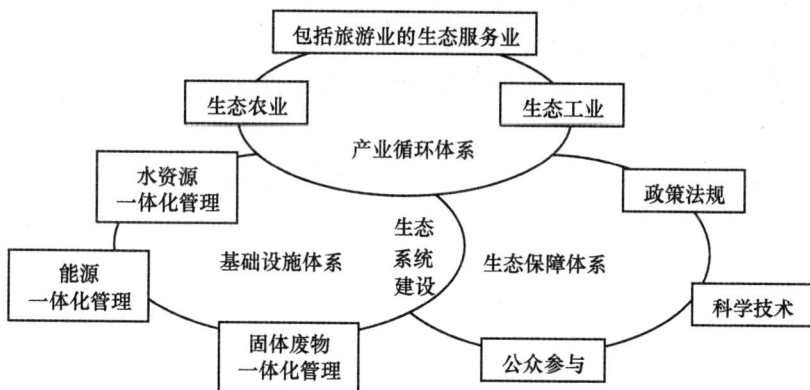

图8—6　生态旅游城市模式

资料来源：明庆忠、李庆雷：《旅游循环经济发展研究》，人民出版社2007年版。

生态经济示范区的建立基本可以实现整个体系向外系统的零排放，

实现物质、能量多级利用，高效产出，资源、环境系统开发、持续利用。生态旅游城市的建设能使物质和能量得到更充分的利用，建设既迎合了游客返璞归真、回归自然的出游动机，又符合可持续发展的思想要求。

第三，北海市生态旅游模式的实现策略

首先，加强对城市和景区生态环境的监测，及时治理污染源，尤其是针对红树林、儒艮等国家级重点保护对象。建立健全城市和景区的生态管理和监测机构，制定科学的生态保护指标体系，培养和壮大生态保护的专业技术队伍，运用先进的技术手段进行监测和治理。

其次，根据有关法规，结合北海实际情况，制定有关旅游资源和生态环境保护的地方性法规和条例，并逐步组建一支生态执法队伍，宣传生态法制，严肃处理破坏生态的案件，培养公民的生态法制观念，促使生态保护走上法制化轨道。

最后，通过城市现代化建设优化城市旅游环境。以"中国优秀旅游城市"、"北海宜居城市"等城市现代化建设为契机，借助现代科技力量，优化城市旅游环境。

（三）钦州市

第一，城市特征及其模式选择

钦州是一座工业发展突飞猛进的城市，2000年全市便形成以制糖、医药、食品加工制造、建材、化工等为主的地方工业体系；2006年工业主导经济发展的格局已形成，制糖、缫丝、医药、食品等传统优势产业加快发展，炼油石化、酒精能源、植物油加工等新的优势产业加快成长；"十五"时期末和"十一五"时期初，先后开工建设中国石油广西石化千万吨炼油、广西金桂林浆纸一体化、钦州燃煤电厂等一批重大工业项目，经济发展后劲增强。工业增加值占GDP的比重相当大，如图8—7所示。规模以上工业增加值的增长速度高于全区平均水平，如表8—1所示。

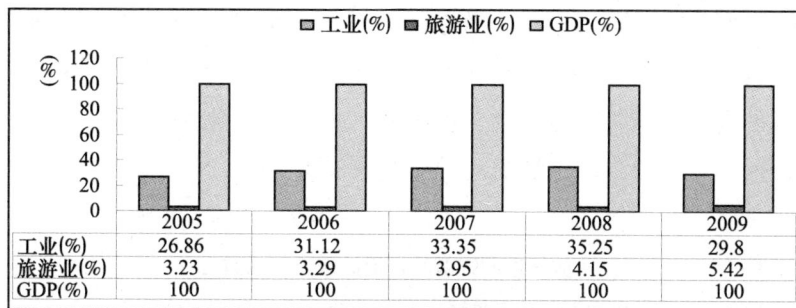

图 8—7　2005—2009 年钦州市工业与旅游业占 GDP 的比重

资料来源：广西统计年鉴、广西旅游统计年鉴 2005—2009

表 8—1　　　　　　　钦州市工业增加值增长速度情况（%）

	2005 年	2006 年	2007 年	2008 年	2009 年
钦州市	111.7	55.3	34	24.6	20.7
广西全区	22.8	23.9	26.5	22.6	18.2
高出水平	88.9	31.4	7.5	2	2.5

资料来源：广西、钦州市国民经济和社会发展统计公报 2005—2009

　　如图 8—7 及表 8—1 所示，钦州市旅游总收入占 GDP 的比重相当的小，作为一座滨海城市其旅游资源的相对紧缺，景区尤其是高级别景区的偏少，成为制约旅游业发展十分重要的因素。工业与旅游业在某些方面存在较大矛盾：一方面，工业的发展必然带来自然环境的破坏，从而影响旅游业发展所赖以生存的生态环境基础；另一方面，工业对国民经济发展的贡献率远远高于旅游业，在经济效益面前，人们往往选择重视工业而忽视旅游业。探索一种将工业与旅游业有机结合起来的发展模式，解决工业发展与旅游业发展的矛盾，两者携手共进，努力克服旅游业发展的制约因素，是推进钦州市旅游可持续发展的明智之举。

　　基于以上对钦州城市特征的分析和钦州市旅游资源状况（见表 8—2），钦州市宜选择工业、旅游联结型这一可持续旅游发展模式，即工业旅游。工业旅游起源于 20 世纪 50 年代的法国，是产业旅游的一个重要分支，是工业与旅游业的结合。它是以市场需求为导向，以工业资源为吸引物，通过企业对资源进行整合或二次开发，突出工业资源的吸引力，将其转化为旅游资源，并以满足旅游需求、提高企业综合效益为目的专项旅游活动和企业发展项目。

表 8—2　　　　　　钦州市国家级和自治区级重点旅游
资源景区情况统计（截至 2009 年 12 月 31 日）

	国家级风景名胜区	国家森林公园	国家级自然保护区	国家地质公园	自治区、全国重点文物保护单位	国家历史文化名城（镇、村）	自治区级风景名胜区	自治区级森林公园	自治区级自然保护区	自治区级地质公园	国家4A级以上景区
钦州市（个）	0	0	0	0	1	1	1	1	1	1	4
广西区（个）	3	20	15	5	42	8	30	21	50	3	61
百分比（%）	0	0	0	0	2	13	3	5	2	33	7

资料来源：广西旅游在线 http：//www. gxta. gov. cn/default. htm

第二，工业旅游模式的功能机制

这是一种产业组合式循环型旅游发展模式，以工业企业生产为基础，将工业的生产工艺和流程，企业文化与企业配套的生产生活设施以及工业企业的外观作为对象，融观赏、考察、学习、参与、购物于一体。从旅游资源开发角度来看，工业旅游是旅游资源附加性的一个较好利用。工业企业不是为旅游而产生，而是将其用于旅游业，从局部上拓展其功能，是旅游资源创新的一个突破。整个工业旅游系统可以看做是由生产系统和旅游系统通过资源、产品联结而成的整体，资源循环再利用在两个系统中都得到了体现，具体如图 8—8 所示。

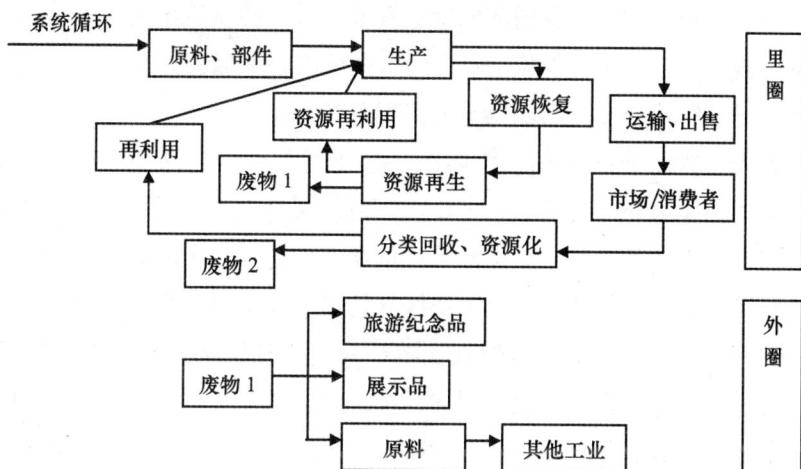

图8—8 工业旅游模式

资料来源：明庆忠、李庆雷：《旅游循环经济发展研究》，人民出版社2007年版。

图8—8包含两个循环圈，里圈主要是工业生产内部循环，生产原料通过加工后，除去成品，剩下的通过资源恢复和再利用，又作为生产原料进入生产过程，进行循环生产。最后也会产生废物，这些废物是直接产生于生产过程的工业废物，在工业旅游中可作为很好的资源进行利用，部分废物通过一定的处理、美化可形成小型的纪念品，低价出售或赠与游客，有很好的纪念意义。有些废物可作为生产附属物加以展示，让游客很直观地了解整个生产过程及其产品，具有很好的观赏性和学习性；外圈主要是产品消费过程，这是实现工业生产的目的，可选择一些成品作为工业旅游商品出售给游客，获得一定的收益，也可把一些精致的产品艺术化后作为展示品供游客欣赏，在安全范围内，还可邀请游客贴近生产、亲自参与生产。产品在消费过程中或消费后同样会产生一些废物，这些废物中部分是可进行资源化的物质，对这部分物质应尽量实现资源的循环利用，而另一部分废物是不能再生利用的商业产品垃圾，应适当、清洁地进行处理。

开展工业、旅游业联合的循环经济发展模式，能够实现产值链中的"服务性高增加值"，实现横向关联的产业拓展，实现旅游资源"边缘效应"的规模化集中；同时，又能够优化旅游业的产业结构，通过充分利用原有的产业资源和企业内部的闲置资源，减少传统旅游开发对生态和环境的破坏，实现工业、旅游业之间产业链的相互延伸。

第三，钦州市工业旅游模式的实现策略

首先，重点依托金谷工业园区、金光工业园区、保税港区等工业区，大力开发工业旅游产品。主要产品包括观光旅游产品、专项旅游产品和科普旅游产品。观光旅游产品：依托现代化的工业厂房，优美的工业区环境，繁忙的作业码头等工业区独特的景观，设计集猎奇性、趣味性、知识性于一体的工业风貌观光游产品。依托码头、集装箱、船只、吊车等构成的港口繁忙景象开展港口参观游。依托集中在工业区内的石化、能源、冶金、林化、粮油等大型企业开展工业生产参观游，参观绿色厂房、现代化的工业设备、先进的工业生产工艺和流程。专项旅游产品：依托当地各种工业企业，发展石化工业考察之旅、食品工业品位之旅、绿色工业体验之旅、现代港口观光之旅、保税港感受之旅等特色专项旅游产品。科普教育旅游产品：在厂区现场组织游客参观，为游客提供系统的讲解服务，产品制作演示，举办产品展览会，让游客观看到产品的生产流程，直至看到成品，品尝或购买产品。

其次，加快推出工业旅游商品。工业旅游的企业有着生产成本上的优势，应充分利用这一优势加快推出具有方便携带、纪念性及地域特色等特点的旅游商品，包括食品系列、工艺品系列，食品系列商品可来源于食品工业的成品，工艺品系列可来源于港口作业、各类工业企业的相关生产浓缩模型或美化后的生产废物。

最后，提倡发展政府主导型工业旅游。工业旅游涉及工业、旅游两大产业，需要从政府的高度进行总体把握。政府应创新观念，明确旅游与工业乃至城市发展的关系，对工业旅游资源进行统一规划，分期开发，将其作为城市旅游经济新的增长点，促进城市的整体发展；加强宣传，为工业旅游的发展创造更为有利的软环境；做好工业旅游企业的选择工作，既要考虑企业的知名度和特色度，又要考虑该旅游项目的市场需求状况，在此基础上对相应企业在其工业旅游项目上给予资金扶持和政策引导，协调各部门的工作；利用中国—东盟自由贸易区、广西北部湾经济区、保税港区的政策，高效率发展政府主导型工业旅游。

（四）防城港市

第一，城市特征及其模式选择

防城港市因港得名、依港而发展，海岸线总长 584 公里，其中大陆海岸线 477.52 公里，岛屿海岸线 106.48 公里，是广西北部湾地区之最，大陆海岸线东起防城区的茅岭乡（中间隔钦州龙门岛），经港口区的企沙、光坡两镇，防城区的附城、江山两乡，东兴市的江平镇，西至东兴镇北仑河口，分布于茅岭乡、防城镇、光坡镇、企沙镇、江山乡、江平镇、东兴镇等乡镇。市内河流有十多条，均发源于十万大山南麓，东南流向，纵贯全境，注入北部湾，其中较大的是北仑河、防城江、明江、那梭江、滩营江和罗浮江等 6 条，均可通航。大量高等级的旅游资源沿着城市周边的海岸线、江河分布，如京岛风景名胜区、江山半岛旅游度假区、企沙半岛旅游区、北仑河口旅游区等。

京岛风景名胜区：名胜区内拥有 15 公里长的优质海滩（金滩）集沙细、浪平、坡缓、水暖于一身，无污染，海水清澈，空气负氧离子含量是城市的 6000—20000 倍，可同时容纳 5 万人进行海浴和沙滩运动。岛上绿树成荫，海边林带达 4000 多亩，白鹤栖息数以万计，京族文化气息浓厚，民俗风情淳朴奇特，中越民情交融。

江山半岛旅游度假区：江山半岛面积 208 平方公里，是广西最大的半岛。省级旅游度假区位于半岛东南岸，面积 63 平方公里，海岸线总长 32 公里。主要旅游景区有潭蓬古运河、白沙湾、大平坡、白浪滩、白龙珍珠港、月亮湾、白龙古炮台、怪石滩。

企沙半岛旅游区：以天堂滩和玉石滩为代表。天堂滩是企沙半岛的外滩，岛上绿树参天，阡陌交通，鸡犬相闻，渔民安居乐业。沿岛沙滩长约 3.5 公里，滩宽 250 米。沙滩平缓，水浅流缓，没有旋涡，沙子银白洁净，海水清澈透底，是开展海滨体育运动的极佳场所，滨海旅游度假胜地。海岸对面有蝴蝶岭，涨潮时成为海岛，退潮时与大陆相连，岛上林木葱葱，四面临海，鱼产丰富，还是极佳的钓鱼场所。玉石滩的亚热带海滨风光绚丽多姿，观海景、弄海潮、玩海石、尝海鲜、钓海鱼、熙海林等构成丰富多彩的旅游活动。

北仑河口跨国旅游区：北仑河旅游区是中国唯一的跨国滨海旅游

区，游客可在此充分体验充满异国情调的界河风光，包括竹山景区、北仑河国家海洋自然生态保护区等主要景区。竹山景区有古榕、大清国一号界碑、沿边公路零起点标志、"五七"海堤、三圣宫等旅游点。北仑河口的红树林自然保护区面积达2万公顷，是中国大陆沿岸最大连片的红树林之一。

综合考虑防城港市的海岸线、河流资源以及突出的滨海旅游资源优势，防城港市宜选择滨水城市型旅游这一循环型旅游发展模式。

第二，滨水城市型旅游模式的功能机制

城市将形成以水为核心，以生态环境为保障，以经济发展为带动，以旅游发展与以人民生活品质提高为目的的循环型大系统，如图8—9所示。

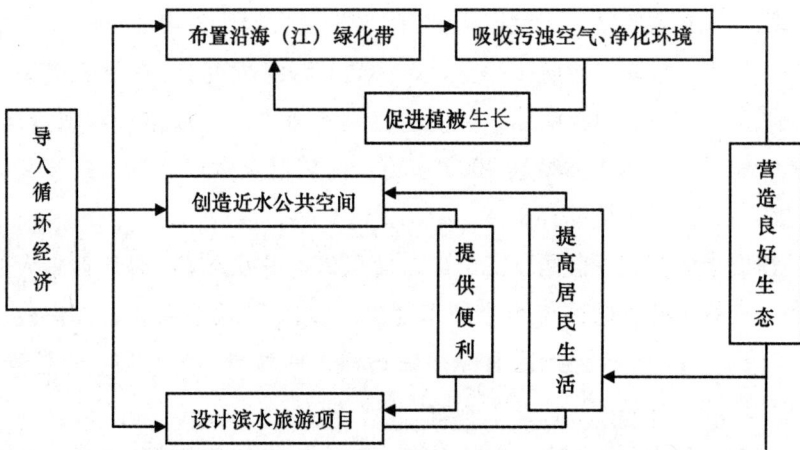

图8—9　滨水城市型旅游模式

集中布置海岸绿化带，植物可吸收污浊空气、净化环境，而良好的环境又能促进植被的健康生长，从而为滨水旅游项目的开展营造良好的生态环境。创造近水公共空间，如林荫道、步行街、广场群、骑楼和商住楼等，为滨水旅游项目的设计提供基础设施和其他便利。设计潜水、天然浴场、游轮、游艇、小汽船、水上巴士、水面飞行器等旅游项目，丰富的旅游项目及优美的景观可以提高居民的生活品质。

第三，防城港市滨水城市型旅游模式的实现策略

首先，大力使用再生能源。潮汐变化是一种难得观赏的自然现象，可以作为一种旅游资源吸引游客，发展以观潮为主题的旅游；同时潮汐能、水能和风能又是难得的清洁能源，可以通过一些设备和技术转换措施使其能得到有效利用，可作为沿海、沿江旅游资源开发的动力来源，降低沿海、沿江旅游资源的开发和保护成本。

其次，在城市建设中融入景观理念。桥梁在跨海、跨河流的城市中占有特殊的地位，城市建设应高度重视城市桥梁的空间形态作用，将具有强烈水平延伸感的桥梁与地形、建筑及周围环境巧妙结合，创造出多维的景观效果。

最后，政府给予政策和资金扶持。滨水区的泊靠码头和配套服务等硬件设施的建设耗资巨大，超出了企业的能力范围，宜由政府投资，一些由企业出资的项目也应获得政府的政策优惠；而且其布局必须符合滨水区总体规划，需要政府的政策协调来予以支持。

（五）玉林市

第一，城市特征及其模式选择

玉林市城区已有 2000 多年的州郡史，是一座文化底蕴非常深厚的城市，随着人们对文化的日益重视，文化产业不断壮大。在 2010 年第七届中国（玉林）中小企业商机博览会上，借助"千年古州，岭南美玉"的深厚文化积淀，荟萃各地特色文化，增设了文化产业馆，2010 年市文化局选出了第一批文化产业示范基地，包括广西玉林市云天民俗文化世界、玉林市笔雕舞台文化艺术品店、北流市民乐镇罗政村、容县真武阁公园、容县庆寿岩风景区有限责任公司、陆川县谢鲁山庄、博白县杂技艺术团、兴业县鹿峰山风景区，这标志着玉林市传统文化正在逐步走向产业化。据不完全统计，近年来玉林市文化市场开发总计经营资本突破 10 亿元，生产总值近 13 亿元，税金及增加值达 2.3 亿元，2009 年全市文化产业总产值突破 30 亿元，约占 GDP 的 4.5%，文化产业已成为玉林市新的经济增长点。

玉林市众多旅游景区带着浓郁的文化气息。都峤山、勾漏洞深刻体

现着宗教文化，大成殿尤其是真武阁为古代建筑文化的精华，高山村明清民俗文化旅游风景区是中国历史文化名村，龙安冶铁遗址、铜石岭冶铜遗址反映了古代铸冶文明，近年兴建的云天民俗文化世界则是玉林市文化主题园的代表。

都峤山是道书所称全国道教三十六洞天的第二十洞天，历代以寺观众多、风光奇丽而闻名于世。古时山上有九寺十三观，有著名的讲学所太极岩等，宋代著名诗人苏东坡、名相李纲、明朝旅行家徐霞客等名人曾慕名游览题咏。勾漏洞因洞勾、曲、穿、漏而得名，是道书所称全国道教三十六洞天的第二十二洞天。传说东晋葛洪在洞内"炼丹修道"，故洞口有葛仙祠，洞内有葛洪塑像。人文历史悠久，自魏晋以来，王符、葛洪、李纲、徐霞客等名流到此游览考察，留下了诸多游踪墨迹，仅摩崖石刻就有 120 多幅，还有郭沫若、马达特、于立群等当代诗画家的笔迹石刻。

大成殿始建于宋至道二年（996 年），现存大成殿是清嘉庆十七年（1812 年）重修。占地面积约 500 平方米，为两层重檐歇山式宫殿建筑，琉璃卷筒瓦面，抬梁式构架，砖木结构，顶上饰祥龙彩凤、飞禽走兽，红墙黄瓦，殿正面 16 扇镂空雕花虫鱼图案，流丹滴翠，极其精工美丽，保存较完好，体现了古代建筑艺术风格。古经略台真武阁是江南四大名楼之一，是文化公园中极其珍贵的古建筑，是全国重点文物保护单位。在木结构建筑乃至现代任何金属建筑中，主要依靠杠杆作用来维持一座建筑的平衡，是前所未有的。真武阁踞高台，瞰绣江，下临古城残垣，以其丰富的科学、文化、宗教内涵，成为玉林市的垄断性人文资源，充分展现了我国古代人民的聪明才智，堪称世界古建筑奇迹，具有很高的科学研究和艺术观赏价值。

云天宫民俗文化世界广场的主体是一座将中国古今传统文化和著名建筑风格浓缩融于一体，用以展现中国历史文化的巨型仿古宫殿式建筑，以石雕、木雕、铸铜三大系列艺术性地呈现中华民族的历史文化，以创新的手法为中国上下五千年的文化做传承。占地总面积为 70 亩，建筑面积为 14 万平方米，主体建筑为 21 层，高 108 米，是我国目前单体建筑面积最大的文化建筑。

高山村明清民俗文化旅游风景区：高山村被人称为"进士村"，村民明礼、诚信、好学，历代人才辈出。明万历二年（1574年）村里便办起了"独堆坡书房"，随后各个家族竞相开办启学蒙馆、大馆、私塾等，到清末全村共有15间书房，自清乾隆二十二年（1757年）到清末150多年间，全村共出4名进士（玉林科举时代共中进士24名），21名举人，193名秀才。高山村的古建筑是以两广地区宗祠文化为主要载体的民居群，保存着明清古民居60座150幢，布局合理，排列整齐，鳞次栉比，立面美观，古火砖巷道9条，古宗祠13座，以及古井、古戏台、古剧场、古围墙、古石碑、古墓等一批古建筑，展示着深厚的明清民居民俗文化底蕴。壁画、木雕、石刻、泥塑工艺精美，栩栩如生，两广特有的"推笼"，以及融风水、美学、礼教三位一体的屏风用于每座古建筑。

龙安冶铁遗址与铜石岭冶铜遗址皆为自治区重点文物保护单位。龙安冶铁遗址始建于唐代末年，盛于宋代，是当时南宋两大冶炼基地之一，距今已有1000多年历史，现留下竖炉2座、炉址1座、大量炉渣堆积以及铁块、陶片、鼓风管、陶范残片等遗物，极具历史、艺术、科学研究价值。铜石岭冶铜遗址于1966年被发现有废弃的铜矿矿井，还有炼炉、炼渣、铜锭和风管，据考证，这里是汉代冶铜和铸造铜鼓的地点。

旅游产业与文化产业同属国民经济中的第三产业，旅游产业是一个文化性很强的经济产业，在某种意义上也是一个经济性很强的文化产业，旅游产业的经济性、文化性是统一的，旅游的文化特征要求在旅游发展过程中注入文化元素，用先进文化引领旅游业的可持续发展。玉林市文化产业方兴未艾，而旅游产业赖以生存的旅游资源跟文化存在紧密的关系，融合旅游产业与文化产业，即选择旅游、文化互动型循环型旅游发展模式，有利于玉林市旅游可持续发展。

第二，旅游、文化互动型模式的功能机制

这是一种产业组合式循环型旅游发展模式，如图8—10所示。旅游产业和文化产业的互动有利于区域文化、经济、社会的协调发展，并推动中国旅游产业与文化产业的可持续发展。

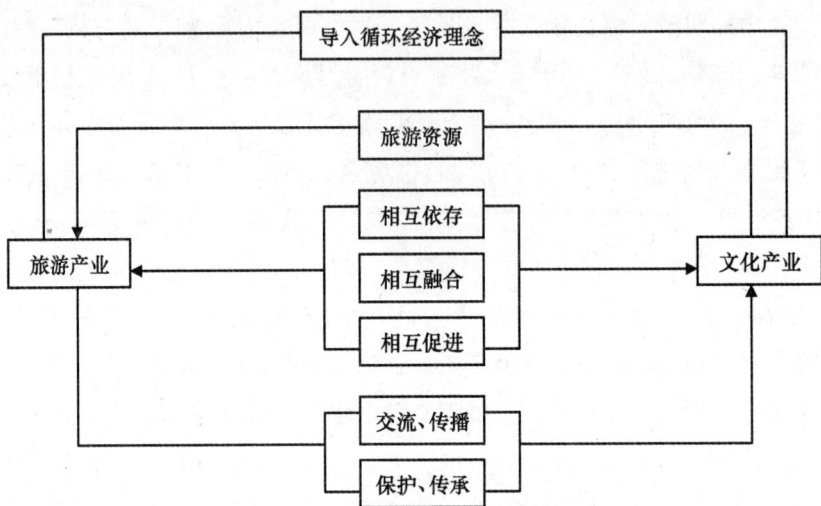

図 8—10　旅游、文化互动型模式

　　随着文化的产业化发展，民风民俗、历史遗迹等文化资源都已成为重要的旅游资源，旅游为文化的交流和传播搭建平台，为文化资源的开发提供载体，从而为文化旅游产业提供了广阔的发展空间；发达的文化产业有益于旅游产业的兴盛，而旅游又能促进民族文化的保护和传承，文化由于旅游的开发而变得生机勃勃，富有活力。

　　第三，玉林市旅游、文化互动型模式的实现策略

　　首先，形成协同发展旅游产业与文化产业的合力。树立并加强协同发展旅游产业与文化产业的广泛共识，积极探寻旅游产业与文化产业项目开发的结合点和切入点；打破部门分割、条块管理的格局，通力合作，建立相关政府职能部门之间、政府与企业之间的联动机制，重点在两个产业的发展规划、产业投资项目等方面进行协调，使之彼此协调、相互促进。

　　其次，积极发展文化旅游。充分利用都峤山、勾漏洞、真武阁、云天文化城等独具特色的旅游资源，努力打造玉林标志性的文化旅游项目。

　　最后，完善文化产业示范基地的建设。在现有的基础上完善示范基地的建设，有利于促进文化产业化，旅游文化产业往往是文化产业的龙

北部湾旅游可持续发展战略研究

头，文化产业示范基地也往往是文化旅游产业示范基地，因而能实现旅游产业与文化产业共赢。

（六）崇左市

第一，城市特征及其模式选择

崇左市属亚热带季风气候区，光照充足，雨量充沛，宜发展农业生产，是广西乃至全国重要的蔗糖生产基地，蔗糖业是其支柱产业，是亚热带名优水果生产基地，是苦丁茶的原产地，被誉为"苦丁茶之乡"，是全国主要的龙眼生产基地之一。

农业跟旅游业之间存在一种耦合关系，一方面，农业资源可作为旅游资源，特别是随着城市化进程的加快，越来越多的城市居民向往在工作之余回归大自然，以农业旅游资源为主体的旅游活动越发受到人们的青睐；另一方面，旅游业对解决"三农"问题有大帮助，有利于农民文化水平的提高和就业形势的改善，有利于农村基础设施的建设和生产生活环境的优化，有利于促进农业产业结构的调整。将旅游业跟农业合理整合起来发展，可收到一举两得的效果。根据崇左市农业发达的城市特征，崇左市宜选择旅游业、农业整合型这一可持续旅游发展模式，即农业旅游。农业旅游是指以农业资源和农村特色为依托，寓科研、观赏、娱乐、文化、购物、度假、健身等功能于一体的特殊旅游活动，其目的是实现社会、经济和生态效益的高度统一。

第二，农业旅游模式的功能机制

这是一种产业组合式循环型旅游发展模式，它不仅仅是一个旅游资源—游览（消耗）—排放废物的单一模式，而是将资源有效地利用在农业生产过程和旅游过程，以农业促旅游，以旅游兴农业，大大地提高了资源利用的效率。以葡萄园为例，探讨循环经济理念主导下的农业旅游发展模式，如图8—11所示。

葡萄种植产生的优质葡萄产品可以通过三个渠道进行消费，一是通过环保型简单包装后进行绿色消费，然后将消费后的废弃物进行资源化利用；二是通过将葡萄作为原料来加工、制作出的成品（葡萄酒、葡萄汁、葡萄干）进行绿色消费，酿酒剩下的废渣还可以作为土壤肥料，供给其他养殖或为葡萄种植培肥；三是将葡萄种植或葡萄制作成品过程作为旅游资源来吸引游客，让游客通过亲身体验如采摘品尝或进行简单的成品操作来感受其中的乐趣，给游客带来物质和精神的双重享受。旅游活动后产生的废渣同样可以作为土壤肥料返回到葡萄种植中，形成资源的循环利用。生产过程和旅游过程产生的废物被用来进行土壤培肥或再次利用到其他农业种植中，不但能降低对旅游环境的污染，而且能使资源得到再次利用，减少资源的浪费。

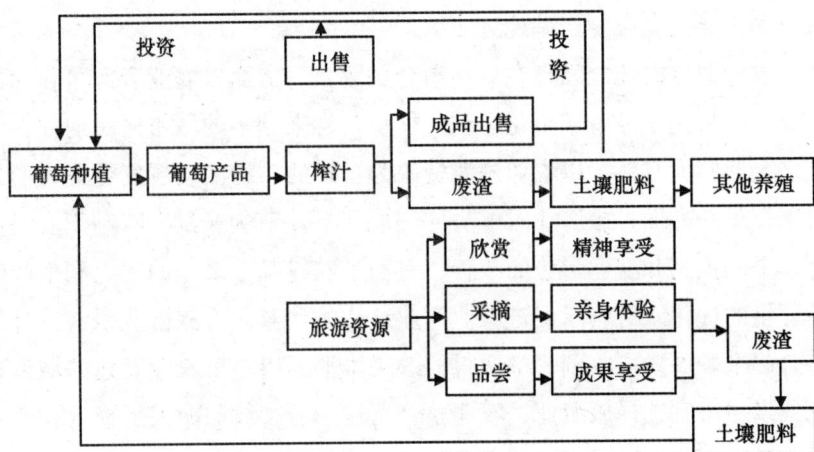

图 8—11　农业旅游模式

第三，农业旅游模式的实现策略

首先，建立农业体验庄园。崇左市有大量农业园区，如上映乡伏桃屯葡萄园、江州区甘蔗节水型灌溉示范区、桃城镇的国营桃城华侨农场、驮卢镇郊的国营左江华侨农场农里刮麻厂等，应合理利用其进行旅游开发，增加农业园区的体验元素，建立农业体验庄园，顺应当今游客体验型旅游的需求趋向。

其次，建设绿色旅游食品生产基地。在种植业和养殖业基础好、交通便利的地方，建设绿色旅游食品生产基地。调整农产品生产布局，改良品种，因地制宜，根据市场需求发展有地域特色的农业产品和多样化的农副产品，研发旅游绿色食品，从而实现旅游和农业的资源整合。

最后，重视社区参与。当地农民的利益诉求是否得到满足，很大程度上决定着旅游发展的可持续性，因而应当增强农民的参与性。"农家乐"是重要的参与方式，由于农民知识的局限性，有关部门要对农民进行悉心引导。此外，还可实行农民与投资商合股甚至参与重大决策等形式，让农民跟当地旅游发展情况形成一个利益共同体。

第三节　北部湾循环型旅游发展模式的保障措施

一　树立循环型旅游的新观念

观念是行为的先导。广西北部湾地区发展循环型旅游，首要的必须基于循环经济和旅游业的基础理论，结合广西北部湾地区的实际情况，树立新的系统观、新的资源观、新的生产观、新的产业观、新的效益观、新的消费观。

（一）新的系统观

尽快改变传统的片面追求经济增长，确立强调综合效益和质量增长的发展观念，协调人地关系，使旅游地社会、文化的发展与伦理、道德的继承相协调。

（二）新的资源观

新的资源观要求运用生态学规律来指导旅游经济活动，强调旅游资源与环境的价值，把旅游资源和环境视为旅游活动的资本，并将其价值计入旅游活动的成本当中，以期从旅游收入中给予补偿，从而实现旅游资源和环境的永续利用。

（三）新的生产观

充分考虑旅游生态系统的承载能力，尽量节约旅游资源，循环使用旅游资源，不断提高资源的利用效率，创造良性的社会财富。在生产过程中，循环型旅游要求遵循"3R"原则；还要尽可能地以可循环再生资源替代不可再生资源，如太阳能、风能和农家肥等，使得生产合理地依托在自然生态循环之上。积极培育清洁能源旅游区，这样既清洁又节约成本，同时能保证资源的可持续利用。尽可能地采用高科技，尽可能地以知识投入来替代传统的物质投入，以实现经济、生态与社会的和谐统一，给游客营造良好的游玩环境，切实提高旅游质量。

（四）新的产业观

制定正确、合理的旅游产业规划和政策，包括旅游结构、旅游布局、旅游组织、旅游技术等方面，以引导旅游产业协调发展；按照支柱产业形成的规律性，形成规模，提高集聚效益，并在此基础上运用旅游"增长点"的扩散和关联效应，带动旅游产业的全面发展；讲求投入产出效率，不断致力于旅游业生产率水平的提高，使旅游业不仅具有高于其他产业的生产率水平，而且具有快于其他产业的增长率，以及对相关产业较强的关联带动作用。

（五）新的效益观

协调好经济效益、生态效益跟社会效益的关系。在经济效益方面，不论是旅游资源的开发，还是旅游项目的建设，都必须先进行项目可行性研究，认真进行投资效益分析，不断提高旅游资源开发和旅游项目投资的经济效益，这是保证旅游业可持续发展的物质条件；在社会效益方面，在进行旅游资源开发和旅游项目建设时要考虑当地经济发展水平以及居民的心理承受能力；在生态效益方面，按照合理利用旅游资源的原则和符合自然环境承载力的要求，以开发促进环境保护，以环境保护提高开发的综合效益，从而形成"保护—开发—保护"的良性循环，创造出和谐的生态效益。

（六）新的消费观

早日走出传统经济"拼命生产、拼命消费"的误区，提倡旅游的适度消费、层次消费，在消费的同时就考虑到废弃物的资源化，树立循环生产和消费的观念。通过税收和行政等手段，严格限制以不可再生资源为原料的一次性产品的生产与消费，如餐厅的一次性餐具和豪华包装、客房的一次性用品等。

二　制定循环型旅游的各项政策

广西北部湾地区发展循环型旅游，需要政府的推动。政府部门是推进循环型旅游发展的主体力量，没有政府的支持和参与，广西北部湾地区发展循环型旅游将举步维艰。政府应制定广西北部湾地区循环型旅游发展的各项政策，来引导和促进旅游企业和旅游者实施这一发展模式。

（一）经济政策：构建绿色价格和核算体系

明晰旅游资源产权，调整旅游资源价格体系，建立绿色国民账户。广西北部湾地区旅游资源的价格未能正确地反映其供求关系，低价甚至免费的旅游资源使用条件使人们产生了资源丰富的错觉，导致人们对旅游资源的过分使用，引发大量的环境污染问题。如果能够建立完善的旅游资源价格体系，使旅游资源价值得到相对合理的体现，以上状况就可以得到有效的缓解。明确的产权、合理的价格能促进旅游资源的有效使用，确保旅游循环经济"3R"原则的有效实施。制定出相关的技术标准和规范，探索构建广西北部湾地区旅游绿色核算的体系。在用旅游卫星账户核算旅游业的产业贡献率时，融入绿色 GDP 的思想，将环境的付出扣除，得以正确衡量旅游业的贡献。改善现行旅游经济发展水平的考核方式，即在重视经济效益的同时，加强对单位 GDP 的资源开发利用、资源的循环利用水平、旅游环境承载力、游客污染量等指标的考核，从而将循环旅游经济发展指标纳入整个旅游经济发展考核体系。

（二）技术政策：大力发展绿色技术

遵循技术思路，通过对旅游系统进行物流和能流分析，大幅度降低旅游消费过程的资源、能源消耗以及污染物的产生和排放。建立"旅游绿色技术"体系是广西北部湾地区发展循环型旅游的前提条件和核心力量，包括用来进行废弃物再利用的资源化技术，用于消除污染物的污染治理技术，更包括生产过程无废、少废、生产绿色产品的清洁生产技术，这一技术的实施可以实现生产过程废物排放的最小化。在景区开发过程中积极推进清洁能源的利用、节能设施的开发、绿色饭店的标准实施、饭店与景区污水的处理、中水回用技术的采用、无水生态厕所的建设、天然河流的保护、生态步道的修建、景区植被的恢复、野生动物保护的工程技术实施及景区空气污染的控制等。在传统旅游业的基础上，运用生态学原理，设计结构与功能协调、系统优化、良性运转的生态旅游系统。

（三）管理政策：做好规划和后续软性管理

根据自身实际情况，做好循环型旅游的规划工作。旅游开发坚持"先规划、后开发、重保护、慎开发"的原则，强调生态环境评估、规划、保护和建设管理工作的重要性。严格遵守环境影响评估制度和"三同时"制度，加强对环境、生态影响和旅游承载力的评估、分析。根据旅游发展的需要加快产业结构调整，完善城市规划和工业布局，污染较大的工业企业要逐步迁往集中的工业区，以使旅游景区的环境质量得到保障。在做好规划之后，对旅游业的管理应是"软性管理"。政府部门应着重营造社会环境，创造条件扶持企业，或用行政、立法手段减少发展带来的负面影响，将企业置身于市场体系中，顺应消费趋势，推行环保生产，倡导可持续性的经营开发，以节能的资源、无公害新型能源替代不可再生或对环境有害资源。政府对环保产品的开发、生产给予政策倾斜，在财政税收和信贷方面给予优惠，提倡满足绿色消费和需求的服务。加快环保企业的文化建设，规范员工日常行为，协调企业效益、社会效益、旅游者效益之间的关系。

（四）教育政策：广泛开展生态教育

逐步完善广西北部湾地区环境保护工作制度，带动民众广泛参与环保实践，把节能、节水、节材、节粮、减少一次性用品的使用、垃圾分类回收等逐步培养成每个公民的自觉行动。加强教育培训，普及旅游环境知识，注重对公众环境意识的培养，建立公众参与综合决策机制，加强对循环型旅游建设规划实施过程的监督。在旅游区内设立环境教育的基础设施，如在生态环境景观旁设立科学解说、提醒旅客注意环境卫生的指示牌、与环境协调的废物收集箱等；采用多媒体使游客接受多渠道的环保教育，如在门票、导游图上加入生态知识和注意事项等；采取适当的处罚手段，规范游客的旅游习惯和引导其行为绿色化；在景区内给游人分发印有生态旅游字样、必须返还回收的废品收集袋；提倡在适当的地方开展游人植树或会议纪念树等活动，增加游客的参与意识。旅游院校开设生态旅游、旅游环境保护等方面的课程，增强学生的环保知识与意识。

（五）法规保障：地方法规和政府规章先行

发展循环型旅游涉及经济、社会、环境各个方面，需要建立有效的行政管理体制和机制，制定必要的法律法规，以将其积极成果固定化，而目前我国在法律层面上还没有一整套促进循环型旅游发展的法律法规。在条件成熟时，在广西北部湾各地级市的层面上制定一些地方法规和政府规章，以建立和完善广西北部湾地区的循环型旅游的法律法规体系。

三　争取其他旅游参与者的共同努力

实施循环型旅游是一项系统工程，它不仅需要政府的主导，还需要旅游企业、非政府组织和旅游者的共同努力。在发展循环型旅游的过程中，广西北部湾地区非政府组织、旅游企业和旅游者应根据自身角色，担负起各自的责任。

（一）旅游企业

旅游企业在旅游开发和经营中，尽可能对土地、森林、水资源进行可持续利用，尽量减小废气、废水、废物对环境的污染破坏程度，确保环境价值在管理决策中得到体现，要通过发展旅游来促进资源与环境的保护，通过保护提高企业经营效益。倡导与环境和谐的旅游活动，并开展绿色营销活动。

（二）非政府组织

非政府组织要为循环型旅游发展提供有力支持，加强对沿海地区旅游环境的评价研究，监测旅游业发展对环境的影响，加大保护力度。组织和参与各种公共教育活动，提高人们对实施循环型旅游的认识和支持。

（三）旅游者

实施循环型旅游不仅需要政府的倡导和企业的自律，也离不开社会公众的支持，因此需要提高参与意识和参与能力。各级旅游组织和旅游企业向进入广西北部湾地区的旅游者进行广泛的宣传，使他们在旅游活动中积极支持接待地的资源与环境保护活动，尽可能地了解并尊重当地的人文和自然遗产，有效防止对当地造成不良影响、破坏生态环境的行为，积极支持广西北部湾地区旅游业的可持续发展。

第九章

北部湾旅游可持续发展战略主要内容

第一节　北部湾旅游空间发展战略

一　北部湾旅游空间发展"点—轴"系统分析

根据"点—轴"渐进扩散理论，要使区域最佳发展，必然要求以"点—轴"系统模式对社会经济客体进行组织，从各个旅游中心节点的区位、旅游资源质量与等级、旅游发展条件、社会经济等几个方面来选择重点发展的旅游节点。把北部湾各级中心城市作为不同等级的开发重点，发挥城市对北部湾区域旅游整体发展巨大的关联带动作用。

（一）核心点的选择分析

从广西旅游交通图上可知（见图9—1），南宁位于广西北部湾"4+2"城市地理版图的中心，处于中国—东盟"一轴两翼"区域经济合作战略格局中"南宁—新加坡经济走廊"的中轴，是广西打造中国—东盟区域性物流基地、商贸基地、加工制造业基地、交通枢纽中心、信息交流中心、金融中心的核心区域。

南宁面向东南亚，背靠大西南，毗邻粤港澳，南接中南半岛，是华南、西南、东南亚三大经济圈的交会地带，是沿海与西南腹地经济区域的接合部。它发挥着广西首府的中心辐射作用，依托独特的区位优势，成为大西南出海通道的首要枢纽及海内外商贸出入西南的重要门户，具有近边、近海、沿江、沿线的优势。

沿江：属珠江水系的邕江穿城而过，溯江而过，可达龙州、百色，直入云南；顺流而下，可达贵港、梧州、广州、深圳、香港、澳门。

近边：南宁是中国沿边省区中距边境线最近的首府城市，距中越边境的凭祥、东兴约200公里，广西与越南接壤，陆地边长1020公里，对发展中越边境贸易有着天然的地利条件，被国务院批准为沿边对外开放城市。

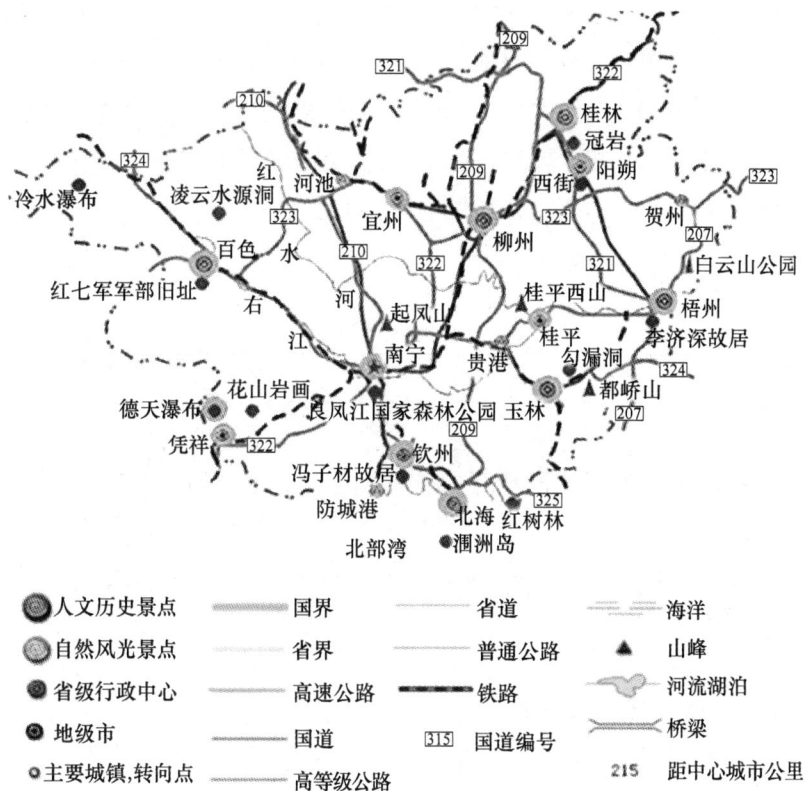

图9—1　广西旅游交通图

近海：南宁濒临北部湾，市区距钦州湾、防城港、北海市分别只有104公里、173公里、204公里，是大西南云贵川地区出海大通道的重要咽喉。广西沿海已形成南（宁）、北（海）、钦（州）、防（城港）地域经济体系，环北部湾经济区正在形成，南宁是经济区的中心城市。

沿线：南宁铁路干线有南防线、南昆线，从南宁可直达北京、上海、广州、西安、重庆、衡阳、昆明、凭祥、防城港、北海和越南河内等地。特别是南昆铁路已于 1997 年建成，从而奠定南宁作为西南出海通道枢纽城市的地位。

（二）社会经济水平比较

根据 2003—2009 年北部湾（广西）经济区六市人均 GDP 对比图（见图9—2），可以看出，北部湾（广西）经济区六市人均 GDP 逐年均有不同程度的增长，其中南宁、北海、防城港较高，而防城港市由于人口较少，人均 GDP 相对较高。总体来说，南宁市人均 GDP，社会经济发展水平在北部湾"4＋2"城市中占有绝对的优势。

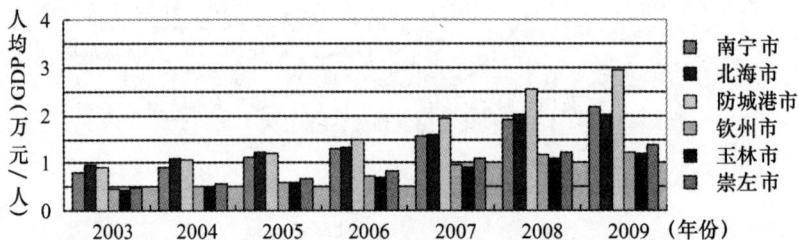

图9—2　2003—2009 年北部湾（广西）经济区六市人均 GDP 对比图

资料来源：广西统计年鉴

（三）旅游发展规模分析

如图9—3 和 9—4 所示，可以看出：自 2004 年以来，北部湾（广西）经济区六市无论是国内旅游人次还是旅游收入几乎集中在南宁，实现了持续快速增长。南宁作为全区经济、文化、教育、交通、信息中心，其旅游收入超过全区每年旅游总收入的一半。其他五城市与其相比，旅游接待人次和旅游收入都相对较少，且增长缓慢。

对于北部湾（广西）经济区六市旅游发展规模的分析，如表9—1所示，从横向比较，南宁市依然处于北部湾（广西）经济区六市的旅游核心地位，2009 年南宁市旅游再创新高，国内旅游市场发展势头良好，

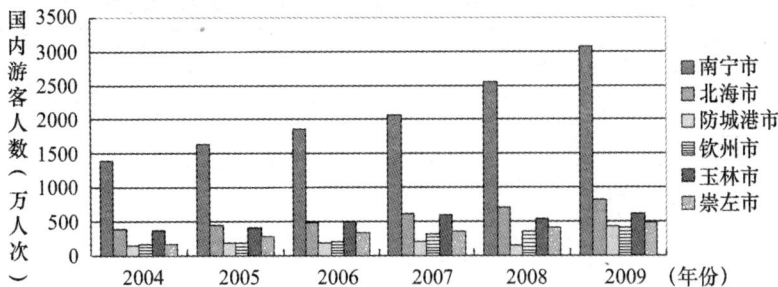

图9—3　2004—2009 年北部湾（广西）经济区六市国内游客人数

资料来源：广西旅游年鉴

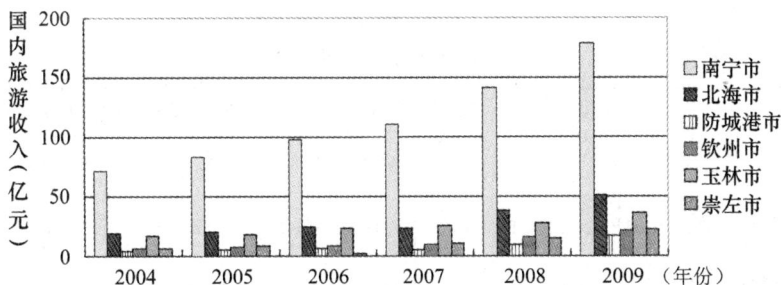

图9—4　2004—2009 年北部湾（广西）经济区六市国内旅游收入

资料来源：广西旅游年鉴

全年接待国内旅游者达到 3071.1 万人次，接待游客总人数为 3083.4 万人次，旅游总收入为 144.07 亿元，两项指标均位居全区之首。在国内旅游中，南宁、崇左和北海为接待游客量较多；在国际旅游中，多以崇左和南宁为主要目的地。经纵向对比，如表 9—2 及图 9—5 所示，南宁市近几年来旅游业步入了快速增长时期，旅游经济在全市经济中的分量不断加重。2009 年旅游经济主要指标稳固提升，旅游总收入已超过桂林，居于全区之首；作为全广西旅游及东南亚跨国集散地的功能地位已逐步显现。同时，以商务、会展、购物为目标的客源市场日益突显。从旅游经济指标增长速度、旅游产业规模及对全市经济的影响看，旅游业已成为南宁市国民经济新的增长点。

表9—1　2009 年广西北部湾经济区六市国内外游客人数和旅游收入比较

	国际旅游		国内旅游	
	游客（万人次）	旅游外汇收入（万美元）	游客（万人次）	旅游收入（亿元）
南宁市	12.3	3939.0	3071.1	179.0
北海市	5.73	1721	810	50.50
防城港市	5.7	1268.3	418.1	17.1
钦州市	2.0	647.8	402.2	21.0
玉林市	1.37	709.27	610.53	36.28
崇左市	16.7	4658.5	471.7	21.7

资料来源：2010 年广西统计年鉴

表9—2　　　　　　2001—2009 年南宁市旅游业发展状况

	2001 年	2002 年	2003 年	2004 年	2005 年	2006 年	2007 年	2008 年	2009 年
国际旅游者（万人次）	5.67	5.92	3.47	6.56	8.33	10.65	14.11	13.85	12.3
国际旅游收入（万美元）	1340.24	1475.69	817	1711.00	2459.53	3100.00	3170	4127.07	3939.0
国内旅游者（万人次）	959.10	1074.84	1141.07	1386.91	1623.47	1840.68	2058	2558.14	3071.1
国内旅游收入（亿元）	50.72	58.38	61.52	71.65	83.26	97.55	114.22	141.21	179.0
旅游总收入（亿元）	51.83	59.60	62.20	73.07	85.4	100	116	144.07	181.72
旅游总收入占 GDP 比重（%）	16.04	16.74	11.95	12.41	11.82	11.6	11.0	10.95	11.92
旅游总收入占第三产业比重（%）	28.79	29.33	24.07	24.26	22.95	18.56	17.66	21.93	23.15

（四）旅游发展条件分析

南宁市的旅游发展状况在北部湾（广西）经济区六市中，不管是国际旅游还是国内旅游都是首屈一指的，同时南宁市旅游资源丰富，旅游基础设施完善，具有强大的物流、人流和信息流的集散功能，这是其他城市无法比拟的。因此南宁市处于北部湾（广西）经济区六市的区域极化与扩散的"核心"地位，是该区域的一个重要节点和大的增长极。

　　南宁市作为广西的首府城市，各种旅游接待设施和人员都比较齐全，拥有星级宾馆饭店 86 家，其中五星级饭店 5 家，四星级饭店 7 家，三星级饭店 32 家，星级饭店拥有客房 12441 间，床位 22257 张；规模以上的社会宾馆 64 家，共有客房 5804 间，床位 11335 张，其中：客房条件较好、配套设施基本配备，有条件培育、评定为星级饭店，可用于一般宾客接待的 14 家，共有客房 1403 间，床位 2756 张；客房条件一般、配套设施不完善，近期内无法评定星级，可用于备用接待的 29 家，共有客房 2716 间，床位 5241 张；客房条件较差，设施简陋，配套不齐全、周边环境差，可用于应急接待的 21 家，共有客房 1685 间，床位 3338 张。

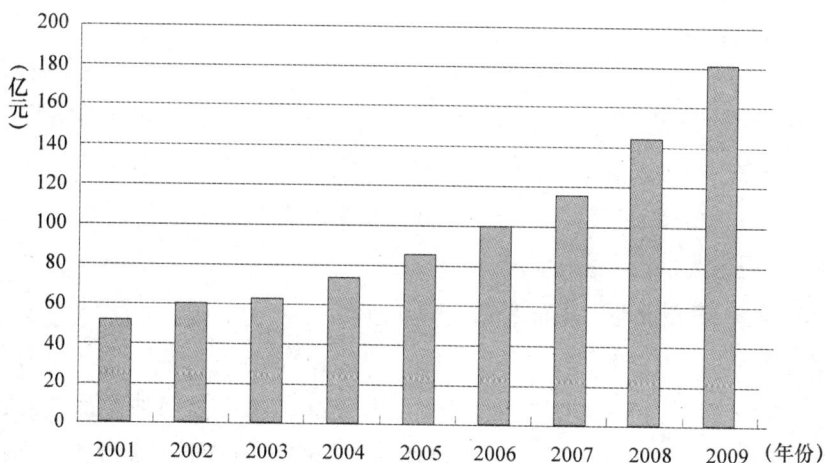

图 9—5　2001—2009 年南宁旅游总收入增长趋势

　　南宁市有英、越、日、法、朝鲜、泰等语种及中文普通话持证导游员 960 多人。全市旅游直接从业人员约为 19860 人（旅游直接从业人员指的是旅游行政管理、旅行社、饭店宾馆、旅游景区、旅游车船公司等内的全日制工作人员）①。

————————

　　①　《南宁统计年鉴》

经以上比较分析可知，北部湾"4＋2"城市中，南宁的区位优势、社会经济水平、旅游发展规模及旅游发展条件都超过其他城市，处于核心地位。因此，根据"点—轴"系统理论，在北部湾旅游空间发展布局中，南宁市为首选核心旅游发展节点。

二 北部湾旅游空间发展战略布局

滨海城市与内陆城市旅游合作发展是北部湾旅游可持续发展战略的重要组成部分。北部湾（广西）经济区六市不仅在旅游资源与旅游区位上具有互补的合作优势，而且有客源地和目的地合作伙伴关系。该区域旅游合作要注意选择合作的方式与内容。针对北部湾（广西）经济区六市旅游业发展及旅游合作的现状，我们应该确立以中心城市辐射"点—轴—面"开发模式的发展格局，"旅游中心城市带动、多轴开发、带际协作、全方位开放"的战略。

在此战略中，旅游中心城市即南宁市应处于区域极化与扩散的"核心"地位，以南宁市自身的优势和旅游的发展，成"点—轴"网络状地带动周边的北海、钦州、防城港市的经济与旅游，同时借助玉林和崇左市的交通和物流的支持，全方位地开发整个北部湾旅游经济区六市的旅游业，促进北部湾经济的腾飞。

（一）核心带动、多轴开发、带际协作

第一，旅游发展轴

以南宁市为核心旅游发展节点，连接南宁的旅游发展轴为重点发展轴，构建以南（宁）—北（海）高速为依托的连接南宁、钦州、防城港和北海的南北方向的滨海重点发展轴线，及以南（宁）—友（谊关）高速、湘桂铁路和322国道连接南宁与崇左市为依托的，以及以南（宁）—梧（州）的高速公路连接南宁与玉林市的东西方向的发展轴线，以南宁为中心点，辐射开发，连接广西北部湾其余五市的轴线，形成一个飞机形状的东西横向、南北纵向的空间发展格局，并以南北纵向的连接滨海城市的轴线，和即将修建成的滨海大道，为重点发展轴，大力发展滨海旅游，如图9—6所示。

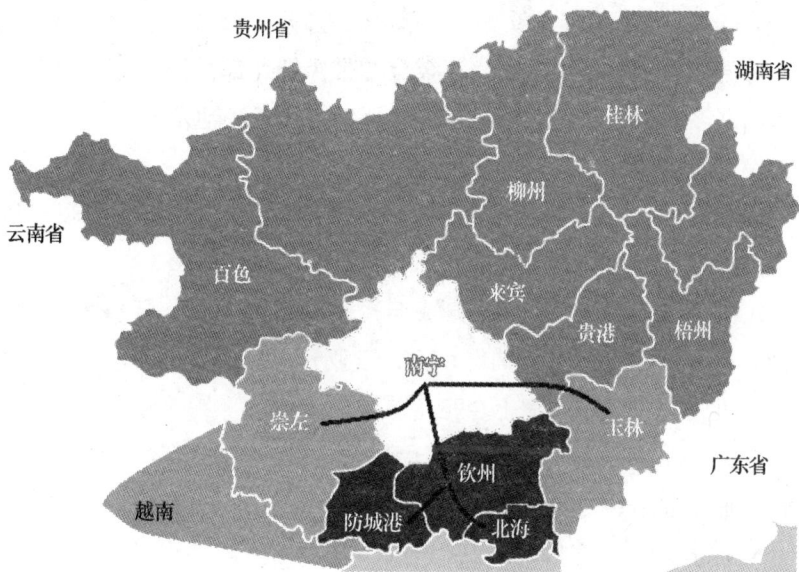

图9—6 重点旅游发展轴图

第二，旅游发展带

依托主干交通和重点城市节点，构建北部湾旅游发展的主干线和主通道，重点整合发展带及发展轴上的特色旅游资源，构建特色突出的跨国、跨省、省内旅游带，而且，各旅游带之间实现资源互补，客源互送，共同协作发展。

1. 南宁—河内—新加坡国际发展带。依托南宁—友谊关—河内—金边—曼谷—吉隆坡—新加坡高速公路和高速铁路建设，构建南宁—河内—新加坡跨国旅游带，重点发展陆路跨国游。该带往南辐射到陆地相连的东盟其他国家，往内地延伸到泛珠三角区域、西南地区等省份。同时依托防城港—东兴—芒街—海防—河内滨海高速公路建设，积极构建防城港—东兴—芒街—海防—下龙湾的滨海跨国旅游带。

2. 南宁—海南（海口、三亚）、南宁—广东（湛江、广州、珠三角）省际发展带。依托南宁—钦州—北海—湛江高速公路，构建南宁—湛江—海口—三亚跨省旅游带；依托南宁—广州高速公路和高速铁路建设，构建南宁—玉林—广州—珠三角跨省旅游带。该带往沿海与海南、广东、港澳等地区对接，往内地延伸到中南、西南地区等省份。

3. 北海（防城港、钦州）—南宁—柳州—桂林广西区内发展带。这一旅游发展带也是广西南北黄金旅游带，把北部湾同国际旅游名城桂林紧密联系起来，实现客源的互送与地区衔接、联动发展。

第三，旅游交通通道

依托航空、高速公路、高速铁路、海上航线形成北部湾辐射国内外、方便游客进出的旅游通道：

1. 广西（北海、钦州、防城港）—越南（海防、下龙湾、顺化、岘港）—海南（海口、洋浦、东方、三亚）—广西（北海、钦州、防城港）的北部湾旅游圈内海上金三角旅游通道；

2. 建设北海、海口的国际客运港口，构建与泛北部湾国家之间的国际海上旅游通道；

3. 依托南宁、海口、三亚、桂林等国际航空港、构建国际空中旅游廊道和国内各主要城市和旅游地的国内空中旅游通道；

4. 依托南宁—友谊关高速公路，加快友谊关—河内高速公路和防城港—东兴—芒街—海防—河内高速公路建设，构建与邻国越南的陆上旅游通道；

5. 依托南宁—（钦州、防城港）—北海—湛江高速公路，加快湛江—徐闻高速公路和琼州海峡海底隧道建设，构建南宁—（钦州、防城港）—北海—湛江—海口—三亚等北部湾主要城市之间的陆上旅游通道；

6. 依托湛江—广州高速公路，加快南宁至广州高速公路和高速铁路建设，构建与珠三角、港澳的陆上旅游通道；

7. 依托西南出海大通道，构建与贵州、四川、重庆等省市的陆上旅游通道；

8. 加快南宁—昆明高速公路和高速铁路建设，构建与昆明的陆上旅游通道；

9. 依托北海—南宁—柳州—桂林高速公路和城际铁路，桂林—衡阳高速公路，构建与桂林、长沙等市和中南、华东等地区的陆上旅游通道。

（二）构建旅游区

根据网络原则，结合旅游增长点，旅游带的发展，以旅游线路为轴，以及旅游资源的相似性或者互补性，由点发展到面，使"点、轴、面"相结合，构建旅游面，或称为旅游区，实现区域合作可持续发展，如图9—7所示。

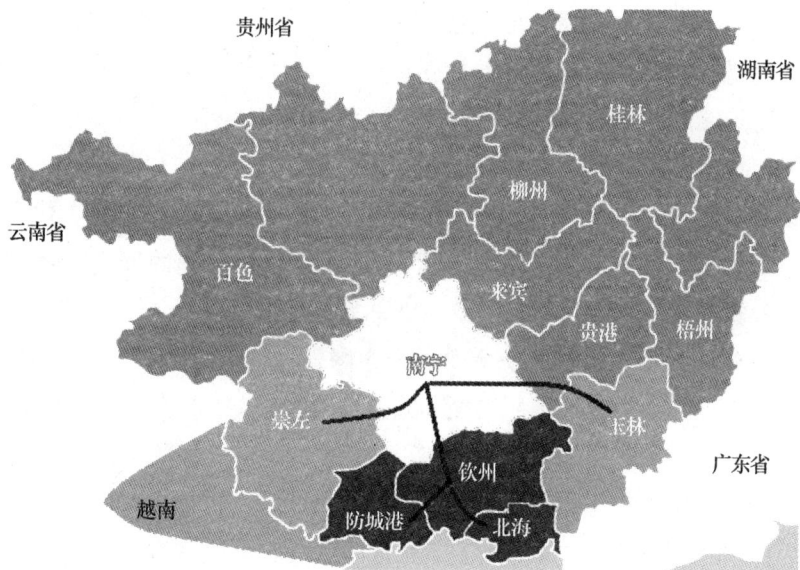

图9—7　旅游区图

1. 南宁旅游区。该区域范围包括南宁市辖区及防城港市的上思县。努力把本区域打造成为以壮乡首府、中国绿城、东盟商务会展中心为特色，以会展商务、游览观光、娱乐购物、生态休闲为主题旅游功能的面向东南亚的区域性国际旅游目的地。

主要项目与产品有东盟商务会展旅游、都市商贸购物旅游、八桂东盟美食旅游，大明山山地休闲度假旅游，城郊温泉康疗健身旅游、高尔夫休闲度假旅游，十万大山、龙虎山生态旅游，壮乡风情旅游，城郊乡村休闲旅游。

2. 北钦防旅游区。本区域范围包括北海市、钦州市两市辖区和防城港市的港口区、防城区及东兴市等陆地以及环北部湾近海海域。该区域形成以南亚热带海滨风光、中越边关风情、北部湾海洋文化和悠久人文历史积淀为特色，以休闲度假、滨海观光、海洋旅游、会展商贸、购物娱乐为主要旅游功能的中国内陆地区的海上乐园、中国—东盟的海上旅游桥头堡、区域性国际滨海旅游度假胜地。

主要项目和产品有北海银滩国际休闲度假旅游、京岛民族风情旅游、江山半岛滨海运动休闲旅游、涠洲岛国际度假岛、红树林湿地生态游、三娘湾海洋生态游、北部湾渔猎文化体验、东兴边贸跨国游、现代工业与港口旅游、北海国际海上游轮码头、北海国际游艇基地、海上休闲旅游、豪华游轮跨国游。

3. 中越边关旅游区。该区范围为崇左市辖区。形成以壮观的德天跨国瀑布、优美的山水田园、远古的花山岩画、神秘的边关风情、优良的生态环境、浓郁的南壮文化为特色，以游览观光、休闲度假、跨国旅游、商贸旅游、民俗体验为主要功能，集科学考察、爱国主义教育功能于一体的边关跨国旅游区。建设成为中国最大的边境跨国旅游区之一、中国—东盟大通道上的区域性国际旅游目的地。

主要项目和产品有德天瀑布跨国公园、左江古岩画、左江风光带、边境山水画廊、凭祥边贸旅游、红八军红色旅游、中越边关风情体验。

4. 桂东旅游区。本区域范围为玉林市辖区。以宗教文化、历史文化和生态文化为特色，以宗教朝拜、观光游览、生态休闲、历史文化游为主要功能，加强与贵港市的联动发展，建成华南著名的并具有区域国际影响力的宗教朝拜、历史文化旅游、生态休闲度假和康疗健身旅游目的地，面向东南亚、粤港澳台和大西南地区的区域性旅游目的地。

主要产品与项目有云天文化旅游区，大容山生态休闲，陆川温泉度假旅游，容县历史文化旅游，现代农业观光旅游。

5. 雷州半岛旅游区。范围为雷州半岛的湛江市辖区。以海上丝绸之路历史文化、古雷州文化为主题，以悠久的历史文化、独特的海洋文化、良好的海洋生态、特色的民俗文化和现代工业大港口、中国大陆最南端为特色，以休闲度假、文化体验、港口商贸为主要功能，建设成为面向珠三角、大西南地区和港澳台的区域性旅游目的地。

主要产品与项目有古雷州历史文化游，海上丝绸之路游，南海渔猎文化体验，大工业和大港口旅游、火山探秘之旅、红树林生态之旅、滨海休闲旅游、红土文化之旅。

6. 海南岛西海岸旅游区。范围包括海口、儋州、临高、澄迈、昌江、东方和乐东等海南西海岸的市县所辖范围。以丰富的温泉资源、大面积热带雨林、神奇的自然景观、丰厚的海南本土文化底蕴、复合型的热带海岛和特色海洋旅游资源为特色，以生态观光、休闲度假、文化体验为主要功能，建设成为世界级的滨海休闲度假和海上运动休闲旅游目的地，是海南国际旅游岛建设的主要载体和重要组成部分。

主要产品与项目有海口热带滨海城市休闲，海口高尔夫休闲运动基地，海南岛西岸探奇、海南岛西岸山地生态休闲，海洋生态观光，历史文化游，温泉康疗健身等。

这些旅游区之间地域联系紧密，旅游资源特色各异，具有很强的互补性，应充分利用各自的区位优势、资源优势、经济优势，整合各地区旅游资源，以互补、互动、互利、互赢为原则，努力打造各地核心产品，增强区域旅游的吸引力，带动北部湾旅游合作开发，实现旅游可持续发展。

（三）确定重点发展项目

1. 确定重点旅游区发展重点。北部湾重点建设的旅游区是南宁都市商务会展旅游区、南宁大明山森林生态旅游度假区、南宁城郊休闲度假区、北海银滩—涠洲岛滨海旅游度假区、钦州三娘湾—七十二泾海洋生态旅游区、防城港江山半岛—京岛滨海边境跨国旅游区、十万大山山地生态度假旅游区、崇左德天大瀑布跨国旅游区、崇左友谊关边关历史文化旅游区、崇左左江花山文化山水生态旅游区、玉林云天文化旅游区、容县都峤山—真武阁宗教历史文化旅游区、海口热带滨海城市休闲旅游度假区、海口城郊高尔夫运动休闲区、海南岛西海岸生态休闲旅游区、海南尖峰岭国家级自然保护区、海南大田坡鹿国家级自然保护区、湛江海港城市观光旅游区、古雷州历史文化旅游区、雷州湾滨海旅游度假区等20个旅游区。依照第五章分析的这些重点旅游区的资源特色，确定发展重点，形成独具特色的旅游产品，如表9—3所示。

表 9—3　　　　　　　　　　　　　重点旅游区发展重点

重点旅游区	范围	发展重点
南宁都市商务会展旅游区	南宁市城区	都市观光、商贸会展、休闲娱乐、美食购物
南宁大明山森林生态旅游度假区	大明山山脉	观光游览、山地休闲度假、生态旅游
南宁城郊休闲度假区	南宁市城郊区	风情体验、休闲度假
北海银滩—涠洲岛滨海旅游度假区	北海市行政区划所在区域	游览观光、滨海休闲度假、海上运动休闲
钦州三娘湾—七十二泾海洋生态旅游区	三娘湾、麻兰岛、大环半岛、七十二泾、钦州港	海洋生态旅游、滨海休闲度假等
防城港市江山半岛—京岛滨海边境跨国旅游区	金滩（京族三岛）、东兴口岸、江山半岛	京族风情体验、边贸购物、沙滩体育运动
十万大山山地生态度假旅游区	十万大山森林公园	山地休闲度假、生态旅游
崇左德天大瀑布跨国旅游区	德天瀑布、硕龙镇及黑水河、明仕河	游览观光、休闲度假、民俗风情体验
崇左友谊关边关历史文化旅游区	凭祥市行政区划所在区域	边关历史游览、民俗风情体验、边贸购物、爱国教育
崇左左江花山文化山水生态旅游区	宁明明江流域	山水观光游览、古骆越文化体验
玉林云天文化旅游区	玉林市区南流江及两岸	文化体验、观光游览、休闲购物
容县都峤山—真武阁宗教历史文化旅游区	都峤山山脉、真武阁（包括贵妃园）	圣地朝拜、科研考察、观光游览
海口热带滨海城市休闲旅游度假区	海口市行政区划所在区域	休闲度假、观光游览
海口城郊高尔夫运动休闲区	海口市城郊区	体育休闲
海南岛西海岸生态休闲旅游区	海南岛西海岸	观光游览、休闲度假、科普教育
海南尖峰岭国家级自然保护区	东方市、乐东黎族自治县	森林观光探险、科普教育、科研考察
海南大田坡鹿国家级自然保护区	东方市	观光游览、环保教育
湛江海港城市观光旅游区	湛江市	观光游览、休闲度假
古雷州历史文化旅游区	湛江市行政区划所在区域	海洋游览观光、丝绸之路文化体验
雷州湾滨海旅游度假区	湛江市行政区划所在区域	滨海休闲度假、观光游览

资料来源：广西统计年鉴

2. 重点旅游城市节点。建设广西南宁、北海、防城港、钦州、崇左、玉林，海南海口，广东湛江等 8 个重点旅游城市，依据第五章已分析的各市旅游资源特色，开发 8 个重点旅游城市的发展重点，具体如表 9—4 所示。其中南宁、北海、海口为北部湾旅游的中心城市。

表 9—4 　　　　　　　　　　　　**重点旅游城市发展重点**

城市	发展重点
南宁市	都市观光、商贸会展、休闲购物、美食娱乐、休闲度假、民族文化体验
北海市	海滨休闲度假、海底探险体验、海上娱乐观光、购物美食
海口市	商务会展、休闲度假、体育运动、观光游览
湛江市	海洋游览观光、休闲度假、丝绸之路文化体验
钦州市	休闲度假、海岛休闲游憩、港口观光游览、渔家风情体验、中华白海豚观赏等
防城港市	边关风貌游览、京族风情体验、边关商贸购物、沙滩体育运动、海上娱乐休闲
崇左市	游览观光、休闲度假、历史体验、民俗风情体验
玉林市	历史文化考察、民俗体验、观光游览、休闲购物

按照国际旅游城市、中国最佳旅游城市的标准，促进南宁、北海、海口等三大旅游中心城市的建设。将南宁建设成为中国与东盟各国间跨国发展的重要商务会议中心，成为具有南疆少数民族和亚热带风情、中国绿城特色、面向东南亚的区域性国际旅游目的地、旅游集散中心。北海市在完善满足大众游客消费的海滨观光度假地建设基础上，未来向具有国际水准的海滨旅游度假地方向发展，将北海市打造成为国际滨海旅游城市。海口整体定位为"椰岛休闲之城"，挖掘"海南岛首府"、"椰文化"和"滨海休闲"三大特色，打造独具魅力、宜游宜居的复合型"热带滨海休闲城市"形象。

3. 重点旅游县。将广西的大新、武鸣、上思、东兴、容县和凭祥等县（市），广东的雷州市，海南的儋州市、东方市作为北部湾发展的重点旅游县（市）进行培育发展，并根据第五章对其资源特色的分析，确定其发展重点，具体如表 9—5 所示。

表9—5 重点旅游县的发展重点

重点旅游县	发展重点	重点旅游县	发展重点
大新县	瀑布、山水、田园观光、农家休闲	凭祥市	边关商贸购物、历史文化体验
武鸣县	壮乡民俗体验、园林观光休闲	雷州市	滨海休闲娱乐、海上丝绸之路文化体验
上思县	休闲度假、森林生态探秘	儋州市	观光游览、休闲度假、科普教育
容县	宗教历史文化体验、生态观光休闲	东方市	观光游览、休闲度假
东兴市	滨海休闲娱乐、京族风情体验、边关商贸购物		

4. 重点会展、节庆活动。以中国—东盟博览会、南宁国际民歌艺术节、海南岛欢乐节为龙头带动，整合发展北海国际海滩文化旅游节、北海国际珍珠节、中越边境（东兴）商品交易会暨旅游节、（凭祥）中越边关国际旅游节、玉林中小企业商机博览会、钦州国际海豚节、（横县）全国茉莉花交易会、海口国际旅游商品交易会、三月三等一批旅游节庆、会展活动。具体重点会展、节庆活动情况如表9—6所示。

表9—6 重点会展、节庆活动发展定位

活动	地点	主要活动内容
中国—东盟博览会	南宁市	商品贸易、投资合作、服务贸易、高层论坛、文化交流等
南宁国际民歌艺术节	南宁市	文化活动、经贸活动、旅游活动等
海南岛欢乐节	海南省	旅游商品交易会、美食节、精品文艺演出、趣味文体游戏、趣味运动会、百姓歌舞大赛
北海国际海滩文化旅游节	北海银滩景区	环北部湾旅游投资论坛、北海银滩沙滩赛、北海海鲜美食节、北海银滩沙滩运动会等
北海国际珍珠节	北海市	文化、旅游、体育、商贸、经济技术合作洽谈等
中越边境（东兴）商品交易会暨旅游节	东兴市	国际商品贸易、旅游推介会、中越企业代表经贸洽谈会、民族风情美食展示等
（凭祥）中越边关国际旅游节	凭祥市	中越商品交易会、旅游商品展评会、中越边关风情艺术展等
玉林中小企业商机博览会	玉林市	商品交易、投资洽谈、经济技术合作和文化艺术交流等

活动	地点	主要活动内容
钦州国际海豚节	钦州市	文化活动、经贸活动、旅游活动等
（横县）全国茉莉花交易会	横县	茉莉花茶展销、经贸洽谈活动、国际茉莉花茶产业发展高峰论坛等
海口国际旅游商品交易会	海口市	商品展销、招商引资、经贸交流
武鸣三月三	武鸣县	万人赶歌圩、山歌大会演、民族体育竞技展演、广场文艺表演、旅游美食展示、经贸活动等

资料来源：广西统计年鉴整理

三 北部湾旅游空间扩散分析

（一）北部湾旅游空间布局

北部湾，包括我国广西沿海、海南省西部、广东雷州半岛及越南北部沿海地区。根据《北部湾旅游发展规划》，规划范围分为核心区、主体区、联动区三个层次，因此，其旅游资源开发也分为三个区。

北部湾旅游合作是以北部湾为联系纽带、以多边的旅游流为辐射范围的开放体系，根据旅游资源分布特点，可分为广西北部湾旅游区、环北部湾旅游圈和泛北部湾跨国旅游圈三个圈层，三个圈层依次扩大，后者涵盖前者。三个圈层具体关系如图9—8所示。

1. 广西北部湾旅游区。该圈层由广西南北钦防和崇左与玉林"4＋2"六市构成，广西北部湾旅游区是中国唯一与东盟海陆相连的区域、我国实现以东带西和东中西共同发展新格局的重要节点、促进中国与东盟全面合作的重要桥梁和战略枢纽。广西北部湾旅游区以南宁为中心，以北海、钦州、防城港、崇左和玉林为外部边缘，形成一个旅游空间系统。广西北部湾旅游区的合作要强化目前形成的旅游城市联盟，打造各市的核心竞争力，形成广西旅游的南极与桂林这个北极相呼应。北部湾旅游区各市旅游业都没有形成强势品牌，需要合作才能共赢，这也是广西参与泛北部湾旅游合作的基础和前提条件。

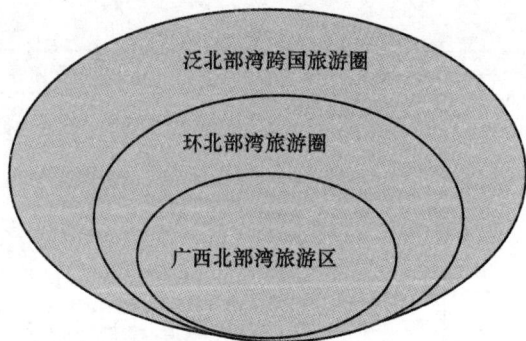

图9—8 北部湾旅游资源空间扩散

2. 环北部湾旅游圈。该圈层由"两南两广"组成，圈层涵盖了越南、海南、广东、广西，环北部湾旅游圈内旅游资源丰富，连"边海山"为一体，融自然风光和民俗风情于一炉，有一批名扬海内外的旅游景点，如桂林山水、三亚的亚龙湾、天涯海角、湛江的白沙湾、北海银滩、越南的下龙湾等。环北部湾是泛北部湾跨国旅游合作开展时间最早、线路最成熟、业务最宽泛的地区，中越边境旅游和北海的游轮旅游也已经有了相当知名度，假以时日，必将成为泛北部湾旅游合作的重要品牌。

环北部湾旅游圈发展的障碍是目前存在的烦琐的旅游手续，中越双方相关部门要共同协商与谈判，争取更为宽松的泛北旅游区域合作政策，包括简化出入境手续、限时免签、落地签证、人员自由流动、车船出入境以及旅游企业经营运行的政策等，共同建立环北部湾旅游圈良好合作的互免签证机制，大幅度增加落地签证城市，扩大中越边境通行证适应范围，逐步消除各个国家和地区之间游客往来的过境障碍。

3. 泛北部湾跨国旅游圈。该圈层由中国"两广一南"和中南半岛的马来西亚、新加坡、印尼、文莱、菲律宾、越南及与其旅游市场有着密不可分的泰国、柬埔寨等国构成。泛北部湾旅游圈处于太平洋西岸，是东北亚经济圈、粤港澳经济圈和东南亚经济圈等亚洲三大经济圈的重要交会区域。泛北部湾旅游圈各国海陆相连，旅游资源丰富，可以联合开发3S、自然山水等旅游产品。

北部湾旅游可持续发展战略研究

目前，泛北部湾旅游合作只限于中越的边境旅游和东盟各国之间的旅游合作，构建泛北部湾旅游圈的目的就是要整合中国和东盟相关国家的旅游资源、共铸旅游品牌、共树旅游形象、共拓旅游市场，形成均质的无障碍旅游区。泛北部湾旅游圈是三个圈层最外围、最难操作、最需要时间磨合的旅游圈，需要前两个圈层有效、长期合作作为基础。目前要做好泛北部湾旅游圈的合理布局和长期规划，同时以易行和简单的旅游合作项目为切入点，逐步开展合作。

（二）充分发挥广西各地旅游功能

"北部湾经济区4＋2旅游联盟体"已于2007年成立，形成了（南宁）第一次联席会议备忘录，并就合作原则、运作机制等方面达成了一致，为广西北部湾旅游圈构建了合作发展的平台。广西需以南宁为发展核心及重点旅游发展节点，强化创新"4＋2"旅游城市联盟，加快建设广西北部湾旅游圈。

1. 广西北部湾旅游圈内部功能层次与定位。为适应北部湾旅游可持续发展的需要，结合广西北部湾旅游圈的整体发展与个体差异，充分发挥南宁、桂林两大旅游集散地以及"4＋2"城市的优势，确定广西北部湾旅游圈内部功能层次与定位，如表9—7所示。

表9—7 　　　　　　　广西北部湾旅游圈内部功能层次与定位

城市	旅游功能定位
桂林	北部湾旅游圈桂北集散中心
南宁	北部湾旅游圈桂南集散中心
北海	北部湾旅游圈水路集散重要口岸
钦州	北部湾旅游圈陆路大走廊
防城港	北部湾旅游圈水陆集散大口岸
玉林	北部湾旅游圈与泛珠旅游圈陆路枢纽
崇左	北部湾旅游圈陆路大通道

2. 发挥南宁、桂林两大旅游集散地功能。桂林市作为广西旅游业发展的龙头、世界旅游目的地、北部湾旅游圈桂北集散中心，其旅游资源

品位高、旅游开发比较成熟，应充分发挥桂林的龙头辐射作用，扩展桂林城区地域空间，与南宁形成"南北互动"的良好态势，利用桂林山水的高知名度和美誉度，重点发展桂林生态山水游、历史和民族文化体验游、商务会展游。

南宁市作为广西的首府、北部湾旅游圈桂南集散中心，是西南出海大通道上的一个枢纽城市，在整个北部湾经济圈中居于"大腹地"的优势地位，交通最为便捷，拥有一批知名度较高的旅游产品，其中城市旅游资源、商务会展旅游资源、民族风情旅游资源最丰富，重点发展会展商务旅游、城市民族风情旅游。

3. 充分发挥"4+2"城市旅游地功能。北海市是北部湾旅游圈水路集散重要口岸，旅游发展基础较好，旅游资源非常丰富，其中尤以北海银滩最为知名，已形成了自身的特色和旅游增长点，即邮轮经济，海上旅游航线比较成熟，是跨海旅游的首选地。北海作为"4+2"城市的重要枢纽，一方面需进一步发挥人文资源的优势，即南珠产地和海上丝绸之路，找到更切实的历史文化的载体，打造东南亚各国重要的旅游目的地；另一方面是发展"邮轮经济"，实现双向送客，进一步开拓航线，发展旅游吸引物，使邮轮经济在北海产生最大的经济效益，实现"水陆去，陆路回"的环线双向旅游人流，重点发展远海跨国游、滨海休闲游。

钦州市沿海、沿江又近边，是广西离南宁最近的城市，是南宁的第一辐射地，应充分发挥北部湾旅游圈陆路大走廊的作用，开发利用好滨海旅游资源、人文历史旅游资源、生态旅游资源，但是要避免与北海和防城港旅游资源开发的雷同性，应注意错位竞争，开发海陆生态水文化游、海上边防军旅文化游、临海工业文化游。

防城港市区位优势得天独厚，是我国唯一与东盟有陆地和海上通道的城市，是我国内陆腹地进入东盟国家最便捷的海上门户，全市有海岸线580多公里，边境线230多公里，有防城港、东兴、江山、启沙、洞中等五个国家级口岸，已形成了一个"上山、下海、出国（上十万大山，游千里海滨，出东盟十国）"的立体开放旅游格局。防城港重点发展海岸历史文化与民族风情游、海滩与十万大山风景名胜区相连接的海岸大陆架生态游、跨国边城游、核电站、煤电站为代表的港口工业文化游等方面，具备北部湾旅游圈水陆集散口岸的条件，应着力建设成为北部湾旅游圈水陆集散大口岸。

玉林市是北部湾旅游圈与泛珠旅游圈陆路枢纽，在充分发挥其功能的同时，应重点打造四大旅游品牌，即商贸旅游、宗教文化旅游、健康休闲旅游、侨乡美食旅游。

崇左市是中国通往东盟的陆地大通道，具备开展国际旅游合作的良好条件，要充分利用好北部湾旅游圈陆路大通道的功能，应重点发展陆上边境旅游、边关探秘游、陆上跨国游、生态旅游与边贸旅游等，重点打造四大旅游品牌，即生态旅游品牌（主要产品是德天瀑布旅游度假区）、跨国旅游品牌（主要产品是中越边关游）、民族风情旅游品牌（主要产品是宁明花山岩画）、红色旅游品牌（主要产品是邓小平、胡志明足迹游）。

（三）完善旅游交通体系

第一，构建核心节点南宁的旅游交通网络

目前，南宁对外有以城区为中心呈向外辐射型的高等级公路网，有直飞国内部分大中城市的直达航班和到吉隆坡、曼谷的国际航班，有直通国内部分大中城市的铁路列车及到河内的国际列车，对外交通方便，内部交通发达。但是对于打造以旅游空港、集散陆港、豪华游轮为立体层面的主节点交通来说，仍有需改进完善的项目，主要有：

1. 航空港：开通南宁到东南亚及东亚各国的旅游航班，增加南宁到上海、南京、吉隆坡、曼谷、南宁、昆明、重庆、贵阳、深圳、长沙、武汉、温州等航班。加快机场基础设施建设，将南宁市航空港建设成为滞留型的航空站，提高机场服务人员的服务质量，树立南宁国际航空港形象。

2. 铁路：开通南宁至下龙湾的国际专列，营运好南昆铁路专列。争取尽快完成南宁—河池的铁路建设，提高区内铁路等级，加快区内铁路的运行速度，增加南宁至国内重点城市的直达列车及班次。

3. 公路：加快南宁（坛洛）—百色高速公路、南宁—友谊关高速公路以及上林—马山的二级公路、上林—忻城的二级公路、大化—巴马的二级公路、大化都阳—七百弄风景名胜区的三级公路、大明山山脚—210 国道的三级公路等公路建设。

4. 水运港：尽快完成南宁港客运码头的建设，增设旅游码头，增添豪华游艇和旅游快艇，开辟市区内邕江段的短途旅游航线。

第二，新辟北部湾旅游通道

1. 南新公路。即南宁—河内—万象—曼谷—吉隆坡—新加坡高速公路。目前，新加坡至马泰边界的空潘公路 863 公里（其中新加坡至马来西亚边境 15 公里，新马边境的马来西亚新山至马泰边境的泰国合艾为 848 公里）已全线建成高速公路，泰国合艾至泰老边境的廊开 1863 公里（合艾至曼谷 1247 公里，曼谷至廊开为 616 公里）也基本上建成高速公路。广西南宁至中越边境的友谊关 180 公里的公路也已开通，只有友谊关经越南河内至老挝万象的公路约 470 公里还未建成高速公路。这条全长约 3376 公里的公路对北部湾旅游可持续发展具有重要的战略意义。

2. 南金公路。即南宁—防城港—东兴（越南芒街）—越南下龙湾—海防—南定—顺化—芽庄—胡志明—柬埔寨金边，连接泰国的亚兰，沟通印度支那半岛。这条公路全长约 2300 公里，南宁至防城港 143 公里，防城港至东兴 49 公里，芒街至下龙湾 98 公里，下龙湾至海防约为 68 公里，海防至南定约为 70 公里，南定至顺化 601 公里，顺化至胡志明约为 1042 公里，胡志明至金边约 230 公里。目前，南宁至东兴已基本建成高速公路，其余路段多为三、四级公路，需要全线扩建成高速公路，为北部湾旅游合作奠定基础。

3. 北海至新加坡铁路。即广西北海—防城港—东兴—芒街—下龙湾—海防—南定—胡志明—金边—曼谷—吉隆坡—新加坡。全长 4538 公里，其中北海至防城港约 170 公里，防城港至东兴 49 公里，芒街至下龙湾约 98 公里，下龙湾至海防约 68 公里，海防至南定约 70 公里，南定至胡志明市 1643 公里，胡志明市至金边 230 公里，金边至曼谷约 480 公里，曼谷至新加坡约 1730 公里。此外，修建广东河唇至北海铁路，使北海至新加坡铁路与广东沿海铁路对接，作为北部湾沿海铁路的重要补充。

4. 南（宁）仰（光）铁路。即南宁—凭祥—河内—琅勃拉邦—清莱—清迈—勃固—仰光。全长约 1641 公里，其中南宁至凭祥 220 公里，凭祥至河内 163 公里，河内至琅勃拉邦约 480 公里，琅勃拉邦至清莱 268 公里，清莱至清迈约 170 公里，清迈至勃固约 270 公里，勃固至仰光约 70 公里。该铁路建成后，北与中国铁路网相连，西接印度雷多与南亚、西亚铁路网相通，形成从太平洋至印度洋的亚洲大陆桥，具有重要的旅游交通价值。

第三，完善水路旅游通道

目前，广西的防城港、钦州港、北海港，广东西部的湛江港、海安港和茂名水东港，海南的海口港、洋浦港、八所港、三亚港都与北部湾国家通航，来往较多的是越南的海防港、西贡港，柬埔寨的磅逊港，泰国的曼谷港、宋兴港，新加坡港，马来西亚的古晋港、马六甲港，菲律宾的马尼拉港，印尼的雅加达港。海南的港口由于游离于大陆，多数为海南本省服务，与广西没有构成竞争。广东的几大港口虽然主要是为本省和东中部省份服务，但湛江港仍对广西港口构成竞争。

建设完善北海二期客运码头和江山半岛国际旅游码头，开辟北海、防城港至越南海防、顺化、胡志明海上旅游航线，在不断积累经验之后，进一步扩大旅游航线范围，将海上旅游航线延伸到东盟国家的主要沿海城市。

第四，加强航空旅游通道建设

北部湾范围内的广州、湛江、茂名、海口、三亚、桂林、南宁、北海有 8 个民用机场，其中广州白云国际机场已开辟飞往河内、胡志明市、雅加达、马尼拉、槟城、曼谷、新加坡、吉隆坡、金边的航线；南宁吴圩国际机场开辟了飞往河内、曼谷、金边、仰光、新加坡、吉隆坡、马尼拉、雅加达的航线；桂林两江国际机场开辟飞往雅加达、曼谷、新加坡和吉隆坡的航线；海口美兰国际机场不定期飞往河内、胡志明、吉隆坡、曼谷、新加坡、马尼拉、雅加达。需逐步加强这些航空港的建设，增加与东盟国家其他旅游城市的航线，增进这些城市之间的旅游合作，共同促进北部湾旅游的可持续发展。

区域旅游业是一个不断进行结构调整、规模扩张、功能提升的动态的开放系统，其空间在扩张过程中与外界发生联系，不断地进行物质、能量、信息的交流。由于区域内资源、市场、资本、技术、人才方面的有限性，区域旅游业必然向外拓展发展空间，与其他区域在各方面展开竞争。

竞争与合作是区域发展的必由之路，在博弈中取胜则需要方法论的正确指导。在北部湾旅游经济区不断深入发展的背景下，区域内各城市应该以中心城市为核心，优先发展重点旅游发展轴及其节点城市，逐渐向外扩散发展，通过多层次、多领域、多渠道、多形式的交流与合作，建立长期、稳定的经济交流与合作关系，抓住机遇，共同促进北部湾旅游经济区的开放开发，合力加快旅游业发展，共同挖掘和发挥区域内的旅游资源优势，建立旅游合作协调机制，开发旅游资源、开拓旅游市场、开辟旅游线路、推介旅游产品，推动无障碍旅游区建设，促进北部湾旅游的可持续发展。

第二节　北部湾旅游资源可持续发展战略

一　北部湾旅游资源开发原则

北部湾区域旅游资源丰富，互补性强但同时存在相似性，各方旅游业发展速度快但层次不一，各方政府发展旅游业的意识强但合作程度不高，因此，北部湾旅游合作应加强政府协作，坚持求同存异的基本思路。开发的原则为可持续发展原则、区域合作原则、特色原则和文化原则。

（一）可持续发展原则

广西北部湾绝大部分近岸海域保持着一类水质，有"中国洁海"之称，北钦防的阳光、沙滩、空气等在大西南都是首屈一指的，而北部湾得北海银滩、涠洲岛、山口红树林、钦州三娘湾等地貌旅游资源大多是不可再生资源，在开发的过程当中要求旅游资源开发所追求的经济利益要控制在一定的限度内，即既要注重经济效益，又要保证旅游区居民及旅游者的生活秩序的安定与和谐，更要保护好旅游区域的环境生态。要坚持开发中保护，保护中开发的原则。与此同时，在经营管理方面采取生态、可持续的实践，保证经营活动不会使环境退化，尤其是社区居民参与的旅游资源，应该加强对当地居民的环保教育，旅游开发中应对当地社区和居民作出持续的贡献，实现人与自然的协调。

（二）区域合作原则

1. 联动发展。"南北钦防"旅游资源丰富多样，比较优势各有特色，互补性高，积极推进环北部湾（广西）区域的旅游合作，打造"南北钦防"区域旅游优秀品牌，把海洋旅游资源开发与陆地旅游资源开发紧密结合起来，推动海陆旅游资源互补、产业互动、布局互联，实现海陆旅游联动发展。同时还要加强部门联动发展。在自治区人民政府的领导和广西北部湾经济区规划管理委员会办公室协调下，进一步完善自治区旅游产业发展厅际协调会议制度，集约旅游、宣传、发改、交通、建设、林业、文化、民族、环保、国土、海洋等部门及各市力量，形成部门联动格局，进一步增强加快北部湾旅游发展的整体合力。

2. 建立跨国旅游合作区。大力推进中越合作，在中越边境和北部湾海域建立跨国旅游合作区，建设跨国景区，在限定范围内推行自由跨国旅游，加强跨国旅游安全和卫生协作。推进北仑河口跨国旅游区、德天瀑布跨国旅游区建设。构建旅游经济园区（开发区）和产业基地。选择一批有优势和潜力、以旅游业为主体功能的区域，设立一批旅游经济园区（开发区）和产业基地，实行投资、税收、土地等优惠政策，确立旅游优先发展地位和控制要求。推进北海涠洲岛、银滩，钦州三娘湾、茅尾海、沙井港，防城港江山半岛旅游经济园区的建设，打造广西北部湾滨海休闲度假基地、高尔夫休闲产业基地。

3. 线路连接。打造一批精品旅游线路，重点是跨国旅游线路。整合打造海口—湛江—北海—钦州—防城港—越南下龙湾—海防—河内的环北部湾国际精品旅游线路，形成环北部湾旅游圈；北部湾海上旅游金三角的滨海跨国邮轮旅游线；南宁—崇左—凭祥—龙州—大新—靖西—百色的中越边关探秘旅游线；北海—合浦—玉林的海上丝绸之路历史文化旅游线；南宁—崇左—防城港—北海—海口—昌江—乐东—三亚的民族风情旅游线；中越边境自驾旅游线和湛江—海口—海南西海岸—三亚的自驾旅游线。

（三）特色原则

广西北部湾经济区在开发旅游资源时，不断地挖掘新的、与众不同的可供旅游的自然或人文事物，突出地方特色，发挥地方优势，努力整合地方文化；突出时代特色，突出历史特色；突出艺术审美特色，突出鲜明的民族风情，用独特性的文化艺术占有市场。未来北部湾将打造成为与地中海、加勒比海等相媲美的世界级滨海旅游目的地。以滨海度假、跨国旅游、海洋旅游、国际商务会展、边境风情体验为主体，融合游览观光、主题娱乐、时尚运动、康体养生、文化体验、生态旅游、修学科考、休闲度假等功能于一体的国际旅游目的地。

力争在短时间内实现十万大山、大明山国际山地生态度假旅游区、冠头岭国际会议中心、涠洲岛火山地质公园、茅尾海旅游接待基地、滨海新城商务休闲游憩区、西湾旅游区、江山半岛滨海休闲度假区、京岛滨海旅游休闲度假区、桂东南温泉养生休闲度假带、中越友谊关国际旅游合作区、崇左市大新德天瀑布国际旅游合作区等一批重大旅游基础设施项目建成，形成海口—湛江—北海—钦州—防城港—越南下龙湾—海防—河内、南宁—崇左—凭祥—龙州—大新—靖西—百色、南宁—崇左—防城港—北海—海口—昌江—乐东—三亚等一批精品旅游线路。

（四）文化原则

钦州市的上思县和防城港市的防城区瑶寨风光具有浓烈的民族风情。瑶族有"板瑶"和"花头瑶"两种，瑶族村落坐落在崇山峻岭之中，那里依山傍水、林木葱葱、风景宜人。瑶族村落至今仍保留着古老、淳朴的民族风情。与此同时号称"小小民族"的防城港的京族在其发展的历史长河中，形成了本民族独特的民俗风情，京族人喜欢的"唱哈"、竹竿舞、独弦琴，被誉为京族文化的三颗"珍珠"。其中最具代表性的是京族的"哈节"。哈节是为了纪念海神公的诞辰。节日一到，男女老少云集"哈亭"（专供唱歌的亭子）举行活动，几天几夜才散。民族、海洋、渔村是京族三岛的三大特色。

在北部湾的旅游资源开发中，文化是旅游资源开发的灵魂，人文旅游资源和自然旅游资源的开发都要提升其文化品位在开发的过程中，要挖掘资源本身的文化内涵，丰富资源的文化内容，增强旅游区的文化氛围，提高景点的观赏、教育和启迪功能，塑造能震撼人心的高品质的旅游文化。

二 北部湾旅游资源开发战略

北部湾旅游资源可持续开发思路：在宏观层面对旅游资源进行甄别与筛选，确定旅游资源的合理开发顺序，对于开发条件尚不具备的旅游资源进行保护，保护其原生态环境。对于同类、分散的旅游资源单体资源进行整合，分级、分阶段进行开发，避免对优质旅游资源的过度开发。对于自然文化基质脆弱的旅游资源要加强保护力度，保护其生存环境，实现其可持续开发，具体见图9—9所示。

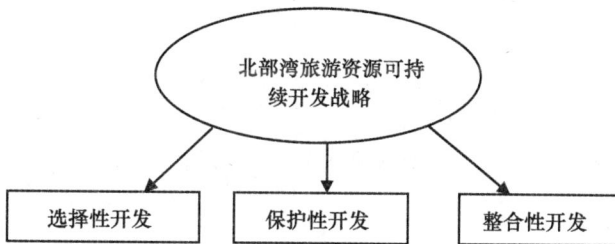

图9—9　北部湾旅游资源可持续开发战略

（一）旅游资源选择性开发战略

北部湾旅游资源内容丰富，沿海跨国，山、边、海三种类型迥异的旅游资源交相辉映。实行选择性开发战略是指对北部湾旅游资源根据资源性质、属性、数量等基本要素，分不同时期、不同程度有选择地进行开发，这样可以保障旅游资源的可持续开发利用。

第一，确定重点旅游资源，实行选择性开发

根据北部湾旅游资源的特性，从旅游资源等级、稀缺性、资源开发条件等方面对北部湾旅游资源进行综合评价，确定重点旅游资源内容，具体包括大明山、北海银滩—涠洲岛、十万大山、玉林云天文化等旅游资源，进行资源评价与资源开发内容，详见表9—8。

第二，选择桂林与南宁，发挥其旅游资源聚集发散功能

桂林市作为广西旅游业发展的龙头、世界旅游目的地、北部湾旅游圈桂南集散中心，其旅游资源品位高、旅游开发比较成熟，应充分发挥

桂林的龙头辐射作用，扩展桂林城区地域空间，与南宁形成"南北互动"的良好态势，利用桂林山水的高知名度和美誉度，重点发展桂林生态山水游、历史和民族文化体验游、商务会展游。

表9—8　　　　　　　　　　　　北部湾重点旅游资源开发

重点旅游资源	范围	资源评价	资源开发
南宁大明山森林生态旅游资源	大明山山脉	亚热带山地森林景观和气候，中国最南端的赏雪境地	观光游览、山地休闲度假、生态旅游
南宁城郊旅游资源	南宁市城郊区	壮乡风情、南国温泉、滨水休闲	风情体验、休闲度假
北海银滩—涠洲岛滨海旅游资源	北海市行政区划所在区域	南亚热带海滨风光，最年轻的火山海岛	游览观光、滨海休闲度假、海上运动休闲
钦州三娘湾—七十二泾海洋生态旅游资源	三娘湾、麻兰岛、大环半岛、七十二泾、钦州港	优良的海洋生态环境、中华白海豚栖息地	海洋生态旅游、滨海休闲度假等
防城港市江山半岛—京岛滨海边境跨国旅游资源	金滩（京族三岛）、东兴口岸、江山半岛	边贸风景、京族风情、滨海风光	京族风情体验、边贸购物、沙滩体育运动
十万大山山地生态旅游资源	十万大山森林公园	南国边陲第一山，森林生态王国	山地休闲度假、生态旅游
崇左德天大瀑布跨国旅游资源	德天瀑布、硕龙镇及黑水河、明仕河	亚洲第一大跨国瀑布，山水田园风光	游览观光、休闲度假、民俗风情体验
崇左友谊关边关历史文化旅游资源	凭祥市行政区划所在区域	边境风情、边关历史、红八军革命遗存、中国九大名关	边关历史游览、民俗风情体验、边贸购物、爱国教育
崇左左江花山文化旅游资源	宁明明江流域	独特历史古迹、山水生态相结合	山水观光游览、古骆越文化体验
玉林云天文化旅游资源	玉林市区南流江及两岸	中华雕塑艺术荟萃	文化体验、观光游览、休闲购物
都峤山—真武阁宗教历史文化旅游资源	都峤山山脉、真武阁（包括贵妃园）	三教合一圣地、杰出建筑艺术	圣地朝拜、科研考察、观光游览
海南岛西海岸生态旅游资源	海南岛西海岸	热带亚热带海岛海滨风光风情	观光游览、休闲度假、科普教育

重点旅游资源	范围	资源评价	资源开发
海南尖峰岭国家级自然保护区	东方市、乐东黎族自治县	我国现存面积最大的热带原始森林	森林观光探险、科普教育、科研考察
海南大田坡鹿国家级自然保护区	东方市	海南坡鹿珍稀动物	观光游览、环保教育
古雷州历史文化旅游资源	湛江市行政区划所在区域	历史海滨商城,地质、群岛风光	海洋游览观光、丝绸之路文化体验

资料来源：广西统计年鉴整理

南宁市作为广西的首府、北部湾旅游圈桂南集散中心，是西南出海大通道上的一个枢纽城市，在整个环北部湾经济圈中居于"大腹地"的优势地位，交通最为便捷，拥有一批知名度高的旅游产品，其中城市旅游资源、商务会展旅游资源、民族风情旅游资源最丰富，重点发展会展商务旅游、城市民族风情旅游。

第三，选择"4+2"城市旅游资源带，发挥其辐射功能

钦州市沿海、沿江及近边，是广西离南宁最近的城市，是南宁的第一辐射地，应充分发挥北部湾旅游圈陆路大走廊的作用，开发利用好滨海旅游资源、人文历史旅游资源、生态旅游资源，但是要避免与北海和防城港旅游资源开发的雷同性，应注意错位竞争，开发海陆生态水文化游、海上边防军旅文化游、临海工业文化游。

崇左市是中国通往东盟的陆地大通道，要充分利用好北部湾旅游圈陆路大通道的功能，具备开展国际旅游合作的良好条件，应重点发展陆上边境旅游，边关探秘游、陆上跨国游、生态旅游与边贸旅游等，重点打造四大旅游品牌，即生态旅游品牌（主要产品是德天瀑布旅游度假区）、跨国旅游品牌（主要产品是中越边关游）、民族风情旅游品牌（主要产品是花山岩画）、红色旅游品牌（主要产品是邓小平、胡志明足迹游）。

玉林市是北部湾旅游圈与泛珠旅游圈陆路枢纽，在充分发挥其功能的同时，应重点打造四大品牌，即商贸旅游、宗教文化旅游、健康休闲

旅游、侨乡美食旅游。

北海市是北部湾旅游圈水路集散重要口岸，旅游发展基础较好，旅游资源非常丰富，其中尤以北海银滩最为知名，已形成了自身的特色和旅游增长点，即邮轮经济，海上旅游航线比较成熟，是跨海旅游的首选地，北海作为"4+2"枢纽，一方面进一步发挥人文资源的优势，即南珠产地和海上丝绸之路，找到更切实的历史文化的载体，打造东南亚各国重要的旅游目的地；另一方面是发展"邮轮经济"，实现双向送客，进一步开拓航线，发展旅游吸引物，使邮轮经济在北海产生最大的经济效益，实现"水陆去，陆路回"的环线双向旅游人流，重点发展远海跨国游、滨海休闲游。

防城港市区位优势得天独厚，是我国唯一与东盟有陆地和海上通道的城市，是我国内陆腹地进入东盟国家最便捷的海上门户，全市有海岸线580多公里，边境线230多公里，有防城港、东兴、江山、启沙、洞中等五个国家级口岸，已形成了一个"上山、下海、出国（上十万大山，游千里海滨，出东盟十国）"的立体开放旅游格局，防城港重点发展海岸历史文化与民族风情游、海滩与十万大山风景名胜区相连接的海岸大陆架生态游、跨国边城游、核电站、煤电站为代表的港口工业文化游等方面，具备泛北部湾旅游圈水陆集散口岸的条件，应着力建设成为泛北部湾旅游圈水陆集散大口岸。

（二）旅游资源保护性开发战略

旅游资源保护性开发战略是一个宏观战略，是指对北部湾内的所有旅游资源不管其数量、品质及开发程度如何，都有确立先保护再开发的原则，即"在保护中有效开发，在开发中严格保护"。尤其是对一些稀缺性的、不可再生或环境承载力较低的旅游资源要进行重点保护。

第一，对于生存环境脆弱的旅游资源，重点进行保护

根据北部湾旅游资源的类型，确定一些旅游资源承载力低的区域及生存环境脆弱的旅游资源划定保护开发范围，实行保护性开发战略。具体包括北海银滩、涠洲岛、合浦星岛湖、玉林佛子山、湛江南三岛、吉兆湾等，详见表9—9。

表 9—9　　　　　　北部湾旅游资源保护性开发

旅游资源	位置	保护开发面积（长度）
北海银滩	北海市	3800 公顷
北海涠洲岛	北海市	3600 公顷
合浦南国星湖岛	合浦县	9270 公顷
防城江山半岛	防城港市	6300 公顷
玉林佛子山	玉林市	1000 公顷
南宁大王滩	南宁市	3800 公顷
横县西津湖	横县	1450 公顷
东海岛	湛江市	42829 公顷
湛江南三岛	湛江市	12340 公顷
吉兆湾	湛江市	12400 公顷
广西北海涠洲岛火山国家地质公园	北海市	3600 公顷
中国雷琼湖光岩世界地质公园	湛江市	1590 公顷
中国雷琼海口石山火山群地质公园	海口市	10800 公顷
大明山自然保护区	南宁市	16944 公顷
十万大山自然保护区	防城港市	58277 公顷
北仑河口海洋自然保护区	东兴市	8000 公顷
广西山口红树林自然保护区	合浦县	8000 公顷
湛江红树林国家自然保护区	湛江市	20279 公顷
防城金花茶自然保护区	防城港市	9195 公顷
龙虎山自然保护区	隆安县	2766 公顷
弄岗自然保护区	崇左市	10080 公顷
三娘湾中华白海豚自然保护区	钦州市	35000 公顷
防城港红树林海洋生态实验园	防城港市	333 公顷
徐闻珊瑚礁自然保护区	湛江市	10887 公顷
良凤江国家森林公园	南宁市	248 公顷
九龙瀑布群国家森林公园	横县	1639.87 公顷
大容山国家森林公园	北流市	4825 公顷
三岭山国家森林公园	湛江市	738.73 公顷
东海岛国家森林公园	湛江市	667 公顷
湛江市国家级森林公园	湛江市	930 公顷
花山崖壁画	崇左市	300100 公顷

旅游资源	位置	保护开发面积（长度）
谢鲁山庄	陆川县	100公顷
勾漏洞	北流市	204公顷
都峤山—真武阁	容县	3750公顷
六峰山—三海岩	灵山县	54公顷
刘冯故居	钦州市	2.27公顷
友谊关	凭祥市	46.5公顷
昆仑关战役旧址	南宁市	1.7公顷
硇洲灯塔	湛江硇洲岛	5600公顷
雷祖祠	雷州市	1.0公顷
雷州古城	湛江市	145000公顷
北仑河口旅游岸线	东兴市	5公里
京岛旅游岸线	东兴市	10公里
江山半岛旅游岸线	防城港	32公里
玉石滩—沙耙墩旅游岸线	防城港	10公里
七十二泾旅游岸线	钦州市	25.2公里
麻兰岛旅游岸线	钦州市	5公里
犀牛角旅游岸线	钦州市	10公里
北海北海岸旅游岸线	北海市	9.5公里
银滩—冠头岭旅游岸线	北海市	58.4公里
涠洲岛—斜阳岛旅游岸线	北海市	18公里
营盘珍珠旅游岸线	北海市	10公里
山口—高桥海洋生态旅游岸线	北海市、湛江市	25公里
江洪旅游岸线	湛江市	12公里
企水旅游岸线	湛江市	15公里
乌石湾旅游岸线	湛江市	18公里
灯角楼旅游岸线	湛江市	8公里
硇洲岛旅游岸线	湛江市	22公里
东海岛旅游岸线	湛江市	28公里
南三岛旅游岸线	湛江市	83公里
吴阳旅游岸线	湛江市	18公里
吉兆湾旅游岸线	湛江市	11.2公里

资料来源：广西统计年鉴整理

第二，重点旅游资源保护性开发措施

如表9—9所示，将以上保护性的旅游资源进行分类，主要为地貌旅游资源、民族风情旅游资源和边关热带生态旅游资源，并针对每种旅游资源采取适当的开发保护措施。

——地貌旅游资源保护性开发措施

喀斯特旅游地貌资源：没有喀斯特旅游地貌就没有广西旅游业，北部湾的喀斯特旅游地貌资源有武鸣伊岭岩、七星岩、北流及左江风光等。

丹霞旅游地貌资源：广西是红土地的故乡，容县都峤山风景区，藤县太平狮山风景区都是北部湾重要的丹霞地貌旅游资源。

砂岩旅游地貌资源：广西中部的大瑶山，大瑶山山体庞大，横跨8个县市，面积2080平方公里，山峰起伏，重峦叠嶂，被我国著名地貌学家黄进教授称为典型的张家界地貌。

滨海旅游地貌资源：北部湾滨海旅游资源十分丰富，具有自然风光优美、海岛半岛海湾众多、海洋资源丰富、生态环境良好、民俗风情浓郁、边关历史神秘、历史文化厚重等资源特征。如北海银滩、涠洲岛、金滩、江山半岛、茅尾海、三娘湾、滨海红树林等风光。

保护性开发措施：（1）地貌性旅游资源都是不可再生的，开发中要严加保护。广西的地貌旅游资源生态环境具有易伤性、脆弱性，再生能力弱等特征，所以开发必须慎重。例如在喀斯特洞穴中一定要有灯光照明，也一定要铺设或修整一些旅游道路，但是要尽可能保存自然格局；丹霞旅游地貌资源应禁止在崖壁上人工斧凿和雕刻，严禁在风景区就近采石、取土、伐树，以保护风景区的完整性，保护生态环境。（2）积极进行地貌资源保护教育，提高当地群众及旅游者的环境和旅游资源保护意识。如在滨海旅游资源保护中，确立滨海旅游资源是当地生存和发展的资源基础，鼓励当地居民从事旅游相关工作，从滨海旅游发展中受益。同时，提高滨海旅游资源项目开发与保护的管理水平，要严格新景区的建设审批程序，成立旅游景区开发项目专家咨询组。

——民族风情旅游资源保护性开发措施

广西是我国五个少数民族自治区之一，以壮族的歌、瑶族的舞、苗族的节、侗族的楼为特色的民俗风情四绝，已经成为独具特色的旅游产品向国内外旅游市场推销。在北部湾的民族风情旅游资源开发中，应该加以开发：

"壮歌"旅游资源，以节兴旅，重新包装壮族歌仙刘三姐这一人民群众喜闻乐见的艺术形象，选择适合地点采用现代声、光、电等科技手段，展现刘三姐的民族特色；"苗节"旅游资源，芦笙节、拉鼓节、芒歌节、新禾节、斗马节等的打造要充分利用苗山的自然景观和苗族风情，将苗族节庆组合成具有苗族特色的旅游项目。"侗楼"为代表的民俗文化旅游，利用侗族独有的声乐艺术，为侗楼这个旅游景观服务，为侗族地区的旅游经济服务；还要开发广西独有少数民族的民俗旅游资源毛南族、京族、仫佬族是广西独有的少数民族，它们都是独具特色的民族文化和奇异的风格。

保护性开发措施：（1）不断推进民族风情旅游业创新发展。既要彰显壮族、苗族、毛南族、京族、仫佬族等浓郁的民族风情、鲜明的地域特征，更要突出少数民族文化独特的时代气息、强烈的时代精神，不要被过多地商业化，失掉民族特色，应保持当地民众勤劳质朴的民风民俗，让少数民族的风情感染更多的游客。当地居民参与到旅游开发中来，从中获利可增加其民族自豪感和自信心，必将成为民族旅游开发的积极支持者，可自觉对民族文化进行有效的保护。（2）大力宣传，打造民族文化旅游品牌。要更新旅游宣传观念，把宣传促销看得和旅游资源开发、旅游产品设计与创新同等重要。应利用各种传播媒介和手段，尤其是公共媒介和电脑网络的手段，加大对民族文化旅游的宣传，树立民族文化旅游的形象。

——边关热带生态旅游资源保护性开发措施

广西边境线长，南亚热带生态旅游资源丰富，是开展回归自然及体验边关风情的好地方。北部湾边关热带生态旅游资源主要有：

凭祥市友谊关，它历来是中越两国人民和货物往来的重要通道和货物集散地；德天瀑布是世界第二大跨国瀑布，瀑布区奇峰环立、碧水清流、树木葱茏、银瀑飞泻；东兴跨国旅游及京族风情旅游资源，这里离越南下龙湾的"海上桂林"景区很近，是我国开展中越边境游的重点旅游区。

保护性开发措施：北部湾发展生态旅游离不开良好的生态，生态旅游应该是可持续发展的旅游。

1. 加大边境旅游产品保护与维修力度。凭祥市友谊关应该修复兰楼至金鸡山古炮台城墙的登山步道，深度开发金鸡山、大清园、万人坟、大连城、浦寨关前隘等中法古战场、古炮台，兴建友谊关及中国九大名关历史陈列馆；要依照原有建筑风格修缮将山保元宫，使其恢复成为岭南的道教圣地、全国的道教名宫和道教徒朝观的目的地；修复53号界碑、养利古城（古桃城遗址）及几处炮台遗址。

2. 积极开发创新边境旅游产品。利用文物、文献、图片、声像资料充分展示友谊关的历史变迁。将友谊关建设成为国家级的爱国主义教育基地。利用龙州极富吸引力的人文景观，将其建设成为南国边关的旅游热点城市。要积极开发京族三岛的旅游资源，积极包装京族民俗旅游项目，大力开发拓展金滩旅游度假区，培育好东兴—下龙湾跨国旅游线。

3. 加强对边境旅游市场秩序的整顿工作。首先应规范边境游组团社经营行为和领队人员执业行为，加强对边境旅游经营项目和服务质量的监督管理。其次要建立打击通过边境旅游渠道从事赌博违法犯罪活动的长效工作机制，完善规章制度。

4. 促进区域旅游协作，加强边境旅游的国际交流与合作。积极加强与越南的合作，促进中越边境旅游进一步活跃。应与越南旅游机构加强联系，定期举行工作会议，协调解决有关边境旅游的问题；共同创建安全、环保、互利的旅游环境，实现旅游区域繁荣发展。

（三）旅游资源整合性开发战略

第一，关于旅游资源整合

所谓旅游资源整合是指从北部湾旅游资源互补性、区位关系适宜性和区域经济共需性等方面进行整合，其中，旅游资源互补性是旅游整合的前提，区位关系适宜性和区域经济共需性是旅游资源整合的推动力。

在战略思维的层面上，资源整合是系统论的思维方式。就是要通过组织和协调，把企业内部彼此分离的职能，把企业外部既参与共同的使命又拥有独立经济利益的合作伙伴整合成一个为客户服务的系统，取1+1大于2的效果。在战术选择的层面上，资源整合就是优化配置的决策。就是根据企业的发展战略和市场需求对有关的资源进行重新配置，以凸显企业的核心竞争力，并寻求资源配置与客户需求的最佳结合点。目的就是要通过组织制度安排和管理运作协调来增强企业的竞争优势，提高客户服务水平。北部湾区域包括南宁、北海、钦州、防城港、玉林、崇左 6 个市。旅游整合就是要促使这 6 个市各自的旅游要素相互吸引、凝聚、协同和融合，最终形成一个大的区域旅游系统，使其旅游业全面、持续和健康发展，为北部湾区域经济发展作出重大贡献。

北部湾旅游资源丰富，类型众多，不能一一开发。除了实行资源保护性开发与选择性开发外，对于一些旅游资源要根据其属性、开发难易程度、关联度进行整合。整合性开发一方面有利于对区域旅游资源的有效利用，另一方面对旅游地的旅游项目开发也有益处。旅游资源的整合性开发是高效利用旅游资源的重要开发方式，也是旅游资源可持续开发的重要表现之一。

第二，旅游资源整合思路

以交通为核心的整合：如通过建设广西南宁至湛江、海口，至广州、福州，至衡阳、长沙，至贵阳、重庆、成都，至昆明，至友谊关，至东兴口岸等七条高速通道，连接了北部湾地区的防城、北海、钦州三个重要港口，和友谊关、东兴等重要的公路口岸，为区域旅游资源整合提供条件。通过交通的带动，加强旅游资源的空间联系，划定旅游资源开发区，实现旅游资源的空间重组，打破行政壁垒，从旅游资源整体性出发对其进行开发。比如有（广东）—北海—钦州—防城港—东兴—越南（下龙湾）滨海边境跨国旅游资源开发游线；南宁—崇左—凭祥—越南（河内、下龙湾）—东盟国家旅游资源开发游线；南宁—上思十万大山—防城港（东兴）—越南（芒街、下龙湾）"上山下海又出国"旅游资源开发游线以及南宁—崇左—凭祥—龙州—大新—靖西—（百色）中越边境奇山秀水生态风情旅游资源开发游线等。

以地域为核心的整合。包括南宁旅游片区：范围包括南宁市辖区及防城港市的上思县。该区域以壮乡首府、中国绿城、东盟商务会展中心为旅游资源特色。北钦防旅游片区。范围包括北海市、钦州市两市辖区和防城港市的港口区、防城区及东兴市等陆地以及环北部湾近海海域。

该区域以南亚热带海滨风光、中越边关风情、北部湾海洋文化和悠久人文历史积淀为旅游资源特色。中越边关旅游片区。范围为崇左市辖区。该区域以壮观的德天跨国瀑布、优美的山水田园、远古的花山岩画、神秘的边关风情、优良的生态环境、浓郁的南壮文化为旅游资源特色。桂东旅游片区。范围为玉林市辖区。该区域以宗教文化、历史文化和生态文化为旅游资源特色。雷州半岛旅游片区。范围为雷州半岛的湛江市辖区。该区域以海上丝绸之路历史文化、古雷州文化为主题，以悠久的历史文化、独特的海洋文化、良好的海洋生态、特色的民俗文化和现代工业大港口、中国大陆最南端为旅游资源特色。

以文化为核心的整合：还可以从文化角度进行整合，比如北部湾主要是分布着壮族、瑶族、京族等少数民族，邕宁、大新、龙州、凭祥、上思等地壮族人口占总人口的90%以上，京族是我国30个少数民族人口最少的少数民族之一，主要分布在北部湾的"京族三岛"京族与越南的主体民族京族（越族）是跨境而居的同源民族。瑶族散居在防城港的十万山区各乡镇。通过对其文化的整体开发，实现其旅游资源的整合，推动该区域旅游业的可持续发展。

第三，旅游资源整合产品

滨海休闲度假之旅：钦州—北海—防城港。包括北海银滩、涠洲岛，钦州七十二泾、三娘湾，防城港的江山半岛及东兴的京族三岛等，这些资源分别与当地人文资源、购物、饮食、娱乐优化组合，以新的主题、新的项目不断吸引游客，形成广西滨海风光黄金旅游带。

会展商务之旅：南宁—钦州—北海—玉林—南宁。重点依托南宁、玉林、各口岸城市，积极拓展会展商务旅游，以建设中国—东盟自由贸易区的区域性现代服务中心为目标，以中国—东盟博览会为依托，充分发挥南宁作为首府城市的优势和独特的区位优势，大力发展会展商务旅游，举办各种会议展览、经贸活动，打造城市会展品牌。加快商贸物流业的对外开放和改革创新步伐，重点建设南宁环大明山生态旅游区、东南亚风情园、昆仑关文化景区、南宁刘三姐艺术中心、玉林云天文化城、容县都峤山宗教文化旅游区等。

边境探秘之旅：南宁—钦州—防城港—崇左。广西北部湾经济区沿海又沿边，海岸线曲折，防城（东兴）、崇左（凭祥）与越南山水相连，边民来往十分密切。越南的美丽风光和浓郁的异国情调吸引了大量的中国游客。经过越南，游客还可以进入柬埔寨、老挝等东南亚国家。与此同时，大批越南以及东南亚游客也从越南各地汇集到芒街进入东兴并通过东兴进入广西旅游。

水陆两憩跨国之旅：北海—越南—崇左—南宁、南宁—防城港（东兴）—越南芒街—越南下龙湾。从南国海滨旅游城市北海乘"新上海"豪华邮轮，穿越碧波浩渺的北部湾，到越南的下龙湾、海防、河内三地旅游，这是一趟不折不扣的跨国浪漫之旅。浓郁的亚热带滨海风情，湛蓝的海水，洁净的蓝天，洁白的沙滩和独特的火山岛，构成了环北部湾沿海独特的风景。而由北海至越南下龙湾的海上旅游航线，则开启了跨国旅游的海上大通道，美丽的滨海风情，心情的静谧家园。

第四，北部湾旅游资源整合的对策

——建立旅游信息资源的有效整合机制

旅游信息资源整合的关键就在于建立跨旅游企业边界的信息共享机制。在一个多利益群体当中，如果没有较充分的信息共享，就很容易出现机会主义行为，难以合作成功，因此有必要建立信息资源整合机制。旅游信息资源整合离不开 IT 系统的支持，包括网络技术、通信技术和软、硬件技术支持。通过信息技术支持与协同可以实现企业之间、功能小组之间、人员之间等的一对一、一对多、多对一、多对多等多形态的协同方式，从而更好地将各自的优势资源整合起来，共同为游客提供优良、快捷的旅游信息共享与服务。

——构建旅游战略联盟

旅游企业通过战略联盟可以实现资源共享，开拓新市场等特定战略目标，可以分享约定的资源和能力。通过战略联盟，旅游企业可以在未来进行大规模资本投入的情况下，利用伙伴企业的旅游服务资源，增加旅游服务品种，扩大旅游服务的地面覆盖面，为客户提高一体化旅游服务，提升市场份额和竞争能力。相同的文化背景和彼此相互依赖、有效而积极的信息沟通、共同的企业经营目标和凝聚力、技术上的互补能力、双方高层管理人员在管理方面的共同努力等，是旅游企业战略联盟成功的关键因素。因此，要有意识地打造基于共同文化底蕴与技术互补的战略联盟，共同提高整体竞争力。

——依托富饶的旅游资源，进行旅游资源重点打造

制订北部湾区域内旅游资源整合与管理的有关方案，并在此基础上与北部湾各市研究探讨开展旅游规划的合作。支持北部湾区域内重点旅游项目建设，支持北部湾区域内特色旅游资源开发和产品建设，支持北部湾旅游基础设施建设和重点旅游线路建设。推动泛北部湾旅游部门或行业组织，加快旅游城市和旅游企业之间快速务实合作，推动建立区域旅游战略联盟和联合营销机制，推动区域旅游市场相互开放，进一步推动旅游便利化，构建具有特色和重点的旅游资源网络体系。通过北部湾交通网络的建设，推出特色鲜明、市场吸引力强的跨区域线路和旅游热线。

——加快实现旅游资源整合的途径

首先，应该选取一些旅游资源品位高、旅游产品适应市场、旅游发展条件优越的地区，通过一定的资金和项目支持，启动和加快当地的旅游业发展并形成当地的旅游增长极。其次，利用北部湾区域开发的资金和项目，特别是交通基础设施项目以及旅游增长极自身的力量，尽快打通通往各个增长极的通道。并且将增长极附近的地区或以互补资源的形式或以其他辅助要素的形式整合到通道。一方面提高增长极的整合层次形成部分区域整合；另一方面带动其他旅游地的发展，形成旅游发展轴线，可以考虑形成南宁—钦州—北海—防城港旅游发展轴，在挖掘旅游发展轴潜力的基础上，进行旅游大整合，培育旅游精品，形成整体竞争力，带动区域旅游全面发展和提升，为区域经济发展作出大贡献。

大力拓展开发东兴跨国旅游及京族风情旅游资源，要积极开发京族三岛的旅游资源，积极包装京族民俗旅游项目，大力开发拓展金滩旅游度假区，培育好东兴—下龙湾跨国旅游线。

第三节　北部湾旅游合作的战略

一　资源共享战略

北部湾经济区的旅游资源独特性与多样性兼备，自然旅游资源类型

多样，人文旅游资源组合性强，生态旅游资源丰富，自然风光与人文古迹融为一体，特色生态与壮家文化交相辉映，具有地域组合上的结构优势。北海银滩、德天跨国瀑布、大石围天坑群等众多独特的旅游景观，对游客具有强烈的吸引力。这些丰富的旅游资源有利于多目标、多层次综合开发泛北部湾的优势资源，具备发展以边境跨国旅游、滨海休闲旅游、森林疗养度假旅游、会展商贸旅游、民族风情旅游等特色旅游为主的良好基础。

广西北部湾旅游圈内旅游资源类型多样，分布均匀，而且各类资源典型集中，地域组合性较好，资源分布状况有利于区域旅游业的合作和整体旅游线路的打造。北部湾旅游线路对接有：北部湾中越边关探秘游、北部湾滨海度假游、北部湾沿海沿边自驾游、北部湾休闲养生游、北部湾民俗文化游、北部湾商务会展游等。

二　客源共享战略

广西自然风光美丽，与东南亚人文关系密切，从 20 世纪 80 年代初以来，东南亚游客来桂旅游逐渐增多，根据《广西通志旅游志》记载，从 1982 年到 1985 年，新加坡是广西国际旅游中的第三大客源国，其游客数量占外国游客总数比例为 4% 左右，1990 年到 1995 年在客源国中排在第七位至第十位。20 世纪 90 年代中期，随着中越政治、经济友好关系的全面发展，越南游客经凭祥、东兴口岸入境来华的人数迅速增加。2000 年到广西的越南游客为 68124 人次，2002 年上升到 106600 人次，比上年增长 20.59%。从 1998 年到 2002 年，越南已连续 5 年成为来桂旅游第三大客源国。据 2006 年统计，桂林市接待新加坡、泰国、印度尼西亚、马来西亚、菲律宾游客总量均居全区各市之首，分别占东南亚各国旅桂总人数的 54.09%、70.77%、91.5%、54.33%、50.46%；崇左市（原南宁地区）接待越南游客占全区各市接待越南游客的首位，占39.5%，防城港市第二占 24.58%，北海市第三占 17.43%。

20 世纪 90 年代初期，广西开始出现了有组织的出境旅游。最初，出境旅游者主要是公费公派，在进行商务考察、贸易洽谈、开展交流活动的同时进行旅游，而真正自费出境旅游的国内游客比较少。随着中国经济发展和社会进步，人民生活水平不断提高，消费观念也在逐步地改变。特别是1997年，经国务院批准，《中国公民自费出国旅游管理暂行办法》发布实施以后，自费出境旅游人数呈上升趋势，在出境旅游的总人数中，自费出境旅游的人数约占90％以上。经济较为发达、居民收入水平较高、人口较密集的城市和地区是出境旅游的主要客源地。南宁市出境旅游人数名列全自治区第一，玉林和柳州市次之。

广西出境旅游的主要线路有香港游、港澳游、泰国游、泰新港游、新马泰港游、韩国游、越南游等。一般从南宁、东兴、凭祥、北海、桂林、广州出入境。1997年，北海市与越南有关方面达成协议，开通了广西北海至越南下龙湾的海上旅游航线，主要组织中国公民赴越南旅游。自中越关系正常化以后，两国边境贸易日趋活跃，边境旅游也随之兴起。广西境内陆路口岸有凭祥市的友谊关、防城港市的东兴、龙州县的水口，海路口岸有北海市的侨港。组织国内游客进行中越边境旅游乃至跨中越边境旅游，已成为广西旅游的重要组成部分。

根据广西北部湾旅游客源市场状况，为实现广西北部湾旅游市场共享，实施区域旅游联合营销有利于实现客源共享。北部湾区域旅游联合营销，是指北部湾区域旅游相关利益群体之间通过建立城市旅游营销联盟合作机制，共同分担城市旅游营销费用，协同进行旅游营销传播、旅游产品品牌建设、旅游产品促销等方面的营销活动，以达到增强旅游市场开拓能力、共享旅游营销资源、巩固旅游营销网络的一种旅游营销理念和营销实践。第一，要树立泛北部湾区域旅游联合营销的"共赢"思想。"联合促销，宣传大旅游，制造规模效应，共浇大树，大家乘凉"，这就是北部湾联合营销的"共赢"思想。第二，建立健全北部湾区域旅游联合营销的机制。北部湾区域旅游联合营销可以通过组建一定的组织机构来实现，如北部湾区域旅游各利益相关群体在协商基础上共同出资设立专门的北部湾区域旅游联合营销公司，实现统一的、专业化的联合营销。第三，共同打造北部湾区域旅游品牌为契机，促进相关利益群体共同发展。联合推销，总体宣传，营造区域的鲜明的旅游形象，可以形成北部湾区域旅游的优质品牌。第四，建立区域旅游相关利益群体的相互信任机制，促进北部湾区域旅游联合营销。区域旅游各利益相关群体的相互信任是北部湾区域旅游联合营销的重要基础。第五，以政府为主导推动北部湾区域旅游的联合营销。政府间的主导是北部湾区域旅游联合关键因素之一。相关区域旅游联合营销政策的制定、联合营销策略的组织与协调等方面都离不开北部湾各旅游区相关政府行政管理机关，尤其是旅游行政管理机构的领导、参与和推动。

三 旅游开发项目合作战略

广西北部湾旅游圈内的旅游项目合作有：第一，旅游资源的开发合作，旅游服务设施的建设合作。着力打造北海银滩——"中国第一滩"、德天瀑布——"亚洲第一大跨国瀑布、中国最美的瀑布"、中国—东盟博览会——"中国与东盟国家合作的第一平台"、涠洲岛——"中国最美丽的海岛"等旅游品牌，突出特色，突出主题，突出重点，大力开发特色旅游商品。在服务设施建设合作上，提高完善在改革开放以来北部湾的旅游服务设施（饭店、景区、旅游商品生产等方面）的投资项目，改善和营造良好的投资环境。根据北部湾旅游圈发展的布局，加强重点核心区和重要旅游城镇的服务设施投资与建设，特别要加大具有推动性的重点旅游项目的投资建设，鼓励北部湾旅游圈和世界各国的投资集团加快加大对这些项目的建设投资，以适应北部湾旅游圈旅游业发展的需要。第二，设置北部湾旅游发展基金。要进行北部湾旅游合作，设立专门的旅游发展基金必不可少，也是区域旅游合作的重要组成部分。要确定北旅游基金规模、北旅游基金出资份额、北旅游基金的管理。第三，建立有效的投融资担保机制。要进行旅游合作开发，需要大量资金投入，作为投融资的前提——担保，尤显重要。担保行业针对北部湾旅游合作，成立旅游项目担保公司，为工程项目提供担保，主要针对基础设施，旅游产业项目。成立北部湾旅游建设项目担保行业协会，使其完善融资担保体系，对大型旅游项目提供信贷支持，对旅游企业实施优惠收费政策。建立防范指标体系，加强对担保行业的管理，还可借鉴国外的一些经验，如一些西方国家则将其纳入保险体系的一部分，在保险法中作相应的规范，日本等国家有专门的机构法进行调整和规范等。同时，还可实现旅游业担保的其他形式，如门票质押担保方式、出境游个人信用担保等方式。第四，拓宽融资渠道。直接融资，加大旅游项目招商引资力度，吸引保险公司的投资。信托融资，成立北部湾旅游发展专项资金，建立北部湾旅游开发投融资公司，与交通捆绑融资，还可以发行旅游彩票。

四　旅游人才合作开发战略

北部湾旅游业的合作与发展离不开各方面的人才，我们要加强人才合作，培养高素质的旅游人才队伍，增强泛北部湾旅游业的竞争力，实现北部湾旅游业的跨越式发展。第一，建立北部湾区域旅游高校联合办学机制。北部湾区域旅游高校可以通过合作办学、联合培养、教师互访、学术交流等方式，积极开展和加强国际、国内横向合作，尽快实现教育理念和人才培养质量与国际接轨。第二，注重北部湾现有旅游人才的再教育。建立北部湾旅游专业技术人员继续教育培训基地，北部湾旅游高级人才培训基地，建立北部湾高、中、初级旅游技师、技工人才培训基地，建立北部湾旅游业发展所需要的不同层次的旅游人才队伍。第三，建设北部湾旅游人才"三支队伍"。一是旅游公务员队伍，二是旅游企业管理者队伍，三是导游员队伍。第四，促进北部湾区域旅游人才的自由流动。建立北部湾旅游人才库、北部湾区域旅游人才交流平台，逐步形成北部湾旅游人才资源互通，大容量、高效率的旅游人才市场体系，为到广西乃至中国来创业的北部湾的旅游人才和我国到北部湾创业的旅游人才，实现人才区内区外、国内国际的双向流动。

五　旅游信息共享及技术合作战略

旅游信息化建设是旅游业与国际接轨，参与国际竞争的需要。建立北部湾旅游协作信息化框架，应该从以下几方面着手：第一，加强信息共享机制建设，通过建立信息共享体之间的磋商机制、建立信息共享体之间联席会议制度、搭建信息交流平台，促进整个区域旅游企业及时发送和获取旅游相关信息从而具有快速反应能力；同时，使旅游管理部门掌握全面的旅游信息，增强基础调研工作，完善开发资料存储和智能分析，使旅游合作更具科学性。第二，完善旅游电子信息系统，发挥政府的宏观管理作用，大力发展旅游电子商务。旅游业的发展离不开电子信息技术的支持，计算机技术和信息技术的应用为旅游业的快速发展提供了可靠的技术保障。第三，建立北部湾旅游地理信息系统，通过网络与介质来实现。

第四节　广西北部湾旅游合作延伸研究

一　泛北与泛珠的旅游客源市场对接

泛珠地区（"9＋2"）有着丰富的旅游资源，并各具特色，这些旅游资源可以大致分类为：红色历史文化带（如江西、湖南等）、现代城市风光带（广东、香港等）、少数民族风情带（广西、云南、贵州等）、热带风情观光带（海南等）、锦绣河山风景带（广西、湖南、福建等）、世界遗产集群带（四川、湖南等）。每年这些地区都会吸引国内国外不少的游客来此游览观光。因此，如若通过泛北与泛珠旅游市场的合理对接，依靠地缘上的优势，共享客源市场，可以使广西的南宁和桂林成为泛北与泛珠，甚至是我国北方地区和欧洲北美游客出境游和入境游的中转站，这样可以有力地推动泛北的旅游合作。

（一）泛北与泛珠客源市场分析

根据表9—10，虽只有广西客源市场的游客结构，但也可窥其一斑，得出下述结论。

第一，泛北部湾成员国游客是广西的主要入境旅游客源市场，近年来有惊人增长

相比于日本和欧美等国广西的入境游客而言，泛北部湾成员国，特别是东盟国家成员，在2003年中国—东盟博览会永久落户南宁以及泛北部湾合作协议签订后，这些泛北部湾成员国到广西入境游游客数量呈翻倍增长。增长比较大的是马来西亚和泰国，马来西亚由1995年的15546人到2007年的118722人次，具有近8倍的增长速度。而泰国由1995年的5166人次到2007年的50371人次，也有约10倍的增长。越南游客的增长是最为显著的，可以看到，越南到广西的入境游客由1995年的1110人次到2007年的234023人次。

从表 9—10 可以看到，2004 年的统计是个具有突破的点，实现了历史性的增长速度，2004 年前后的增长速度来看，2004 年后广西入境游客，特别是泛北部湾成员国的入境游客增长实现了跨越式的发展。这与当年的政策有极大的关系。我们同样可以预计，在将来泛北部湾的旅游实现"无障碍旅游区"之后，数据也将出现新的纪录。

表 9—10　　　　广西入境游客、入境游旅游收入情况表

项目	1995 年	2000 年	2004 年	2005 年	2006 年	2007 年
外国人（人次）	307428	506288	667663	873103	1025725	1230832
港澳台	107672	730706	455916	585557	646210	804593
华侨	3399	3271	1741	2945	4468	16354
日本	72706	86469	103569	9117	115731	119857
新加坡	7164	6174	9861	15545	21947	23331
泰国	5166	8256	36678	48322	52272	50371
越南	1110	66327	105474	140396	187524	234023
印度尼西亚	15057	14351	18614	10965	16221	20400
马来西亚	15546	11672	118469	145537	138122	118722
美国	34878	58517	55586	78709	86479	108058
加拿大	4597	6376	12503	15969	21803	33546
英国	12374	15795	16015	24757	36635	49224
法国	23241	405119	25912	43425	64122	75708
旅游总收入（万元）	109243	217841	197082	259346	313813	418450
商品性收入	24331	71399	69833	72719	89828	121708
交通收入	36502	74300	61685	84147	87412	127980
旅行社收入	16543	12071	7861	11443	13664	17877
住宿收入	23254	32655	24326	39547	55633	74192
其他收入	8613	27416	33376	51490	67276	76693

资料来源：广西统计年数据鉴整理

第二，香港游客是广西的主要客源市场之一，而且有增长

从表 9—10 看出，港澳台同胞占了广西入境旅游市场的半壁江山，

根据有关资料显示，在这半壁江山中，香港又是广西所不能或缺的旅游客源地，而且香港也位列于泛珠三角合作圈内。自 1997 年回归祖国以来，香港与广西在旅游业方面的合作取得了显著的成效，实现了双方的合作共赢，共同发展，为推动桂港两地社会经济发展作出了应有的贡献。据悉，2006 年广西接待香港旅游者 22.5 万人次，占广西接待入境旅游者总人数的 13.2%。2007 年，广西接待香港旅游者达 32 万人次，增长 42%，占 2007 年广西接待入境旅游者的 17%，香港已成为广西旅游一个主要客源地。

第三，广东游客是广西国内游的主要客源市场

据广东省旅游局 2007 年进行的统计，2006 年广东游客进入广西旅游人数达到 500 万人次，占广西接待的区外国内游客总数的 23%。2007 年的数据暂缺，但由于两广地缘上的接近性和文化上的相似性，广东游客仍旧是广西接待区外国内游客的主要部分。而且广东省经济发展水平相对内陆其他省份较为先进，其游客外出旅游消费水平也在全国各省旅游消费中名列前茅。

（二）泛北与泛珠旅游市场对接的总体方向

根据上述旅游市场现状，主要从三个方面开展泛北与泛珠旅游市场的对接。

第一，重点加强与粤港澳以及"珠三角"的对接

一方面加强泛珠旅游信息平台的建设，随后加强广州、佛山、肇庆与桂林、梧州、贺州等 6 市共同建设"无障碍旅游区"，在联合开发跨省旅游线路、联手在国内外组织大型促销活动等方面进行具体合作，如区域内百家旅游企业推出百条透明旅游线路。广东每年进入广西的游客量达 800 万人次，同时，广东还是广西旅游资源开发的重要资金来源地，广东也是连接粤港澳的重要交通要道。据资料统计，2006 年广西接待香港旅游者 22.5 万人次，占广西接待入境旅游者总人数的 13.2%。广西旅行社组织赴港旅游者约 6.5 万人次，同比增长 40%。2007 年，广西接待香港旅游者达 32 万人次，增长 42%，香港已成为广西旅游一个主要客源地。除了通过广东进行与香港和澳门的对接外，广西还可以进一步加强与港澳的合作，如进一步实现游客互换和在两地进行旅游形象

的宣传，向外输送广西游客的同时，与当地有实力的地接旅行社保持良好合作关系，进行良好的互动。

第二，进一步加强与周边邻近"泛珠三角"兄弟省份的对接

广西周边的江西、湖南、海南、贵州、云南等兄弟省份，同处于祖国的西南部，在地缘和人文民俗上有一定的相似性，许多文化是共通的，许多旅游资源也具有相似性和互补性。在很多主题旅游线路上可以进行对接，实现共赢。如生态旅游、红色旅游、民俗旅游、海滨旅游等等，这些都可以在中国的西南板块形成一个旅游环状链。除此之外，不同要素的组合也将会是一个具有极强吸引力的旅游线路，带动这个旅游环状链上各省市的旅游经济的进一步发展，实现游客共享。

第三，更深地挖掘辐射圈内"泛珠三角"省份的对接合作

四川和福建处于广西客源的辐射圈内，且四川和福建省都有比较高品位的旅游资源，在泛珠三角中其作用也不可小觑，且其经济发展速度和水平相对较高，具有很强的旅游购买力。广西可以利用自身已经建立起来的山水旅游品牌与四川的九寨沟和黄龙以及福建的闽南风情建立连接，在泛珠三角合作框架下，以政府的推动来调动旅游市场的各个因素，促使各方在游客共享和互送游客等方面进行进一步的合作，加强更多的"无障碍旅游区"建设，并真正落实到位。

（三）泛北与泛珠旅游市场对接的具体措施

第一，进行合理的市场定位

1. 紧抓粤港澳等核心客源市场。前面统计数据表明，粤港澳三地的经济发展水平和旅游发展速度在全国范围内名列前茅，在高度的经济发展速度下，该区域的人希望得到放松的机会，而广西作为山水风光、民俗风情、中国大西南的入海通道和边关风情等的有机集合体，无论作为观光、休闲、度假旅游都具有很强的吸引力。广东是全国最大的国内旅游输出地，而且每年具有持续的旅游客流流出，香港和澳门在回归之后对内地十分向往，对与所处环境相异的旅游吸引物仍具有持续的需求。借助于泛珠三角区域经济合作的这个平台，广西有更大的机会去拓展这一部分市场。

2. 注重广西地缘周边客源市场。广西周边有许多省份已经列于泛珠

三角经济合作圈范围内，对客源市场的定位仍旧按照由点及面的辐射状态，周边省份仍然是广西国内客源市场的一个主力军。特别是 2008 年"五一"旅游黄金周的取消和以传统节日为主的"小黄金周"的到来，各个旅游行业专家预估，在旅游交通暂时没有办法立即跟上的前提和条件下，短距离旅游将出现火暴场面。而泛珠三角区域内各成员由于地缘相近，也将会有互为旅游目的地和旅游客源市场的局面。在现有广西旅游企业与各临近省份的交往合作下，借助旅游论坛和推荐这个平台，更好地拓宽旅游市场圈。

3. 加强对远距离游客的辐射。广西客源市场的定位将是几个不等距的同心圆，在加入泛珠三角和泛北部湾合作圈以及"湄公河合作区域"等不同的合作圈之后，广西有比以前更为优厚的宣传和对外交流的平台，广西所处的优越的地理位置，进入东南亚以及和东盟各国的旅游交流和联系，加上广西特有的自然、人文旅游资源特色，作为中国广大内陆地区进入东盟各国的必经渠道和打通东盟与中国内陆的合作桥梁，不管作为直接的旅游目的地或是一个旅游中转地，这对广西今后旅游经济发展都有极大的促进作用。另外，珠三角是中国对外的一个桥头堡，是最先对外开放，开放时间最长的区域，借助于泛珠三角合作的契机，广西可以拥有更大的世界范围内的客源市场，辐射面除了东南亚各国，也可以到达更远的地域。

第二，采用多赢的旅游市场共享策略

1. 与其他各成员省份一起形成一个旅游整体。区域合作的思想是通过资源的整合，形成一个整体，向外扩展，促成多方面共赢的体系。既然成为一个联盟体，在考虑整体战略的时候不能只考虑自身的发展，而要以整体利益为切入点，实现多方共赢、共发展。而多方协作和共谋发展与自身发展有相对的利益均衡点，同时也要处理好这个利益均衡关系。

2. 打造强势旅游品牌。无论是在泛珠三角和泛北部湾合作还是在其他合作框架下，广西面临的都是一个旅游品牌战略问题，桂林山水的美誉 20 世纪就已经打响了，广西旅游局副局长余小军向外界推介广西旅游的时候也提到"未来广西旅游产业发展将紧紧抓住泛珠三角区域合作和西部大开发及中国—东盟自由贸易区建立带来的机遇，进一步突出重点，整合提升广西旅游资源和产品，集中力量建设国家级、世界级的精品旅游区。打造一个旅游龙头、一条黄金旅游带、两大旅游集散中心、四大旅游特色、五大旅游品牌、六大特色旅游线路、七大旅游区"。品牌效应带来的经济效益已经不胜枚举，旅游品牌营销将是下一步进行的重点。

3. 加强与区域内部各成员间的互动。无论在泛珠三角合作区域还是泛北部湾合作区域，除了获得统一整合资源一致向外发展上取得的共赢态势之外，还有区域内成员的互动合作。区域内成员间的对接和合作在同样的舞台上更能实现多方共赢。在提出的"无障碍旅游区"、游客共享、互为旅游目的地和互为旅游客源地等先进的指导思想下，如何落实和实施，进行企业间的互动合作及消除不同省区市的旅游限制，使得区域内的旅游流动更加畅通，就成为一个重要的课题。

二 泛北与泛珠的旅游信息对接

由于国际国内市场趋于统一，无国界经济的发展带来了旅游活动的国际化和资本流向的国际化，使得世界各国的旅游业越来越相互依赖，紧密联系，旅游产品和旅游服务业越来越趋于标准化，呈现一体化的无国界旅游状态。信息技术作为生产力中最活跃的因素日益渗透和改变着现代旅游业，并从社会文化、技术力量、旅游市场结构等诸方面加速了旅游业的国际化发展趋势，任何游离于旅游业信息化发展道路的国家，都将陷于"信息孤岛"的状态。因此，泛珠与泛北旅游合作中，实现信息对接是其必要条件之一。

（一）泛珠三角洲信息化建设的现状

目前，在泛珠区域的经济合作中，已经出台了一些信息合作的协议书，如：在《泛珠三角区域合作框架协议》确定的合作框架下，按照"自愿参与、平等互利，市场主导、开放公平，统筹规划、资源共享，优势互补、互利共赢"的原则，建立泛珠三角区域信息化合作的长效机制。2004年12月在海南召开的第三次泛珠三角区域合作信息产业厅（局）长联席会议上，各方一致同意，由九省区信息化主管部门共同承担，香港和澳门特区政府有关部门参与，编制《泛珠三角区域信息化合作专项规划（2006—2010年）》。2005年1月，经泛珠三角区域政府秘书长暨发改委主任会议审议，同意本专项规划列入2006—2010年泛珠三角区域合作专项规划。其中，旅游信息合作的规划部分，要求整合各省区和港澳旅游信息资源，建设区域旅游信息服务平台和旅游信息库。构建区域旅游网络营销系统，创建旅游电子商务服务平台，为建立泛珠三角区域统一的旅游大市场提供信息化支持。

同时，2005年6月15日，泛珠三角区域"9+2"的代表共同按下了开通按钮，以"区域合作的权威官方门户网站"为定位的泛珠三角合作信息网（http：//www.pprd.org.cn）实现了试开通，网站具有权威信息发布、数据查询、网上办事、合作互动等强大的功能，将有效整合区域内的各种信息，提供良好的信息咨询服务，为泛珠三角区域合作再添一项实实在在的成果，同样为泛珠与泛北的旅游合作奠定了良好的基础。

（二）泛北与泛珠旅游合作的信息对接的方式

利用泛珠现有信息网络，构建泛北与泛珠旅游合作的信息对接，其对接的主要方式如下。

第一，充分发挥旅游管理部门在信息化中的主导地位、统筹规划

在国家推出的金旅工程统筹框架下，泛北部湾旅游圈和泛珠三角洲旅游区域要建立政府主导型旅游信息化架构。在这一工作中，应遵循统一标准、区域合作、互通互连、资源共享原则。同时，国家旅游局应做好标准和规范的制定，并推动现代信息技术的吸纳、推广和大网络的不断完善以及动态数据库的搭建，协调好全国各地区信息化发展的均衡性。

第二，加快和完善旅游企业的信息化基础建设

1. 旅游信息系统建设。旅游信息系统是在计算机技术支持下，以旅游地理信息数据库为基础，对旅游地理信息进行采集、管理、分析、应用的信息系统。旅游信息系统所研究的对象就是与旅游地理信息和数据关联的信息和数据，如旅游景观、交通线路、食宿地点、娱乐场所、购物地点、历史文化特色等。

旅游信息系统可以提供大容量、形式多样化的信息。普通旅游地图只能以文字和标志的形式显示信息，且信息量有限。而旅游信息系统能够以图形、图片、文字、音频、视频等各种表现形式于一体，让用户全方位、多方面地获取信息，增加旅游信息的获取量。旅游信息系统具有强大的数据处理和查询、分析功能，而且可以采用野外数字测图、手工和扫描数字化、遥感与摄影测量等方式采集空间数据。它还能有效地对这些数据进行数据库管理、更新、维护、快速查询检索，并且提供空间信息查询和属性信息查询功能，以便用户查询各类信息，如住宿信息、娱乐场所、购物地点、交通线路信息、各种特色景观景点信息等，同时也可以进行最佳路径分析等复杂信息查询。另外旅游信息系统还可以应用于旅游评价、预测、决策支持等方面，为旅游管理部门提供了高效的管理工具。

2. 多媒体电子地图。随着计算机多媒体技术和地图制图学的发展，利用多媒体技术制作旅游多媒体电子地图将是旅游地图发展的必然趋势。旅游多媒体电子地图将旅游单位、景点分布、旅游线路、旅馆、交通、购物、风土人情等有关方面的情况，借助于多媒体技术，通过数字化、扫描、录音、录像等技术手段录入计算机，并以图形、图像、文字、声音、视频、动画和虚拟现实等形式进行系统管理。其可以借助相关软件作为基本平台，设计和实现旅游多媒体电子地图，直观、多视角、多层次地反映旅游区域的自然与人文景观，为旅游者和旅游管理部门提供生动直观、高质高效的信息服务。

3. GIS（Geographic Information System）技术在旅游信息化中的应用。

GIS 技术可以将旅游及其相关的大量信息，运用计算机技术通过对空间数据的分析，给人们提供有用的信息，比如旅游最佳线路、景点信息、购物、住宿等。在旅游领域采用 GIS 技术是旅游业发展的需要随着旅游信息系统的不断完善和发展，将会被更多的人们所接受，同时旅游信息系统也将进一步走入我们的生活。例如，如何将以上各种技术有机地结合到旅游信息系统中，开发出适合于手机、掌上电脑、车载系统等领域的旅游信息系统。相信在不久的将来 TGIS（Tourism Geographic Information System）

将成为一种主要的旅游媒介形式，对旅游业的发展会起到巨大的促进作用，同时也会带来更大的经济效益和社会效益。

第三，构筑有助于旅游业信息化发展的软环境

技术的应用是通过人来实现的，因此必须培养大批既懂旅游知识，又懂信息技术，还懂管理的复合型人才。目前我国缺乏大量的这种人才，为此建议通过高等院校、研究机构等来实施人才培养计划。在旅游软件开发方面，软件开发商因其所占市场份额小而重视程度不够，应用软件开发少且深度和广度都未达到理想水平。因此，政府应给予相关政策扶持来鼓励这类软件的开发和应用。

第四，加强区域信息安全保障体系建设，提高旅游信息网络的安全性

开展网络与信息安全工作深层次的合作，在风险评估、等级保护、事前预警、应急处置等方面建立联合防护、协同处置区域性合作体系，推进信息安全服务的发展，突出抓好网络信任体系建设，共同建设区域性的信息安全保障体系。以 CA 互连互通为切入点，共同建设区域性的信息安全保障体系。拟定规则和标准，推行电子认证和数字签名，加强信息安全和个人数据保护，进一步完善信息安全的法律法规，营造可信、安全的信息化应用环境。

提高旅游信息网络的安全性是旅游信息化建设的可靠保证。网络安全是目前互联网所面临的共同问题，并在很大程度上制约了旅游信息化的建设。目前信息网络存在的安全问题主要包括两方面：一是信息安全的问题。由于信息网络建设的目的就是实现资源共享，但也给一些不法分子以可乘之机，使得各部门内部数据面临着篡改、泄密等威胁，降低了各级主管部门和旅游企业内部信息的安全性。二是个人隐私问题，这主要是对于旅游企业的网上营销而言。目前很多旅游企业的网络营销都要求消费者提供个人信息，而消费者却无法控制个人信息将如何被利用和传播，无法限制企业公开该信息的程度，因而削弱了旅游者网上交易的积极性。针对这两个问题，解决措施有二。一是技术措施，即要采用防火墙、数字签名、密码、身份认证等技术。二是法律措施，即要制定全面的法律法规，使得旅游信息所涉及的各个环节都有法可依。要在旅

游信息网络建设、旅游信息开发、旅游电子商务等各方面提供法律和政策保护，加大对网上黑客的打击力度，制订旅游信息化发展的全局性和长远性的总体规划等。

三 共筑泛北与泛珠旅游交通网络

（一）泛珠三角区域交通网络建设现状

近年来泛珠三角区域交通基础设施的建设取得了辉煌的成就，连接区域内主要城市间及区域对外联系的交通骨干网络初步形成。截至 2004 年底，公路通车总里程为 72.4 万公里，其中等级公路 51.2 万公里，高速公路 1.14 万公里，区域内路网密度为 36.1 公里/百平方公里，高速公路网密度为 0.57 公里/百平方公里，分别是全国平均水平的 1.85 倍和 1.6 倍。南北向主要公路有 214 国道、108 国道、213 国道、321—325 国道（未全线通车）、212 国道、210 国道、209 国道、207 国道、107 国道、106 国道、105 国道、206 国道、京珠高速公路；东西向主要公路有：318—319 国道、326 国道、320 国道、321—322 国道、323 国道、324 国道、205 国道、325 国道等。铁路营运里程达到 1.9 万公里，其中，复线里程 4300 公里，电气化里程 7400 公里，区域内路网密度为 95 公里/万平方公里，是全国平均水平的 1.2 倍。主要南北向铁路线有成渝线、成昆线、京广线、京九线等，东西向铁路线有浙赣线、湘黔线、广梅汕线。重要的铁路枢纽包括广州、株洲、九江、常平等；内河航运码头 8555 个，其中万吨级以上码头 7 个；沿海港口码头 1787 个，其中万吨级以上码头 271 个，国家规划的枢纽港中，有 9 个分布在泛珠三角地区的沿海省区，占总数的近一半，香港港口连续 6 年保持集装箱吞吐量世界第一；通航里程达 5.5 万公里，其中珠江水系涵盖最多，其流域横跨滇、黔、桂、粤、湘、赣六省总面积 45.36 万平方公里，通航里程 12650 公里；拥有港、穗、深、澳、珠等 20 多个机场，其中广州白云国际机场和香港国际机场为亚洲最大机场之一，香港国际机场是全球最繁忙的国际航空货运中心。

（二）泛北与泛珠交通网络对接的具体内容

近年来泛北与泛珠地区交通发展较快，各自区域内不断完善自身的公路、铁路、航运等交通网络建设，形成了海、路、空一体的交通网络。尽管如此，但目前还有许多不尽如人意的地方，如广西境内的铁路提速不如国内其他地方快，航班不如其他省份航空机场多，广西与广东高速公路的连接不够通畅，这些问题给南来北往、东去西来的游客带来了不方便，势必影响了泛珠与泛北旅游业的可持续发展。

因此，在现有交通网络的基础上，主要进行两大块的对接，一是广西与广东、海南的交通对接。广东作为经济大省具有很大的旅游消费潜力，并且广东与国内其他旅游消费城市以及欧美国家的交通连接建设得比较完善，能更好地引导广西开拓国内及国际市场。广西与海南的连接，能更好地吸引到海南的旅游者到广西来旅游，或者经过广西到东盟各国。二是广西与相邻的湖南、贵州、云南三省的交通连接，形成大西南旅游区。具体对接的线路如下：

第一，公路建设

通往广东、海南方向：

目前海南省的环岛东线、南宁至北海、高州至水东、钦州至灵山和钦州至防城港、北海等高速公路或一、二级公路均已建成，基本形成了广西沿海三个市公路线、海南省的环岛东线、越南两市公路线等区域内部公路对接，以及区域间广西沿海三市与广东湛江、越南谅山市的公路对接布局。

当前应加强渝湛国道主干线湛江到粤桂交界段，广州至梧州高速公路的建设；重点建设兴业—岑溪、贺州—怀集、岑溪—水汶、岑溪—筋竹等高速公路。可以按照广东与广西的地域连接，从北至南贯通公路旅游通道，如下：

贺州—广东连山壮族瑶族自治县

贺州—广东怀集

梧州—广东封开

梧州—广东郁南—肇庆

岑溪—广东郁南—肇庆

岑溪—广东罗定—云浮

北流—茂名

玉林—陆川—湛江

东兴—防城港—钦州—北海—湛江

通往湖南、贵州、云南方向：

通往湖南方向，公路通道重点是建设桂林—永州、桂林—怀化、梧州—永州高速公路。通往贵州、云南方向，公路通道重点建设是新建和贯通百色—隆林、河池—六寨、钦州—那坡等高速公路。

第二，铁路建设

完善南宁—百色—昆明的旅游专列；增设桂林、南宁至广州、昆明、贵阳、长沙、深圳、香港等主要客源地的旅游列车或车次；有计划地改扩建主要旅游城市火车站。打通华南—西南通道，即修建华南—西南铁路干线，包括河唇—广西北海铁路，昆明—南宁—湛江铁路和昆明—南宁—广州铁路。北上可达俄罗斯东、北欧，西下直到南亚边贸地带，东去直往广州、深圳、香港，南入湛江大港口直通东南亚。

通往广东方向主要规划的铁路是黎湛铁路、洛湛铁路、罗定至岑溪地方铁路的建设，扩建改造黎湛等既有线，新建贵阳—广州铁路广西段、贵阳—珠海铁路广西段。

通往湖南方向，重点扩建改造湘桂线柳州至衡阳及焦柳等既有线，新建南宁—柳州城际铁路、洛湛铁路广西段。

通往贵州、云南方向，重点扩建改造南昆、黔桂等既有线，新建百色—黄桶、南宁—金城江铁路。

另外，要加强主要客源地与目的地之间的铁路联系，必须适时进行列车提速，这样才能有效地缩短两地之间的空间距离，也就缩短了其时间距离，更有利于扩大长途旅游的市场。

第三，海运港口建设

重点是发展组合港，形成以福州港、厦门港、汕头港、深圳港、香港港、广州港、珠海港、湛江港、防城港、海口、涠洲湾港为主要港口，宁德港、漳州港、汕尾港惠州港、虎门港、阳江港、茂名港、中山港、江门港、北海港、钦州港、八所港、洋浦港、三亚港为地区性重要港口，新会港、潮州港、揭阳港、海安港、涠洲港、清澜港、乌场港等一般港口为补充的沿海港口分层次布局。在区域交通合作的大背景下建立港口发展的协调机制，特别是珠江三角洲港口与香港、广西、福建等地区重要港口的协调发展机制，充分发挥相关港口的功能与作用。积极开辟泛北与泛珠两大区域的海港城市之间的海上旅游线路，尤其是豪华游轮线路的开辟，加强既是主要旅游城市或旅游市场又是港口城市的客运港口码头的建设。

第四，内河道港口建设

这一部分主要是广西区内的内河航运建设。通过加快建设和改造内河航运，从水路运送游客，发展游船，其中最主要的还是发展不同层次的游船，满足休闲客人需要。从而使内河航运业能够尽快地服务于旅游业，加快建设与开通广西与广东主要内河道西江干流、郁江—右江、柳江、闽江干流等航道的内河旅游航运。

治理整顿规范化漓江航运经营；开辟（通）南宁、柳州—贵港—桂平—梧州—广州（香港）豪华旅游客轮；新建梧州铁路、公路、水运的联运码头；加快调整和修建红水河流域旅游码头；建设完善左江流域宁明—龙州—崇左段旅游航运。

将泛北与泛珠区域内河港口划分为主要港口、区域性重要港口、其他港口三个层次。主要港口包括南宁、贵港、梧州、肇庆、佛山 5 个港口；区域性重要港口包括百层、柳州、百色、来宾、清远、云浮、惠州、富宁、景洪、南平等 10 个港口。其他港口是依托县城和重要乡镇，满足中心乡镇的城市建设和人民物质、文化生活需要的港口。建立区域内各相关地区在内河港口开发建设上的合作机制。

具体的内河航道及港口建设计划如下：

1. 南宁至梧州航道、贵港至梧州航道建设。

2. 西江航运干线扩能工程。主要由三个子项目，包括桂平二线船闸、贵港至梧州界首航道，长洲水利枢纽 1 号船闸的建设。

3. 右江梯级开发，主要包括建设都柳江、红水河航道和整治右江航道。

4. 内河港口：百色港大旺区工程、贵港罗泊湾、猫儿山工程、梧州港赤水圩作业区工程等，目前这些项目已根据计划进行。

5. 扩大泛北与泛珠交通对接城市的机场等级与航线规模。

随着经济的发展，旅游航空的需求也必然上升，因此必须不断地提升两大区域主要城市的机场规模与增加建设部分城市的支线机场。对广西境内的南宁、桂林、北海机场进行改造，扩大其接待规模；积极扩展与大型枢纽机场广州的航线；增加与昆明、海口、深圳、珠海、贵阳、三亚、长沙的往来航班；开通一些到汕头、湛江、张家界、常德、怀化、岳阳、大理、保山、丽江、西双版纳、红河、怒江等贵州、云南、湖南、广州、海南五省旅游目的地的旅游航线。

（三）在泛北与泛珠交通网络对接过程中的政府措施

1. 加强各政府在区域交通合作项目上的政策协调。在泛北与泛珠交通网络对接过程中，要加强广西、广东、海南、湖南、贵州、云南六省区的各级政府在政策上的协调，各省区政府要按照既重视省区项目，又要重视跨省区项目的基本原则，建立交通合作项目建设和运营所需要的政策环境，为顺利落实合作项目创造实施条件，以便建立区域范围内各个省区在推进合作项目发展上的良好信誉，维护合作发展的局面。

2. 重视交通网络建设的信息化等方面发展和合作。按照建设区域统一运输服务市场和交通基础设施系统的要求，加快推进区域交通运输的信息化步伐，积极建设具有统一标准的交通运输信息平台，为跨地区的交通运输组织和高速公路联网收费提供信息环境支持，并通过信息资源共享、信息互连互通，提高交通运输管理与运行的效率，以信息化推动区域运输发展的一体化，不断降低区域综合交通运输交易与服务成本。泛北与泛珠两大交通网络对接后应建立统一的交通信息平台，实现信息共享。同时加快各省之间的报关措施、口岸管理、交通管理措施、服务水准提升等方面的合作和规划，从而实现旅游客流在六省区之间更有效率地配置与流动。

四　泛北与泛珠旅游人力资源的对接

旅游业要发展，人才是关键，因而必须重视旅游人才的培养，发展旅游专业教育，实现泛北与泛珠旅游人才的对接。主要从以下几方面着手，实现对接：

（一）成立旅游人才培养专家指导委员会

建议成立"泛北"与"泛珠"旅游人才培养专家指导委员会。委员会要发挥领导带头作用，制定泛北与泛珠旅游人才培养相关的政策和措施。

旅游人才培养专家指导委员会应由景区（点）、政府、企业界、学术界人士组成，属于半官方或官方性质。指导委员会对旅游圈的构建进行领导，实行区域联合、信息共享、产销联合、政策协调。在专家委员会的建立方面，要确定专家组成，设立主任委员，副主任委员，委员等。专家指导委员会下设：教育管理指导委员会、学科教学指导委员会、技能考核指导委员会等。

（二）建立旅游人才培养合作基金

在经济多元化、市场化时代，要实现"旅游资金—资产—资本方面的区域联合"。

旅游人才问题首先是要"留得住"，其次是要"育得出"，三是要"引得进"。而要实现留得住、育得出、引得进，可以尝试设立基金的方式留住人才。设立人才基金的种类可分为：设立"稳定泛北部湾旅游人才、引进旅游专业人才基金"；设立"留住旅游人才，引进外部人才基金"；设立"代培旅游人才基金"，由别的旅游较发达的国家和地区代培养旅游急需的各类人才。

但由于泛北部湾与泛珠江三角洲合作旅游人才基金具有外部性、非竞争性、非排他性等公益性特点，所以无法通过市场行为来实现，需要政府部门做主导来发起设立。

（三）建立人才合作培养结构

旅游业的竞争，主要是资源、管理水平和服务质量的竞争，归根结底是人才的竞争。人是旅游开发的关键，旅游开发的成败、管理和服务质量的高低、效益如何，都直接决定于人员素质的高低。提高人员素质的直接途径就是教育培训。但要自己进行培训，就必须设立专门机构，组建专职的师资队伍，投入专门的设施设备，这对于大多数风景区而言，是难以做到的。对于泛北部湾和泛珠江三角洲这两个区域来说，这一问题变得轻而易举，可在该区域旅游圈内建立一所培训学校，根据本地旅游业发展的实际需要，有目的有计划地培训各种层次的专业人才，以比较低的经济与人力成本，促进本地旅游业的发展。

在建立人才合作培养结构——"泛北"与"泛珠"区域旅游学院过程中，旅游教育体系应当重新认识旅游管理专业"来源于产业一线又直接服务于产业发展"的学科特征，进而重新审视至今仍在旅游教育界普遍存在着"第一学历定终身"观念的片面性。继续教育作为对旅游专业人才，不断进行知识技能补充、增新、拓宽和提高的一种追加教育，也是区域内人才培养的一种有效途径。在我们这个实践出真知的学科专业，应该注重整合各方面的旅游人才教育资源，尤其是鼓励低学历、多经验的从业人员积极投身于继续教育，实现理论研究能力的回炉再造。

（四）建立泛北与泛珠旅游人才培养合作论坛

人才论坛是区域人才开发与合作、人才工作交流的平台。根据旅游发展趋势，应分别在"泛北"与"泛珠"区域内定期举办旅游人才培养合作论坛，为政府决策提供理论研究支持。

建议北海市作为发起城市，联合南宁、钦州、防城港市与东盟国家主要海滨城市，共同建立以合作供应、加强交流为宗旨的泛北部湾城市旅游联盟，定期在各城市召开泛北与泛珠旅游合作论坛，广泛探讨和促进"泛北"与"泛珠"区域各项旅游合作事宜。在召开的"泛北"与"泛珠"旅游合作论坛上，要把该区域旅游人才培养作为主要的研讨重点，制定旅游人才培养的方案、措施。合作论坛采取分层次、多角度的形式，主要有：广西区内旅游合作论坛、"泛北"和"泛珠"合作论坛、旅游专家合作论坛等等。通过全方位展开交流与研讨，使"泛北"与"泛珠"区域不同地区、不同程度上有所发展。实践证明，合作论坛的确是引领"泛北"与"泛珠"旅游人才走向专业化发展的有效载体，通过合作论坛能够培养出一支研究型和实践型的旅游专家人才队伍，并积极指导"泛北"与"泛珠"旅游业的快速发展。

推进区域人才资源开发的交流与合作，力争在建立人才交流信息共享平台、加强区域人才交流合作上实现突破，为实施开发战略、构建社会主义和谐社会提供更加坚实的人才智力保障。开发人才资源，进一步加大人才资源开发力度，共建人才资源合作开发新机制，加强在人才教育培训、人才柔性交流等方面的合作，推进人才政策协调、人才资源共享、人才服务共补等进程，提升泛北与泛珠旅游人才竞争力，描绘泛北与泛珠更加美好的明天。

（五）加强高校间合作，建立旅游人才互访培训基地

加强"泛北"与"泛珠"区域内旅游高级管理人才的交流与合作，增进各层面的互动交流，实现人才第一资源的合作互动、优势互补、互利共赢目标。

"泛北"与"泛珠"区域旅游高校可以通过合作办学、联合培养、教师互访、学术交流等方式，积极开展和加强国际、国内横向合作，尽快实现教育理念和人才培养质量与国际接轨。积极组织管理人才、研究人员、教师和学生进行大规模的交流与互访。各地可定期选拔、组织旅游企业经理人、旅游行业高层管理人员及旅游行政管理人员前往该培训基地学习与考察，学习各国先进的旅游管理理念及运作实务，培育了解和通晓国际旅游合作规则和熟悉现代管理的高级旅游管理人才。组织各种旅游专业班和培训班，对旅游企业进行管理规章制度和岗位技能培训，进行岗前培训和轮训，对业务骨干进行强化培训、转岗培训、出国考察培训等。在"泛北"与"泛珠"区域内部建立内部培训教师师资网络，对所有可以授课的人员进行教师资格认定，持证上岗。

人才素质是决定经济竞争力的主要因素，社会发展，教育先行。"泛北"与"泛珠"区域旅游的发展需要大量的旅游人才。可以组成教育文化联盟，以保证所需人才的及时供给，也有利于形成一个共同的旅游文化氛围。"教育资源联姻，知识财富共享"，与大学建立委托培养、定向培养、专业在职和脱产进修、短期培训关系。把教育和培训作为人力资源开发的主要手段，对旅游人才进行全面培训。"泛北"与"泛珠"合作为区域旅游的发展提供了契机，通过加强各省区之间的技术、信息、人才等方面的沟通交流，区域内大学之间的资源共享及合作交流，从而构建区域旅游教育纽带，对加速发展区域旅游圈有着重要的作用。

（六）建立旅游科学研究交流平台，加强旅游人才交流

建立泛北与泛珠三角各省区、各城市人才交流开发合作机制，形成人才互通互用、合作共赢的格局。进一步推动人才市场的统一开放，加

快推进旅游人才市场信息联网。实现相互之间的导游人员交流制度、旅游教育与培训制度、中高层管理人员相互挂职锻炼、对口支援制度等。尤其是内地九省区和港澳地区，在人才教育与培训方面合作的空间更大。与香港和澳门相比，泛北与泛珠内地省（区）在旅游人才教育培训方面还有相当距离。港澳可以利用旅游人才培训的丰富经验，与内地省（区）增进各层面的互动交流，把旅游人才的资格认证和行业管理结合起来，提高行业队伍素质。

建议以南宁和广州为双核，建立旅游科学研究交流平台，促进区域人才合作与协调发展，积极推进区域人才开发。邀请一批在国外、粤港澳及泛珠三角工作的院士、专家到南宁和广州讲学、主持重大课题或学科建设；每年从粤港澳邀请一批企业家和专业人才到南宁和广州考察，开展项目投资洽谈、科技产品研发合作和课题协作，积极迎接区域内产业对接和转移。

坚持共赢互利、共同发展的原则，积极参与区域人才开发合作，在旅游人才交流、市场运作、人才培养方面展开合作，实现人才供求信息资源共享，促进区域内人才自由流动。全面贯彻落实泛北部湾合作框架协议，积极参与泛北部湾区域人才开发与合作，加强西南六市六方人才市场联盟，参与地区间人才市场在准入标准、设立程序、运营规则、技术标准、服务标准等方面规则的制定。主动融入区域人才开发一体化，接受区域中心城市对人才集聚效应的辐射。进一步拓展与中国—东盟自由贸易区、大湄公河次区域及"长三角"经济区、西南地区等区域的人才交流与合作。积极发挥南宁、广州等首府城市在制度创新和业务发展的引领辐射作用。利用首府教育培训资源优势，建立区域性人才培养基地，为"泛北"和"泛珠"培养和输送旅游人才。

五　泛北与泛珠的旅游企业对接

各地之间的旅游企业和行业合作，是区域旅游合作的必要基础，合作的目标是实现共赢。目前，泛北旅游企业建设较薄弱，规模偏小、效益较低，资金投入普遍不足，旅游业信息技术含量不高，跨地区、跨国经营的综合性大型旅游企业尚未形成或初具规模，难以真正实现规模效益和集约经营，旅游业经营管理水平也较低，市场开拓能力不强，旅游企业竞争力不足。如何引进粤港澳等泛珠三角区域内的大型旅游管理公司，对泛北特别是广西管理水平较低的旅游企业进行直接管理，促进泛北旅游企业管理水平的规范化，或通过资本重组的方式，发挥区域投资实力的优势，促进泛北旅游企业的发展和升级，是泛北与泛珠旅游合作的必要条件之一。同时，发挥旅游企业在区域旅游合作机制建立过程中的主导作用，促使合作与交换网络的形成极其重要。

（一）泛北与泛珠旅游企业合作的模式

从企业的生产过程来看，泛北与泛珠旅游企业之间的合作主要有以下几种模式：生产合作、技术合作、营销合作与资金合作。

1. 技术合作模式。以技术为中心的企业合作是最普遍的企业合作模式。具体到泛北和泛珠的旅游企业合作，这种技术合作就是统一线路规划，有效整合资源。线路规划是旅游业发展的前提和基础，可为旅游开发指明方向。因此，泛北和泛珠各省区有必要制订统一规划，明确区域旅游产业的发展目标、方向以及区域分工、优先领域等。要以一个跨区域的旅游线路规划来引导整个区域的旅游开发和建设。各地在重大旅游项目引进和开发的过程中，要互相沟通与协调，避免重复建设。这个规划要成为区域内旅游业的最高纲领性文件，规范各方的行为。

2. 营销合作模式。处于泛北核心圈层的广西，已经在努力建立旅游促销联盟，创新旅游营销模式。例如，建立"广西旅游形象代言人"和"广西品质游代理人"制度，建立"广西旅游合作伙伴"制度等等，都凸显了区域旅游企业营销创新模式。

泛北与泛珠企业的营销合作，不仅仅是要鼓励泛北旅游圈内各省区旅游企业间建立营销联盟合作关系，还要鼓励跨区域旅游企业营销合作。即鼓励泛北旅游圈各省区，特别是广西的重点旅游企业与泛珠旅游圈的广东、湖南、云南、贵州以及港澳台等的旅游企业之间建立良好的旅游营销联盟合作关系。

营销合作模式或营销联盟是把泛北和泛珠作为一个整体，无论是政府进行的形象宣传，还是企业跟进的产品促销，都必须形成一体化的联动，通过联动来集中有限的资源，使其得以更优化的配置。以突出泛北和泛珠旅游圈的品牌。在具体实施时，应统一编制跨区域的旅游完全手册、跨区域导游图等宣传促销资料，共同制作两个区域的旅游网站，轮流主办节会活动等。

3. 资金合作模式。资金合作是在几种合作模式中一体化程度最高的合作模式。旅游企业资金合作既可以发生在泛北与泛珠跨区域的大型旅游企业和中小旅游企业之间，也可以发生在规模实力相当的大型旅游企业之间或中小型旅游企业之间。大型旅游企业资金雄厚，在同与自己具有互补关系的企业合作时，有时就采取向中小企业注入资金或入股的模式，或者和中小企业一起共同注入资金注册新的合资公司，形成企业间的资金合作模式。旅游企业在某一领域采用资金合作模式，可以稳定合作企业之间的关系，并在技术、生产、市场销售方面形成相应的密切合作关系。

（二）泛北与泛珠旅游企业合作的实施

1. 政府在泛北与泛珠旅游企业合作中的作用。政府的政策要充分反映旅游企业的要求，让旅游企业在这种合作中得到好处。要兼顾旅游企业的利益，调动旅游企业在合作中的积极性，通过确立景区、宾馆、旅行社等旅游企业的共同优惠制度和统一的服务质量标准体系，引导和鼓励两地的旅游投资者携手合作，共同进行旅游资源和旅游项目的开发建设，为实现旅游区的真正无障碍提供保证；通过旅游企业的参与，完善协调机构的组织体系。区域内的旅游企业可根据自愿原则，加盟旅游合作协调机构，结成旅游企业联盟；深化旅游企业改革，整合旅游产业组织结构。通过推动在合作区域内有实力的旅游企业以资本为纽带建立风险共担、利益共享的旅游企业集团或旅游企业组织，合作区域内旅游企业之间在人力、物力、财力方面的相互渗透，在区域范围内开展旅游企业联营、重组，如旅行社、饭店的集约、连锁、景区（点）经营权的转让和联合开发等，走大型旅游企业集团化、中型旅游企业专业化、小型旅游企业簇群化的发展道路。

2. 政府合作模式的创新：从各自为政到联合治理。随着跨行政区交往与交流的日益频繁，各地的共同利益领域不断扩大，地方内政与地方外政之间的界线已经不再清晰，许多问题都日益上升到跨行政区层次，某一地的问题很多时候单纯依靠本地的力量是无法解决的。单凭一地的资源和市场，以及完全由某一地方政府独自操作、在其地域范围内组织活动，已经很难整合必要的资源，实现成功的经济发展。各地无法仅仅根据本地的需要和条件来设定发展目标而置其他地方利益于不顾，而必须越来越多地从区域、国家乃至全球的角度来选择本地的发展目标。各地都因区域公共问题而形成了相互依存的命运共同体，每一个地方政府都受到其他地方政府行为的影响，政策选择的结果都部分地取决于其他参与者所作的选择，收益也部分地取决于其他成员的行为。因此，双边或多边的区域政府合作或联合治理便提上议事日程。

跨区域旅游企业合作需要各地方政府团结起来，充分发挥各自优势，形成有效的优势互补，增强某一区域的整体竞争能力。地方政府认识到，其他地方政府的存在对自己而言是具有战略价值的，应当加以有效利用，竞争伙伴的"核心能力"可以与地方政府形成有效的互补，从而增强地方政府的整体竞争能力。通过联合治理，能够减少未来对抗的威胁，也有助于避免合作伙伴的资源被其他竞争对手利用。各地政府的协调与合作也有助于节约交易费用，促进经济与社会发展。

3. 成立跨区域旅游企业协会，打造共同的信息平台。两个区域内旅行社、宾馆和旅游商店、餐饮店及交通企业建立经常性的业务和信息联系，以共建一个本行业具有"灵、准、快"特点的跨区域旅游信息共享网和旅游电子商务服务平台，从而成为一个能互为宣传、互为推介、相互合作的互动体系。

另外，还可以考虑由泛北和泛珠两个区域共同成立仲裁委员会，附属于旅游企业协会，负责处理跨区域的旅游促销、旅游线路组合、经营管理，以及发生在跨区域中的旅游质量问题、旅游安全事件，并重点协调跨区域的旅游企业的异议和纠纷。

第十章

基于可持续发展的北部湾旅游业与工业化的关系研究

发展旅游业与加快工业化进程是广西北部湾经济区可持续发展战略的两个重要方面。根据 2009 年中国社会科学院发布的《工业化蓝皮书》测算，广西北部湾经济区处于工业化初期后半阶段，工业化进程呈后发加速态势。广西北部湾经济区旅游业也处于快速发展的进程中。《广西北部湾经济区发展规划》把工业与旅游业都作为重要产业来发展。工业化与旅游业对生态环境都会造成负面影响，稍有不慎，会影响广西北部湾经济区可持续发展的目标。因此，探究旅游业与工业化之间的关系，促进两者协调发展，共同实现广西北部湾经济区可持续发展战略目标便具有重要的理论和社会价值。

第一节　旅游业与工业化发展具有统一性

一　工业化推动旅游业跨越式发展

旅游业的发展有着自己的规律与范式，但是，旅游业是一个综合性产业，与其他产业的关联程度非常高，需要其他产业的大力支持，工业便是其中的重要产业之一，工业化程度的高低直接影响着旅游业发展程度的高低。工业化过程对旅游业的推动作用具体表现在以下几个方面：

（一）推进旅游业基本要素的发育

旅游业内含吃、住、行、游、购、娱六大基本要素，它们的发育程度成为衡量区域旅游业竞争力的重要因素。产业要素的发育包括内在的自动发育和外力的推动发育。工业化就是重要的外推力之一，这种外推力表现在两方面，一是为旅游业六大基本要素的发育直接提供丰富的最终产品，如钢材、水泥、建筑、交通工具、电子设备、游乐设施等；二是工业化所产生的部分基础设施可为旅游业所借用，如工业化所产生的交通设施特别是外部大交通设施，包括海、陆、空三方面，旅游业可借用其来促进自身的发展，一般而言，工业化程度越高的区域，其基础设施建设越完善，旅游业基本要素的发育程度越高。

（二）推动旅游业发展环境的改善

推动旅游业发展环境的改善是指工业化有助于产生、改善旅游业发展所需要的良好环境，具体包括良好的政治环境、经济环境、社会文化环境和科技环境。工业化能够促进文明程度的提高和政治组织的民主，增强工人阶级的政治纪律性和工会的政治影响力，从而为旅游业的发展提供更为开放、民主的政治环境，增强政府对旅游业管理的科学性；工业化能够为经济的发展创造有利的环境，提高劳动生产率，增加财政收入，促进社会资本的再分配，增加政府对旅游业的直接投入；工业化促使人类生活节奏的加快，导致社会道德、思想和观念等迅速发生变化，同时，工业化不断提高的社会生产率为大批就业人口转向第三产业奠定了基础，使得工业社会逐步向后工业社会和信息社会迈进，使得旅游形式从"特权旅游"迅速向"大众旅游"转换。

（三）丰富旅游产品

工业化对旅游产品的丰富主要从两方面体现：一是为旅游资源转化为旅游产品创造有利条件，或者为旅游产品的生产与创新提供支持。工业化带来的直接后果是促进社会生产力的提高，加速新技术的开发和应用，旅游资源要转换为旅游产品或旅游产品的生产、创新及更新换代，更离不开新技术的支撑，工业化所带来的技术革命则刚好满足旅游业发展的这一要求。二是直接提供旅游产品。旅游产品是一个庞大而复杂的体系，处于动态的变化过程中。人类旅游从传统的观光旅游到现代的多样化旅游，离不开工业化所带来的便利。特别是工业化过程中所创造的大量物质和精神财富，可直接开发成旅游产品。如现代兴起的工业旅游是旅游产品的一个重要组成部分，它是以工业生产场景、高科技生产设施、厂区环境和企业文化为资源的创新型旅游。工业企业通过"旅游"

的方式，向社会展示工业企业的魅力，则有助于工业企业的品牌形象传播和经济收入的增加。

（四）激发旅游需求

旅游需求的扩大需要两个条件，一是可自由支配时间的增多，二是经济收入的增加。工业化可促成这两个条件由可能变为现实。工业化促进劳动生产率的提高和劳工生产条件的改善，包含着两层意思，即随着工业化的推进，劳动力总量和工人劳动时间减少，工人的工资增加。在现代工业化程度高的国家如美国，国民有 1/3 的空闲时间用于休闲。同时，工业化使人类生活节奏加快，精神紧张度增加，压力增大。从人的本性而言，压力需要释放，释放的有效形式就是旅游。工业化和城市化社会的劳动大众有可能通过消除疲劳和丰富文化知识的外出旅游更新自己的劳动力。

二 旅游业促进工业化程度加深

作为现代服务业的新兴支柱产业，旅游业资源消耗低、环境污染小、社会关联度高、经济效益好，不仅自身发展潜力巨大，而且对经济社会发展和民生改善极具推动力。旅游经济的发展，不仅促进旅游业自身各方面的发展，而且带动第三产业的发展，进而又带动工业行业与工业部门的发展，最终促进工业化程度的不断加深。旅游业对工业化的影响主要是通过旅游业对工业的影响实现。旅游业对工业的正向功能主要表现在以下几个方面：

旅游业可以增加工业企业经济效益。工业企业通过发展旅游业，可以带来直接或者间接的经济效益。旅游经济效益有多种途径，旅游者吃、住、行、游、购、娱各环节都需要经济支出。因此，工业企业可紧密围绕这六个环节为旅游者提供相关服务而增加经济效益。这些经济效益可以构成一个效益体系，包括餐饮收入、住宿收入、交通收入、门票收入、纪念品收入、工艺品销售收入等。

旅游业可以促进工业企业形象传播。企业形象传播的方式多种多样，其中，口碑传播是重要一环。旅游业可以为工业企业带来大量的人流，这些人流的区域来源广，在年龄、性别、职业、性格等方面都存在差异。一方面，工业企业通过发展旅游业，向旅游者展示企业优美的自然景观与人文景观、先进的科学技术和生产工艺、丰富的企业历史和企业文化等，使旅游者近距离深入了解企业，增强旅游者的旅游体验；另一方面，旅游者通过自身的旅游经历，用口述或展示的方式向其亲朋好友分享旅游体验与旅游产品，从而提高了企业的社会知名度和美誉度，有助于企业正面形象的传播和品牌竞争力的增强。

旅游业可以促进工业企业市场营销。旅游业促进工业企业市场营销主要表现在两方面：一是旅游者就是直接消费者。旅游者在旅游过程中需要消费，工业企业可结合企业特点为旅游者提供消费品，部分旅游者的旅游动机更为直接，即为了到工业企业购买其产品，这样，旅游者就转化为直接客户。二是稳定和培育客户。工业企业开展旅游，可以为顾客与企业创造互动的平台，在这个平台上，工业企业通过展示自己的实物产品及相关生产流程，让旅游者对其产品的可靠性、科学性、质量性等有了"眼见为实"的理解，并进一步将这种理解放大，从而增强了该企业产品与其他同类产品的竞争力，有助于培育顾客忠诚和扩大潜在客户群。

旅游业可以提高工业企业管理水平。外部监督有助于企业管理水平的提高。工业企业发展旅游业，在一定程度上，就是把工业企业置于游客监督之下。工业企业发展旅游业，从企业自身来说需要实力，从旅游开发来说，需要一定的透明度和开放度。这种透明度和开放度要求把企业文化、企业生产场景、企业产品放在游客视野中，这种做法一方面会增加企业员工的压力，从而增强其生产的责任感，对企业的自豪感和归属感，更加便于管理；另一方面，管理层为了企业的品牌与形象，也必须加强管理，把最好的一面展示给旅游者。企业员工、企业管理者与旅游者三者之间形成了一种互动，共同推动企业管理水平的提高。

正是由于看到了旅游业的重要带动作用，《广西北部湾经济区发展规划》把旅游业和会展业作为第三产业的重要产业来加以发展，提出要把北部湾经济区培育成为区域性国际旅游目的地和旅游促进中心。旅游业不仅促进和带动国民经济现有部门、现有行业的发展，而且对于调整国民经济结构，促进产业结构优化，尤其是北部湾的第二产业及第三产业的优化，具有十分重要的作用。仅以投资和就业为例，据测算，每投入旅游业1元可以给相关产业带来5~7元的增值效益，每增加1个旅游业就业岗位就能带动4~5个社会就业岗位。实践证明，一个地方的社会文化环境越成熟，经济就越发达、社会就越和谐、人民生活质量和幸福指数就越高。因此，要实现构建幸福和谐北部湾宏伟目标，就必须加快繁荣发展旅游业。

三 发展旅游业与实现工业化，是广西北部湾经济区可持续发展的客观趋势

从本质来说，发展旅游业与实现工业化两者之间存在优势互补、相互促进的态势，两者协调发展，可以促进区域经济可持续发展。作为西南、华南和东盟的重要接合部和我国内陆腹地进入东盟国家最便捷的海陆门户，广西北部湾经济区通过旅游业促进对外开放与交流的优势突出。随着2010年中国—东盟自由贸易区正式建成以及区域经济合作的进一步深化，这种优势必将更加凸显。一个经济区域的和谐发展，光靠工业不行，光靠任何产业单项突进都不行，没有旅游和文化的繁荣与发展，可持续发展的目标就不可能实现。几乎没有听说过世界上有哪一个城市特别是知名城市离开了旅游和文化而能够发展起来的，即使有一些地方例外，其影响力也不大、知名度也不高、发展也很难持久。同时，对于一个地区而言，在现代化没有实现以前，所谓发展的差距，从根本上讲还是看工业，尤其是其实现程度。工业越发达，工业化程度越高，经济总量就越大；工业结构越合理，产业结构就越优化，在某种意义上，产业结构的合理程度取决于工业结构的合理程度。

第二节 旅游业与工业化发展存在矛盾性

环境承载力是影响旅游业发展的关键因素，环境恶化会对旅游业的发展带来现实的威胁，加之在大力发展工业化的广西北部湾经济区，发展工业势必又会造成环境承载力的下降。由环境承载力理论出发，笔者将旅游业与工业化的矛盾性统一到环境问题上，集中表现为发展旅游业

与实现工业化对环境产生的负效应。

一 旅游业与工业化发展环境的矛盾

良好的自然生态环境是旅游业发展的基础。工业化过程中对自然生态环境会造成负面影响，这种局面不利于旅游业的可持续发展。工业化对环境的负面影响主要表现在"三废"。就广西北部湾经济区而言，最主要的是对海水的污染。近几年来，广西北部湾经济区各城市环境质量开始下降。以防城港市为例，2008年防城港市化学需氧量排放达28265吨，比2007年26679吨增加5.9%，比2005年25079吨增加12.7%，说明水体受有机物的污染严重。2008年二氧化硫排放量达20863吨，比2007年16800吨增加24.18%，比2005年14100吨增加47.96%，对大气、动植物等危害较大。其中工业企业污染物排放量较大，对防城港市的自然生态环境造成了一定程度的破坏。

要处理好发展旅游业与加快工业化进程的关系，首先要认识到，保护好广西北部湾经济区的生态环境，就是旅游业与工业化可持续发展的最大优势，在北部湾发展任何工业，都不能跨越环境保护的底线。今后新的工业布局要考虑旅游业的发展，注重生态环境的保护，避开风景区相对集中建设新型工业园，实现工业、旅游业和生态环境协调发展。

二 旅游业与工业发展定位的矛盾

发展定位是区域经济发展的重要战略问题，牵涉到哪个产业优先、主导发展的问题。一个区域中，当工业化与环境保护发生冲突的时候，人们往往都是选择放弃工业开发，选择保护自然生态环境而牺牲工业发展带来的经济效益，这无疑是基于可持续发展战略的选择，但是当一项工业发展的经济效益远远大于发展当地旅游业所获得的经济效益，或者说远远大于保护当地资源给人们带来的满足程度的时候，这时，该当如何选择呢？这就凸显了旅游业与工业发展定位的矛盾性。广西北部湾经济区目前自然生态状况良好，经济建设虽然有较快发展，但总体上还比较低，因此，在这样一个特殊的区域中发展经济，应该找到旅游业与工业化发展定位的契合点，使两者协调发展。

三 旅游业与企业之间的发展矛盾

并不是所有的工业企业都适合发展旅游业，也并不是所有的工业资源都可以开发成旅游产品，而是受工业企业的软件、硬件环境的制约，也受旅游市场、旅游产业结构的影响。从工业企业来看，要求该企业的硬件基础设施比较好，要具有比较有特色和吸引力的旅游吸引物，软件方面，要求该企业的管理水平比较高，管理层要对发展旅游业有一个正确的认识。就已经发展旅游业的工业企业而言，工业与旅游业的融合、协调发展也存在矛盾，这些矛盾集中体现在产品展示与商业秘密、经济投入与旅游产出、游览与安全、公益与经营等方面。所有这些矛盾，为工业企业发展旅游业设置了障碍。广西北部湾经济区目前工业化程度不高，尽管有部分工业企业的管理水平较高、经济效益较好，有能力发展旅游业，但由于工业企业的整体实力较低，因此，必须协调两者之间的关系，慎重发展。

第三节 广西北部湾经济区旅游业与工业化可持续发展路径选择

一 依托产业关联效应，走新型工业化道路

新型工业化道路是指坚持以信息化带动工业化，以工业化促进信息化，走出一条科技含量高、经济效益好、资源消耗低、环境污染少、人力资源优势得到充分发挥的新型工业化路子。新型工业化道路是实现可持续发展的重要模式。研究表明，广西北部湾经济区工业化处于工业化初期后半阶段，工业化进程呈后发加速态势，这种状况，为其工业化既提供了机遇，又面临着重大的挑战。传统工业化的经验证明，工业化应避免"三高两轻"（高消耗、高污染、高失业、轻调控、轻统筹），而应以可持续发展理念为指导，走广西特色新型工业化道路。

进一步优化产业结构，合理布局产业群。2008 年，广西北部湾经济区三次产业结构比为 18.9:38.2:42.9，根据产业结构优化理论，该比例中，农业所占的比重过高，工业所占比重偏低，因此，广西北部湾经济

区应适当增加工业比重，真正确定工业的主导地位，同时，工业内部也有结构优化的问题，这就需要合理布局产业群。广西北部湾经济区应充分利用沿海港口优势，充分利用两个市场、两种资源，重点发展石油化工、林浆纸、冶金、修造船、电子信息、粮油加工、新能源等产业，培育壮大临港产业集群，加快形成临海先进制造业基地和现代物流基地。

进一步增强科技含量，降低能源消耗。增强企业生产的科技含量，鼓励广西北部湾经济区工业企业引进先进的生产技术和手段，加强数字化、信息化建设；积极引进以信息产业为龙头的高新技术产业，使其成为国民经济的先导产业和新的成长链；大力推进国民经济和社会信息化，在政务、商务和国民经济其他领域广泛应用信息化技术，实现生产力跨越式发展；提高广西北部湾经济区能源、原材料利用率，减少资源占用与消耗；大力发展循环经济，加快广西北部湾经济区工业企业节能降耗技术改造，推进节能节水节约用地，加强资源综合利用，形成节约型增长方式、节约型消费模式和节约型社会。

二 依托旅游发展优势，走可持续发展道路

广西北部湾经济区发展旅游业在区位、资源、政策等方面有较大优势。广西北部湾经济区沿海沿边沿江，面向东南亚，是中国—东盟经济圈、华南经济圈、西南经济圈的接合部，有利于开拓国际国内两大市场；广西北部湾经济区旅游资源类型多样，特色鲜明，保存较好，组合度高，为发展旅游业提供了天然基础；随着中国—东盟博览会的深入召开、广西北部湾经济区发展规划的深入实施、中国—东盟自由贸易区的加速建设，广西北部湾经济区发展旅游业得到了国家的认可及政策支持，为发展旅游业提供了腾飞的翅膀。因此，广西北部湾经济区可以利用优势，抓住机遇，加快旅游业的发展，促进旅游业走可持续发展道路。

加强政府宏观调控，促进广西北部湾经济区旅游业科学有序发展。广西北部湾经济区各级政府应结合自己的优势与特点，制定有利于旅游业发展的方针政策、法制法规，为旅游业创造一个良好的宏观环境，促进区内旅游科学有序开发。构建旅游创新体系，促进广西北部湾经济区

旅游业跨越式发展。创新是旅游业发展的动力。广西北部湾经济区的旅游创新体系应以旅游企业为技术创新的主体，组建企业联盟，壮大企业实力；加强旅游行业的数字化、信息化建设，促进广西北部湾经济区旅游产品创新；加强行业管理，细化旅游创新基本要素体系。整合旅游要素系统，推动旅游业整体发展。整合资源要素，形成有特色、有层次、有品位的旅游吸引物体系，整合交通资源，构筑方便、快捷、科学的旅游立体交通网络体系，整合市场资源，形成资源共享、客源互流的共荣共谋发展态势。协调经济效益、社会效益与生态效益的关系，实现广西北部湾经济区旅游效益最大化。

三 协调发展旅游业与工业，实现"双赢"

可持续发展是旅游业与工业化的共同目标，要实现这一目标，应协调好两者之间的关系。

优先考虑生态承载力，切实加强环境保护。无论是工业化还是旅游业，都必须意识到生态环境是产业生存与发展的基础。但近年来随着广西北部湾经济区工业化进程的加快和旅游业的快速发展，生态环境遭受了较大的破坏。为避免重走"先污染再治理"的老路，广西北部湾经济区在发展工业和旅游业的同时，应协调好工业发展与生态环境的关系，旅游发展与生态环境的关系，优先考虑生态承载力，保持和提升生态环境容量、自然资源容量、空间环境容量，使北部湾经济区的旅游业与工业化能协同有序地发展。加大环境综合治理和保护生态环境力度，加快环境科学进步，实施重大生态建设和环境整治工程，实现"生产发展、生活富裕、生态良好"三位一体的发展目标。

工旅联动，实现双赢。一是找准工业化和旅游业的最佳结合点，鼓励建设工业旅游示范点。广西北部湾经济区工业企业应重视工业旅游，将工业旅游纳入企业品牌发展战略，借助工业旅游项目，强化、优化企业品牌，使企业品牌的知名度、美誉度、忠诚度不断提高，进一步展示企业形象，传播企业文化，提升品牌价值。二是细分市场，优化组合。广西北部湾经济区工业旅游要尽量做到"区内成片、跨区成线、市场做专"。区域内，应把几个互有差异、各具特色的工业旅游点优化组合形成集聚效应。针对细分市场，推出"学生修学工业旅游"、"招商投资工业旅游"、"调研考察工业旅游"、"怀旧追忆工业旅游"、"探奇览胜工业旅游"等多种工业旅游产品。

第十一章

北部湾旅游可持续发展的
政策体系研究

　　旅游可持续发展是一种经济发展模式，它被用来达到如下目的——改善当地社区的生活质量，为游客提供高质量的经历，维护当地社区和游客所依靠的环境质量。旅游可持续发展的基本理念在全世界取得了广泛的共识。然而，旅游业在各国的发展模式存在差异，对于中国这样的坚持政府主导的宏观旅游发展战略的国家，如何通过有效的宏观政策措施，将旅游可持续发展的局部探索模式和成功经验进行有效推广，确保旅游资源的永续利用和旅游产业的可持续发展，已经成为我国各地方政府面临的亟待解决的一大问题。

　　广西北部湾经济区是一个已上升为国家战略层面需重点开发的重要经济区域。它不但是我国沿海地区规划布局新的现代化港口群、产业群和建设高质量宜居城市的重要地区，同时也是一个旅游资源丰富、生态系统脆弱的区域。根据《广西北部湾经济区发展规划》对北部湾区域总体分析，将北部湾地区 4.25 万平方公里可细分为 1912 个综合地理单元，划分为城市、农村和生态三类地区，各占规划区总面积的 9%、56% 和 35%。而各区域分布着丰富的旅游资源，形成了北部湾地区旅游资源区与各类开发区域具有高度的重合性。这就决定了北部湾旅游可持续发展既需要妥善协调北部湾旅游资源开发与保护之间的关系，也必须协调好区域内社会经济发展与旅游资源开发之间的相互关联性，双重的压力无疑考验着政府管理者的智慧。

第一节　北部湾旅游可持续发展的政策背景

一　我国旅游可持续发展的政策

我国悠久的历史文化和美丽的自然风光构成的丰富旅游资源，一直以来对国内外旅游者都具有很强的吸引力。虽然我国旅游业正式起步于改革开放，发展历时不长，但许多有识之士很早就意识到一些自然旅游资源的极其脆弱性及其不可再生性。因此，从 80 年代中期开始，我国就逐步通过初步立法和健全相关的法律制度，颁布一系列的法律、法规。许多地方人民政府也结合当地的实际情况制定区域性的地方性规章。这些法规反映了我国保护旅游资源，促进旅游业可持续发展的最初政策。其中，包括对风景名胜区旅游资源的保护、开发和利用进行规定的《风景名胜区管理暂行条例》（1985），对自然保护区的开发与管理进行规范的《中华人民共和国自然保护区条例》（1994），以及针对文物古迹保护的《中华人民共和国文物保护法》（1982）。上述法律都已初步体现出旅游可持续发展的一些基本理念。

旅游可持续发展正式为我国官方所使用，始于 1997 年 12 月中国国家旅游局、国家科委和中国科学院联合在北京召开的首届"全国旅游业可持续发展研讨会"。研讨会通过了一个名为"中国旅游业可持续发展的若干问题与对策"的报告，该报告在结合我国旅游业发展实际情况的基础上提出了近期要实现的四个战略目标：（1）扭转旅游资源的破坏性开发、旅游地的重复建设和旅游生态环境的恶化趋势；（2）初步形成旅游行业可持续发展的政策体系、法规体系，建立旅游可持续发展的综合决策机制；（3）建立若干个国家级的旅游可持续发展示范区，并争取在国家重大项目策划和开发上接近国际先进水平；（4）争取用二十年时间建立旅游业可持续发展的运行机制和科学、文明旅游的社会环境氛围以及保持其相适应性的可持续利用的资源和生态环境基础。

纵观我国旅游可持续发展的研究成果及发展历程，我国旅游可持续发展的政策研究仍然是当前研究非常薄弱的环节。如，唐飞等认为，政府旅游业主管部门与机构的主要职能具体包括：制订可持续的旅游发展规划；制定有关实现旅游业可持续发展的政策法规，健全管理体系；加强对社会全体公民的培训和教育；开发以可持续发展为核心的旅游新方式；制定有关可持续旅游发展的现实指标。上述研究尚未针对特定区域展开针对性的政策分析。

二 北部湾旅游可持续发展的政策现状

北部湾中国片区是中国重点建设的国际经济合作区，已经成为中国西部开发三个重点区域之一，是中国与东盟合作的中心地和先到地区，汇集了中国国家政策优势及综合国力优势。然而从生态环境的角度来看，人类活动日趋频繁将造成北部湾资源的过度开发消耗以及生态环境的干扰或污染，势必给已经十分脆弱的滨海生态系统带来更严峻的压力，直接威胁着北部湾地区旅游资源的保护以及旅游产业可持续发展目标的实现。

事实上，为了保证广西旅游业快速健康发展，广西根据国家的相关法律，结合本地实际，已制定了一系列与旅游业相关的地方性法规。例如，为了加强对风景名胜区的管理，有效保护、合理开发和永续利用风景名胜区资源，促进经济和社会发展，根据国家有关法律、法规，结合广西实际制定的《广西壮族自治区风景名胜区管理条例》（2004）。为了保护、继承和弘扬民族民间优秀传统文化，推动经济和社会发展，促进社会主义物质文明和精神文明建设，根据有关法律、法规，结合广西实际，制定的《广西壮族自治区民族民间传统文化保护条例》（2006）。为了保护、改善生态环境与生活环境，防止污染和其他公害，保障人体健康和环境安全，促进经济与社会的可持续发展，根据《中华人民共和国环境保护法》和其他有关法律、行政法律，结合广西壮族自治区实际，制定的《广西壮族自治区环境保护条例》（2005）。特别是为了保护北部湾地区的生态环境，广西制定了近岸海域环境功能区划、海洋功能区划和碧海行动计划，完成了环境容量测算等基础工作，组织开展了沿海工业集中区规划的环境影响评价，颁布了《广西壮族自治区海域使用管理办法》（2008）。通过加强环境监管、工业污染防治、城市环境综合整治和生态保护与建设，努力使这一区域环境质量总体保持良好。总而言之，广西地方法规条例的颁布实施，为推进北部湾旅游可持续发展的规范化、法制化迈进了重要一步。

三　北部湾旅游可持续发展的历史经验

广西北部湾经济区滨海风光旖旎，旅游资源丰富，不但拥有享有中国"绿城"美誉的首府南宁，赢得"中国第一滩"美誉的北海银滩，还有钦州三娘湾、防城港京岛风景名胜区等等。然而，北部湾旅游业的开发历程是一段曲折的历史。有"天下第一滩"美誉的北海银滩就经历过开发带来的教训。20世纪90年代初，在国内兴起的首轮旅游开发热中，仅一年多的时间里，这片海滩的主要景区就建起了数十幢由不同业主经营的疗养院、招待所、宾馆等。由于银滩内修筑的防浪堤和其他建筑紧贴潮线，破坏了银滩一带海域的海洋运动和沙滩的自我净化功能，造成了沙滩萎缩和变质。银滩的沙质逐渐变灰变黑，原来平缓的潮间带沙滩变得起伏不平，形成积水槽沟。建筑成了银滩的"环境杀手"。据中科院的专家评估认为，北海银滩全面恢复需要投入数十亿元的成本。而北海过去旅游开发所获得的收入尚不及当前恢复所需的代价。北部湾曾经为走过的弯路所付出的沉重代价，成为北部湾经济区旅游可持续发展的前车之鉴。

第二节　北部湾旅游可持续发展管理的特征和原则

政策是国家或者政党为了实现一定历史时期的路线和任务而制定的国家机关或者政党组织的行动准则。广义上而言，某个领域的各种政策组成的政策体系，具有多种载体和表现形式。它不仅仅包括国家颁布的法律、规章和行政文件，而且涉及政府的管理制度、运行机制等内容。因此，政策的制定和实施实质上是国家实施宏观调控管理的具体体现。实现北部湾旅游可持续发展不但是当前北部湾旅游产业开发的基本前提，也是今后北部湾经济区发展以后所面临的一项重要挑战。明确北部湾旅游可持续发展管理的特征、原则，是制定相应政策体系的关键。

一 北部湾旅游可持续发展管理的特征

（一）系统性

北部湾旅游可持续发展的管理应立足于整个北部湾地区社会经济发展的高度，采用系统的观点，从总体上系统分析北部湾旅游可持续发展的制约因素，确定北部湾海岸带开发利用的重点和脆弱生态区域保护的范围。一般而言，旅游产业开发的可持续性主要依赖于旅游开发行为的自我约束和经营模式的科学性。政府运用科学的政策导向，系统科学地规划布局旅游资源的开发，是确保旅游可持续发展的主要途径。而北部湾地区的特殊性在于，北部湾地区正迎来经济大开发的历史机遇。随着承接产业转移的推进和社会经济的发展，导致对北部湾海岸脆弱生态系统的干扰与破坏并不能完全避免。作为一项依托性强的产业，北部湾旅游业的可持续性将日趋与整个区域的可持续发展密切相关。因此，系统性地制定北部湾旅游可持续发展政策是这一区域的必然要求。

（二）综合性

北部湾地区旅游可持续发展的管理与以往单一目标的行业管理相比，在内容和领域上更具有综合性，并涉及更多复杂管理主体的相互协调。北部湾旅游可持续发展的综合性体现在：北部湾旅游系统的综合、北部湾管理功能的综合、北部湾开发利用政策的综合、北部湾管理部门之间的综合、北部湾学科研究的综合，等等。综合性的北部湾旅游可持续发展，要求构建一个科学合理的政策体系，使北部湾旅游产业在管理制度、运行机制以及地方法律法规上能够适应可持续发展的要求，实现旅游产业健康稳步发展的目标。

（三）动态性

已经上升为国家战略发展的广西北部湾经济区，地处北部湾经济圈的中心位置，不但是我国西南地区最便捷的出海大通道，也是促进我国与东盟全面合作的重要桥梁，正处于突飞猛进的发展进程中。北部湾地区一方面蕴藏着丰富的海底石油天然气资源、海洋生物资源、矿产能源资源、旅游资源和动植物资源；另一方面也必须面临不断变化的人口和社会经济条件，以及社会发展对资源需求的不断变化。同时，旅游产业的迅速扩张和发展也将对区域的自然地貌和水文过程施加着各种影响，使北部湾的生态系统处于动态变化之中。因此，对北部湾旅游可持续发展的管理应树立动态性的基本理念。

二 北部湾旅游可持续发展管理的原则

（一）风险防范原则

风险防范是指根据风险预警信息，事先采取避免风险以及危害的行为，是一种超前的行为。在环境管理和海岸带管理中，风险防范是一种公认的基本准则。北部湾旅游可持续发展管理采取风险防范原则，意味着对于新项目的旅游开发行为，必须通过科学的规划及项目环境影响评价（甚至生态风险评价），事先确定项目的开发是否会给北部湾区域带来不可接受的社会、经济以及环境影响，以便能及时纠正，最大限度地减少资源的盲目开发造成不可挽回的损失。风险防范原则还意味着对于工农业等项目的开发，应科学权衡可能对周边旅游资源造成的风险与影响。

（二）依法管理原则

对北部湾地区旅游可持续发展的管理属于一种特殊的综合行政管理。由于管理范围庞大、涉及部门繁多、执行时间长，多种不确定性因素可能使北部湾可持续旅游管理面临诸多意想不到的难题。因此，要确保北部湾旅游可持续发展管理的顺利实施，必须以法律为基础。通过制定符合北部湾旅游发展现状的政策法规，做到有法可依，是确保依法管理的基本前提。

（三）公众参与原则

公众参与原则要求北部湾旅游可持续发展的利益相关者能够共同参与，实现北部湾旅游可持续发展综合管理在规划与决策方面的公开与透明。公众的参与和支持有助于增强从事北部湾地区旅游开发利用活动的各利益主体对北部湾特征和价值的认识，提供了一种有益于协商和协调的机制，将各种部门的工作综合起来，从而促进北部湾旅游开发和经营的可持续发展。公众的参与在很大程度上决定了旅游可持续发展综合管理的执行效果。

（四）长期性原则

北部湾旅游可持续发展综合管理将是一段长期的过程。实现旅游可持续发展的最终目标历时较长，可分为短期目标、中期目标和长期目标分步实现（根据相关经验，实现一个阶段目标一般需要 5 年左右）。前一个目标的实现是下一个目标实现的基础。以长期性的视角来审视环境的变化，可以了解某些旅游开发经营行为导致的生态环境变化是否具有累加性或是否达到环境的承载极限。

第三节　建立北部湾旅游可持续发展的监管体制

作为综合性极强的政府主导型产业，北部湾旅游业首先需要政府建立一个强有力的大旅游管理体制，强化对旅游资源和旅游业的宏观管理能力。北部湾旅游业管理体制除了具有我国一般旅游行政管理的特征之外，由于空间地理位置的特殊性，很大程度上还是一种海岸管理。这种管理模式基本上是在 1998 年政府机构改革的基础上形成的，是以部门或行业为主的分散型管理体制（也称条块分割管理体制）。原来的国家海洋局（现已并入国土资源部）虽然是管理海岸带事务的职能部门，但实际能管理的内容有限，主要以协调为主，权威性不大。旅游部门则更是如此。对海岸带资源的管理基本上是根据自然资源属性及其开发产业，按行业部门划分管理权限，是陆地各种资源开发部门管理职能向海岸带地区的延伸，各部门从自身利益出发考虑资源开发与规划。由于这些部门在管理范围、权限、职能分工上不明确，且相互之间缺乏协调和配合，极易造成这些部门之间管理权限的重叠，从而给北部湾旅游业管理造成了不利的影响。

为了推进北部湾经济开发，2006 年 3 月 22 日，广西壮族自治区专门成立了广西北部湾经济区规划建设管理委员会，全面启动广西北部湾经济区开放开发，重点推进港口等交通基础设施建设和重大产业布局。2006 年 4 月 13 日，北部湾（广西）经济区首个市级建设管委会——北海市北部湾经济区建设管理委员会成立。但尚未成立专门支持北部湾旅游产业发展的综合管理体制。

一 建立北部湾旅游可持续发展监管体制的必要性

（一）北部湾旅游资源所依托生态系统的脆弱性

合理有效地利用北部湾的资源，特别是不可再生旅游资源，实现北部湾旅游可持续发展，必须以一种新的理念和体制来对这一具有重要意义的区域进行管理。因此，北部湾旅游可持续发展的管理应借鉴目前世界各地沿海国家都非常重视的海岸带综合管理（ICZM）模式，即通过加强多个部门的规划和管理，采用综合策略，在海岸带开发利用中最大限度地减少不必要的自然资源损耗及环境负面效应，从而实现北部湾经济、社会、资源、环境综合效益得到最大化。借鉴此类管理模式，构建北部湾旅游可持续发展管理体制，对于北部湾旅游可持续发展具有重要的现实意义和历史意义。

（二）北部湾生态环境问题管理的复杂性

由于现行管理上的条块分割，一些环境污染或生态破坏的问题对旅游资源的可持续利用造成威胁，并非单个部门的职责之内可以统一解决。单就环境问题的管理而言，我国的环保政策相对于发达国家还缺乏有效性，职能部门责权不清，各相关部门处于信息不对称的位置上。例如水污染，根据有关规定，岸上的污染控制由环保部门负责，水资源、河流、湖泊水体的保护则由水利部门负责。现在的问题是：岸上的污染控制不住，源源不断流到水域，所以河流、湖泊水质很差。面对突发性水污染事件，按"环保部门不下水，水利部门不上岸"的职责划分范围，就无法有效地采取应对措施掌控事态的发展，这充分暴露出流域管理和环境监督的协调性非常薄弱。因此，对于北部湾旅游可持续发展应建立统一的监管体制，加强各部门的团结协作，群策群力，齐抓共管，工作起来才能政令畅通，应对难题才能泰然自若。

二 北部湾旅游可持续发展监管体制的框架

（一）体制结构框架

北部湾旅游可持续发展是一个涉及经济、社会、文化、生态等的综合性问题，需要一个强有力的综合管理体制。该体制不但要综合协调各方利益，同时应与当前现行的管理制度具有较好的衔接性和可操作性。

为了推进北部湾旅游产业的可持续发展，在当前现有的北部湾经济区管委会基础上，以省级旅游行政主管部门牵头（广西壮族自治区旅游局），组建隶属北部湾经济区管委会的北部湾旅游发展委员会。北部湾旅游发展委员会下设市级分支机构，分别依托南宁市旅游局、北海市旅游局、钦州市旅游局以及防城港市旅游局的各市级旅游发展委员会。各级北部湾旅游发展委员会由旅游部门牵头，并由建设部门、发改委、国土资源部门、交通部门、文化部门等主要负责人组成，如图11—1所示。

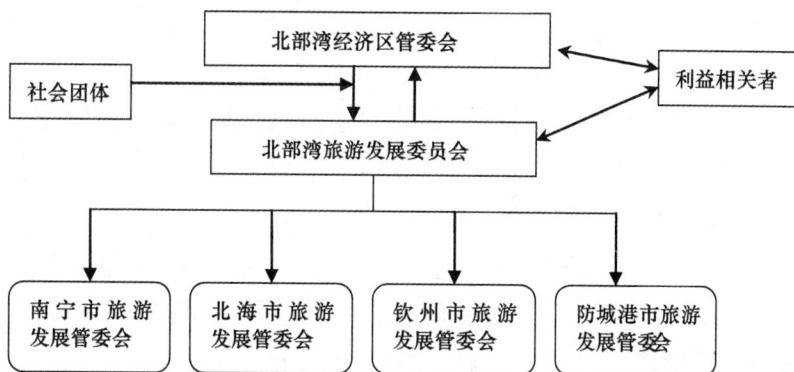

图11—1　北部湾旅游可持续发展监管体制框架图

（二）主要职责

北部湾旅游发展委员会是北部湾经济区旅游资源开发和旅游产业可持续发展的主要决策机构，其主要职责包括：

1. 全面负责对北部湾旅游产业发展的管理，并履行相关法律的职责；

2. 统一负责协调北部湾旅游生态环境保护、相关的生态建设以及旅游开发建设规划；

3. 具体负责滨海旅游区建设与环境管理，指导核心旅游区域的可持续发展与建设，日常行政管理工作等；

4. 具体负责重点旅游区、重大旅游项目的招商引资、开发建设，以及整个北部湾旅游区的旅游宣传促销，日常行政管理工作等；

5. 主要负责北部湾旅游区内重点旅游区、重点旅游项目的旅游安全、社会治安管理，以及综合安全管理等；

6. 具体负责旅游产业可持续发展领域内与北部湾经济区管委会、各社会团体以及其他利益相关者进行沟通与协调。

三　北部湾旅游可持续发展监管体制的配套举措

北部湾建立全新的旅游管理体制，尚需要采取一系列配套举措。一是要努力协调各方利益关系，从宏观上理顺旅游、计划、财政、建设、交通、环保、税务、工商、公安、物价、土地、外事、侨务、民航、文化、卫生等 10 多个部门之间的关系，为旅游业的发展营造良好的宏观经济环境，共建旅游大产业。二是成立旅游区协调委员会，充分发挥旅游行业协会的协调和自律作用。开展区域性旅游大协作，实行旅游资源共享，旅游管理共担，避免因行政区划人为造成对旅游业发展不利的局面。三是抓好旅游产业发展规划的实施和完善。在《北部湾旅游产业发展总体规划》的指导下，各地要编制好各区域旅游业发展规划，切实体现鲜明的地方特色。只有政府制订并执行的具有宏观意识、科学精神与发展步骤的旅游发展规划，才能保障本地区旅游业健康有序地发展，有效地防止旅游开发中低档次重复建设的盲目行为、急功近利的短期行为、滥开乱挖的破坏行为。四是利用高科技手段发展旅游业。21 世纪是一个以知识服务为基础的旅游业发展的新时代，在这样的时代背景下，旅游业与科技的结合将大大增强，旅游产业对包括数字化技术、信息技术、计算机技术为主的高新科技的应用是必然趋势。政府应组织实施旅游业科技化发展战略，积极促进高新科技在广西旅游产业中的普遍应用。五是深化旅游企业体制改革。要采取多种方式对国有旅游企业进行改革，以提高企业的活力和经济效益，逐步改变旅游企业小、散的局面，组建和发展一大批有经济规模、对产业发展有影响力的旅游企业集团。应积极进行管理体制的创新，加强政府的主导与服务，支持企业的积极开拓，为加强旅游业的发展创造良好的环境条件。

第四节　构建北部湾旅游可持续发展的运行机制与实施平台

一　北部湾旅游可持续发展运行机制

（一）市场主体培育机制

推进北部湾旅游经济的可持续发展，不能完全依靠政府投入，必须建立市场主体培育机制。对于北部湾经济区旅游产业的开发而言，除了生态建设、市政公共设施等需要政府投入建设外，大量的旅游开发建设，新兴产业建设都离不开企业，因此必须加快培育具有市场竞争力的企业群体，这是实现北部湾旅游经济发展可持续性的关键。加强北部湾旅游市场主体的培育，首先需要积极扩大招商引资，吸引国内外有实力的战略伙伴、大集团参与北部湾经济区的旅游开发与建设，形成互利共赢、共同做大市场的发展格局。其次要引导和鼓励本地有实力的国有、民营企业，按照市场经济规律，积极参与北部湾经济区旅游业开发建设，在集聚投资能力和加速旅游开发建设的同时，培育和壮大一批有实力的旅游企业。最后要积极促进中小旅游企业的发展，利用面多、量大的中小旅游企业，从不同角度来参与和推进北部湾旅游产业的建设和发展。

（二）社区居民参与机制

将社区因素考虑在内，建立北部湾地区旅游发展的社区居民参与机制，是实现北部湾旅游业可持续发展的必然要求。社区居民参与是体现社区居民意志的特殊机制，它包括旅游开发规划、旅游经营活动、环境保护以及社会文化保护等多个方面的内容。特别是在规划阶段，北部湾旅游可持续发展引入社区居民参与机制，可借鉴西方发达国家的旅游规划模式。在西方的旅游规划中，由于公众直接参与到规划中，规划已非规划师的特权，旅游规划也由过去单一的经济目标转变为社会经济、生态环境保护以及文化资源相融合的多元目标。社区参与规划的制订，一方面体现了社区居民的意志，有利于培养居民的自主意识，使其更积极主动地介入旅游开发中，同时，也使旅游规划及其实施过程更具有可操作性。

（三）生态恢复补偿机制

推进北部湾地区旅游生态环境的可持续发展，应建立生态恢复补偿机制。目前，北部湾地区的环境保护和生态建设，主要依靠国家和上级政府的财政转移支持和地方财政的配套，不仅面临着体制不灵活、标准确定困难、管理和运作成本高等问题，也使政府面临财政压力不断加大的困难，因此应积极推进环境保护和生态建设的市场化，建立生态建设补偿机制，加快北部湾地区的生态建设。建立市场化生态建设补偿机制：首先，在各类旅游项目建设规划中，应包括生态建设的具体措施，作为项目审批的先决条件，并预留生态建设专项基金，一般可以按企业年利润的3%留取，对项目开发占用森林、草地、滨海湿地等实行异地占补平衡。其次，借鉴大多数国家采用的新账旧账分别对待的原则，对于历史遗留的生态破坏问题，主要由政府负责治理，通过政府公共支付解决；对新产生的生态破坏问题，则由开发企业全面负责治理和恢复，并根据环保部门组织的环境评估，对其外部性影响进行赔偿，作为生态建设专项基金。最后，建立多样化的生态补偿方式，生态补偿可采取资金补偿、实物补偿、政策补偿、智力补偿，使所有为北部湾生态环境保护和生态建设作出贡献者，在生态破坏中遭受损害者都能获得相应的补偿。

（四）旅游管理综合协调机制

建立旅游综合协调机制就是要在我国现行行政管理体制的基础上，构建"国家、省、市、县"四级相互协调、相互联动的运行机制，对北部湾区域内旅游可持续发展的相关问题进行协商和决策。一是国家战略部署，由国家相关机构对北部湾的旅游资源可持续开发利用进行统一指挥，对北部湾旅游产业发展进行监督、管理和指导。二是省（区）合作，发挥北部湾各省区的优势与特色，共同编制规划，共同建设设施，共同创立品牌，共享有利资源，共同保护生态，共同发挥优势，共同投入资金，整体推进北部湾旅游合作发展。三是各市积极推动，开展城市的整体营销，树立形象，努力挖掘有价值的旅游线路，实现线路共享与线路对接，努力维护辖区内的环境建设与保护工作，并在资金、资源、人力资本等方面形成深层次合作的机制。四是各县注重实施，根据旅游资源开发与保护的相关规划要求，落实旅游政策，监管重大旅游项目和重点旅游产品的开发建设，加强市场监督，参与整体营销计划。

（五）旅游基础设施多样化融资机制

推进北部湾旅游业可持续发展，必须使旅游基础设施薄弱、投入不足的软肋获得实质突破，并拓展北部湾旅游基础设施的建设领域和范围。作为以政府为主导的北部湾经济区旅游产业的发展模式，应积极探索和引入适合北部湾旅游业发展的多渠道旅游基础设施融资机制，如 BOT 等，使非政府资金能够有效融入旅游基础设施建设，并获得合理回报。同时，北部湾旅游基础设施建设重点要解决旅游厕所、旅游道路、旅游停车场、游客服务中心和游客安全设施等瓶颈问题。交通部门要完善高速公路网，加快干线公路连接主要景区的公路建设，完善公路旅游标志系统，配套建设好沿线的休息、餐饮、购物服务区；充分考虑旅游需求，合理规划水路客运码头建设。民航要加快中西部支线机场建设。电信部门要确保各旅游区域及旅游交通沿线通信通畅。各地方应加强城市旅游集散中心建设，完善旅游区环境基础设施，因地制宜建设污水处理、垃圾收集处置设施。实施旅游厕所改扩建工程，重点加强农村和中西部地区旅游厕所建设。总之，在各类旅游设施建设过程中应采取多样化的融资渠道，增强基础设施完善的可行性，减轻政府财政负担。

（六）旅游服务优化联动机制

建立旅游服务优化联动机制，就要从多个行业整体提升和推进旅游服务质量。其中包括要适应大众化旅游快速发展的需要，增加旅游目的地与主要客源地间的航线航班、旅游列车，完善车票预售和异地购票办法，改善列车、车站服务设施。城市公交服务网络要延伸到周边主要景区和乡村旅游点。进一步完善散客和自驾车旅游服务体系，推动自驾车营地建设。商场、餐馆、博物馆、影剧院、文化娱乐场所、银行邮政服务网点在旅游旺季要适当延长营业时间。各类经营场所的公共厕所要对旅游者免费开放。鼓励旅游服务网点进社区、下乡村。进一步简化旅游出入境手续，在主要口岸增加对境外旅游者实行短期免签证或口岸签证，改善出入境服务。要切实加强旅游公共信息服务，旅游部门要加快建立健全旅游公共信息服务体系。

（七）旅游营销推广机制

建立旅游营销推广机制，就是要加强对国内旅游的宣传和推广，开展多种形式的旅游推广活动，推出各种优惠让利措施，增强北部湾旅游发展的影响力和吸引力。这需要加快创新旅游营销手段，积极利用互联网和现代信息技术，提高宣传推广的针对性和有效性。要针对法定长假及寒暑假等旅游高峰时段，加强旅游宣传推广。要加强统筹协调，充分发挥外宣、文化、广电、新闻出版等部门的优势和作用，形成合力，提高旅游宣传推广水平。要加大国际旅游市场的开发力度，推出形象更加鲜明、特色更加突出的旅游整体形象。充分利用大型国际活动和重要文化体育赛事，特别要充分利用上海世博会的有利时机，加快扩大北部湾的国际旅游市场份额。

（八）旅游目的地社会环境营造机制

旅游目的地社会环境是区域旅游业可持续发展的背景基础，是影响旅游者体验的首要因素。营造良好的旅游目的地社会环境需要从多个方面着手。在营造社会氛围方面，可通过区内各电视台、互联网站、报纸等开辟专栏、专题等形式，开展北部湾旅游可持续发展的社会宣传工程，培养居民对周边环境与游客的友好关系，打造具有较强国际包容性的国际性综合旅游目的地。在窗口行业建设方面，应按照国际标准，提升包括公共交通、零售、餐饮、住宿、文艺演出、医疗等行业在内各种配套服务功能，针对从业人员制订岗位培训计划，提高服务接待人员在英语以及东盟国家小语种方面的能力和素质，对导游、导购、解说以及翻译等行业应制定相应的规范服务标准。在安全环境建设方面，则要加强旅游安全工作，严厉打击各种危害旅游者人身以及财产安全的犯罪活动。旅游管理部门应对宾馆饭店的安全措施进行检查，加强对旅游景区安全隐患的排查，建立旅游应急联动中心，制定旅游安全预案。在精神文明建设方面，重点在于培养居民在待人接物、礼仪礼节方面的良好习惯，杜绝旅游地强买强卖、服务态度恶劣，向游客推销假冒伪劣旅游产品、刁难游客等不良社会行为。

二　打造北部湾旅游可持续发展的实施平台

（一）打造北部湾旅游资源战略储备平台

打造旅游资源战略储备平台，就是要根据旅游资源所依托的生态系统特征以及开发主体自身条件，鼓励将适宜开发的旅游资源进行充分的规划与科学的开发，同时将开发条件尚不成熟的旅游资源暂缓开发，作为旅游资源战略储备的一种全新的旅游可持续发展的管理系统和理念。

对北部湾地区打造旅游资源战略储备平台是为子孙后代保留可开发的旅游资源，避免低层次旅游产品"遍地开花"式开发，确保北部湾旅游发展实现"可持续性"的重要途径。学术界对于"可持续性"的理解各不相同，然而最为权威的解释当属联合国环境与发展委员会的"布伦特兰报告"中所作的解释。1987 年布伦特兰夫人担任主席的联合国世界环境与发展委员会以"我们共同的未来"为标题提出了一份研究报告。布伦兰特报告对"可持续性"作出的解释是"既满足当代人的需要，又不损害后代人满足其需要的能力"。因此，可持续发展思想强调的是代际公平分配，以使当代和未来人类的需要都能够有条件得到满足。然而，当前旅游资源开发往往形成了一种倾向，即为了吸引更多的旅游者，发展旅游业，人们以各种手段发掘各类旅游资源，甚至觉得旅游资源开发得越多、越快，利用率越高，旅游业发展得就越好。然而，之后的事实残酷地证明了一点：不少地方旅游资源的开发和利用陷入了一种误区，它们的旅游资源开发行为并没有像当初想象的那样，促进了旅游业的发展，反而是出现了不少问题甚至导致旅游业的衰退。其主要原因有两个方面，一是对旅游资源的开发定位起点过低，缺乏精品意识，粗放式无度的开发，透支了旅游产业的未来发展潜力。这种无秩序、无计划的"全面开花"宏观策略，造成一时间品位度低、同质性强的旅游产品恶性竞争，对于旅游资源将造成不可挽回的破坏。二是旅游开发的速度和强度超越了生态系统的可承受能力。可持续旅游发展的实质就是要求旅游与自然、文化和人类生产环境成为一个整体。自然、文化和人类生存环境之间的平衡关系使许多旅游目的地各具特色，特别是在那些小岛屿和环境敏感地区，旅游发展不能破坏这种脆弱的平衡关系。考虑到旅游对自然资源、生物多样性的影响以及消除这些影响的能力，旅游发展应一方面对开发主体自身条件作出科学的评估，提倡精品式生态式开发；另一方面，开发本身也当采取循序渐进的方式。

打造北部湾旅游资源战略储备平台，需要对北部湾地区的现实旅游资源和潜在旅游资源进行系统的调查、整理和选划，并对开发条件尚不成熟的潜在旅游资源，尤其是资源所依附的土地资源，作为一种重要的旅游资源战略储备，留待今后开发。这是实践旅游可持续发展理念的重要方式。

（二）打造北部湾旅游可持续发展信息平台

打造旅游可持续发展信息平台，实施旅游信息化提升工程，就是要完善旅游信息基础设施，以信息化推动北部湾旅游产业的跨越式发展，建立一个政府机构、旅游企业、行业协会和环境方面的非政府组织等共同参与的一个开放式的信息网络，大力发展电子商务，鼓励通过合作信息发布，实现常态化的信息发布，环境监督，科学研究，传播旅游和环境知识，转让旅游循环经济领域的可持续发展技术等等的功能和作用。

北部湾旅游可持续发展信息合作平台作为一个区域旅游开发信息高度集中的平台，集中多种社会主体对北部湾旅游产业可持续发展的智慧，是加强规划和实施过程中政府信息公开，增加透明度，接受群众与非政府组织监督的有力机制。在旅游目的地发展的规划阶段，以信息交流平台作为利益相关者信息沟通的常态渠道，使规划能够在保持可持续发展的目标前提下，兼顾多方面的诉求。没有规划或规划不善引起的利益冲突都必然导致对环境、资源和文化的破坏。按照可持续发展的思想对北部湾旅游业进行科学规划，可有效利用土地、资金等资源，使北部湾旅游业获得最大的经济利益和环境效益，使可能发生的环境或文化破坏降低到最小程度。在制订北部湾地区各种具体旅游规划时，一方面，应多从社会适应性和环境适应性来考虑，倾听多方面的意见，努力实现滨海旅游发展与环境保护的永久和谐。尤其是在新建滨海旅游景区（点）时，应首先规划生活污水、废弃物的处理方案，注意保护好区域内的地形、地貌和自然植被。另一方面，随着北部湾经济的发展，产业转移区域扩大，受各种条件的影响，区域内其他产业布局和分工规划日趋增多，应加强环评工作，建立规划环评的合理机制，并充分考虑对旅游资源的影响。例如产生大气污染物的产业和企业严禁布局在旅游区域的上风向，产生水体污染物的产业和企业严禁布局在水源地、流域以及对旅游休闲产业有影响的区域上游，等等。在旅游目的地的开发经营阶段，信息交流平台则是提供一种监督的机制。非政府组织、社会团体、个人均可以利用信息交流平台，质疑各种非可持续发展的现象和做法，形成舆论压力，促进政府加强监管职能，敦促旅游开发企业改进不当的行为。

同时，北部湾旅游可持续发展信息化建设应申请设法纳入国家科技计划，将北部湾作为我国旅游信息化建设试验区，加大支持力度，推动建设一批旅游信息化示范企业、示范景区和示范城市，鼓励旅游企业通过信息化提升经营管理服务水平。

第五节　完善北部湾旅游可持续发展的
法律与行业政策保障

进一步健全北部湾旅游可持续发展的相关法律制度，并加强相关的执法力度，是保障北部湾地区旅游可持续发展有法可依、有法必依的关键前提。相关法律法规的制定应以北部湾地区的自然、社会、经济等具体情况，对旅游企业从业者以及游客的行为进行规范，并通过科学、严谨的立法和严格执法，加强旅游经营者、当地居民以及游客的法律意识，保证旅游业的可持续发展。

一　北部湾旅游可持续发展的法律保障

（一）完善立法，制定《广西北部湾旅游条例》

在协调错综复杂的利益关系过程中，明确的法律是权衡是非曲直的主要依据，有法可依也是加强法制建设的前提。随着北部湾经济区的开发和旅游业的发展，在保持与国家的旅游行政法规以及其他相关法律不相抵触的情况下，应制定一系列针对北部湾地区旅游业可持续发展的地方性法规、规章。制定《广西北部湾旅游条例》，是针对北部湾旅游发展制定的地方性法律规章制度，符合北部湾经济区作为国家战略发展层面的地位。同时，它也有利于将北部湾旅游业发展多部门的协调机制纳入法律范畴，是确保北部湾地区旅游资源科学开发与旅游产业可持续发展的重要法律保障。

（二）加快旅游法规和标准化建设

要不断健全旅游业发展的法制环境，及时开展旅游业发展中新情况和新问题的法律研究，加快旅游市场监管、资源保护、从业规范等方面的专项法规制定工作，推进编制北部湾旅游发展促进条例、资源保护条例，出台《北部湾旅游项目管理办法》、《北部湾旅游规划管理办法》等地方法规。要把标准化作为提升旅游服务质量的重要手段，借鉴国际先进经验，拓宽旅游标准化领域，加快旅游新产品和新型服务方式、旅游节能环保、从业人员职业技术等级等方面的标准制定，建立健全各类旅游产品和服务标准体系。加强标准实施监督检查，利用市场的、经济的、行政的多种手段引导和推动旅游企业自觉运用标准改进服务。加强旅游标准化示范点建设，进一步健全旅游标准化组织协同机制、宣传推广机制和绩效评估机制。根据区域特点，编制《邮轮旅游标准》、《高尔夫旅游标准》、《自驾车服务区建设与经营标准》等地方标准。

（三）加强执法，保障旅游法规的有效实施

加强北部湾旅游发展的执法力度，全面、严格、公正地实施现有相关法律，将为旅游业可持续发展提供一个良好的法律环境。特别是旅游市场监管的执法方面，应完善监管机制，公安、工商、价格、卫生、质检、旅游等相关部门要加强联合执法，坚决整治旅游市场中损害游客利益的各种欺诈行为，切实规范旅游市场秩序。例如，通过实施旅游质量提升计划，完善旅游质量保障体系。同时，进一步强化规范旅游景区门票的管理，防止门票价格上涨过快。加强对互联网等利用电子商务平台进行自发组团、旅游俱乐部等新业态的引导管理，促进规范发展。通过健全旅游质量监管机构，加强旅游投诉处理，维护旅游者合法权益。着重加强旅游执法队伍建设，从人、财、物等方面给予保障，不断提高各级旅游执法部门的工作水平，维护旅游市场健康环境。

在旅游生态环境执法方面，一是应重视北部湾旅游区法律责任制，严格执行相关法规。如在旅游资源的开发过程中，对北部湾旅游资源不当开发或审批不当造成的不利后果，应予以调查问责。造成旅游资源严重破坏的，应通过法律途径依法追究责任人的行政、民事或者刑事责任。通过利用法律手段规范调整旅游资源的开发和利用过程中的行为，强调当事人的责任，可以使有限的旅游资源得到充分的保障。二是应建立健全旅游行政执法机构，加强旅游行政执法队伍建设，执法必严，违法必究，提高执法权威，切实发挥法律的调节和保障作用。

（四）加强诚信法规建设，促进旅游可持续发展

加强旅游诚信建设，制定地方性诚信法规，努力构建覆盖相关产业的旅游诚信体系，明晰旅游市场主体之间、旅游者与旅游企业之间法律责任，健全分工合作机制，使北部湾旅游可持续发展具备企业诚信的支撑。加强诚信建设，就需要广泛开展旅游诚信教育，开展旅游诚信创建活动。建立旅行社、旅游购物商店、旅游饭店等旅游企业的信用等级制度，制订旅游从业人员诚信服务准则，加强旅游信用管理。加强旅游行业协会等中介组织建设，发挥行业协会作用，完善行规行约，开展诚信监督，提升行业自律水平。充分利用广播、电视、报刊、网络等媒体，广泛开展社会监督，营造诚信氛围，引导旅游企业规范经营、从业人员诚信服务、旅游者理性消费、旅游市场规范有序，促进北部湾旅游业可持续健康发展。

（五）加强旅游安全法规建设，切实保障旅游安全

安全是旅游产业可持续发展的生命线，加强北部湾旅游安全法规建设，就是要从北部湾的实际出发，从地方性法规上明确加大安全投入，完善安全设施，落实安全制度，加强安全检查，消除安全隐患的制度。要强化责任意识，明确经营单位、主管部门、监督机构以及地方各级政府的责任，建立健全以游客安全为核心、地方政府总负责、经营单位直接负责、相关部门监督检查、旅游者自觉防范的旅游安全保障体系，严格执行安全事故报告制度和重大责任追究制度。应进一步完善旅游安全提示预警制度，推动建立旅游紧急救援体系，完善旅游应急处置机制，增强应急处理能力，使公安、消防、卫生、交通、质检、安监、旅游等部门能够通力联合运作，确保旅游者生命财产安全。

（六）扩大宣传，增强群众的旅游法律意识

在不断完善北部湾旅游发展法律制度，加强执法力度，切实保证北部湾旅游可持续发展的同时，还应深入加强宣传教育，唤起公众对北部湾旅游事业的支持和参与北部湾旅游开发的热情。充分利用电视、报纸、电台等各种宣传媒体，开展丰富多彩、生动活泼、深入浅出的宣传教育活动，并通过每年的中国—东盟博览会，广西北海国际海滩旅游文化节等一系列活动，推介北部湾旅游产品的同时，强化旅游可持续发展的法律意识。具体针对北部湾的不同城市，如北海、防城港等，可选择开展深入沿海乡镇走访宣讲、举办专题讲座、开展社会团体活动等活动，从而有利于在全社会普及旅游环保知识和相关法律，宣传可持续发展的新观点，宣传发展滨海旅游和实施海岸带管理的重要意义，增强公众的旅游可持续发展意识、滨海生态保护意识和旅游开发法制意识，唤起公众对北部湾事业的支持，形成公众主动参与北部湾旅游事业的良好社会氛围。

二　北部湾旅游可持续发展的行业政策保障

（一）增加对区域旅游行业投入的政策

加大国家对北部湾旅游的扶持力度，将北部湾作为国家重点发展的国际旅游度假区，需要在行业发展的投入上增加渠道和途径。政府应在中央预算内加大投资，重点支持旅游基础设施、精品景区和公共服务体系建设。将北部湾作为自驾车旅游、邮轮旅游、旅游节能减排、旅游循环经济、旅游信息化、旅游国际区域合作、旅游走出去等的创新试点，在国家技术改造专项资金、促进服务业发展专项资金、扶持中小企业发展专项资金及外贸发展基金中予以重点支持。各级政府要将支持旅游业发展纳入政府公共财政预算，加大对旅游基础设施建设的投入。建立旅游发展基金，并形成稳定增长机制，主要用于旅游规划、旅游行政执法、旅游形象宣传促销、旅游公共服务体系建设及日常运行、旅游教育培训等。

（二）加快完善行业发展的用地配套政策

用地难是目前旅游产业开发的直接瓶颈。为了使北部湾旅游产业的发展用地得到有效保障，对符合国家产业政策、就业容量大、生态效益好、对地方经济发展带动性强的重点旅游项目，应采取优先保障用地的策略，并将用地使用权出让年限由 40 年延长至 50 年。旅游项目开发要注意集约用地，支持利用荒地、荒坡、废弃矿山、垃圾场和可以开发利用的石漠化地域等开发旅游项目。对产业结构调整中的旅游项目，土地转让金可以给予适当优惠。

（三）加快旅游企业发展的扶持政策

支持旅游企业发展就需要努力为旅游企业创造公平竞争的环境。具体地说，应对宾馆饭店落实与一般工业企业同等的用水、用电、用气价格。排放污染物达到国家标准或地方标准并已进入城市污水处理管网的，缴纳污水处理费后，免征排污费。支持旅游企业实行合同能源管理和实施高效照明改造。按旅行社营业收入征收的各种费用，计征基数扣除各类代交服务费。允许旅行社承接行政机关和企事业单位旅行、商务、会议服务外包。旅游企业用于宣传促销的费用纳入企业经营成本；银行卡跨行交易费对各类旅游企业改按"一般类型商户"标准收取；对吸纳就业多的旅游企业给予支持政策。

旅游企业可享受中小企业的贷款优惠政策。对暂时经营困难的旅游企业，金融机构要加大信贷支持力度。完善旅游业投融资体系，加大政府投融资平台对旅游企业和旅游项目的担保力度。完善旅游业投融资体系，加大政府投融资平台对旅游企业和旅游项目的担保力度，适当放宽贷款抵押担保条件。允许旅游项目经营权、景区门票收入质押贷款。鼓励中小旅游企业和乡村旅游经营户以互助方式实现小额融资。积极鼓励符合条件的中小旅游企业在中小企业板和创业板上市，支持符合条件的旅游企业上市融资或发行企业债券、公司债券等。探索成立旅游消费金融服务公司。积极推进金融机构和旅游企业广泛合作，开发旅游保险、旅游消费卡等新兴金融服务产品，增强"银联卡"等金融产品的旅游、旅行服务功能。

参考文献

［1］朱晓华：《论中国旅游可持续发展战略选择与生态旅游的实施》，《地质技术经济管理》2003 年第 25 卷第 3 期。

［2］郑冬子：《旅游地理学》，华南理工大学出版社 2005 年版。

［3］李丽、范智军：《旅游学概论》，广东经济出版社 2007 年版，第 216—219 页。

［4］司金銮：《论可持续旅游产业的发展动力与战略管理》，《现代经济探讨》2001 年第 11 期。

［5］张瑛：《中国少数民族地区旅游公共管理研究》，中央民族大学出版社 2008 年版，第 330—338 页。

［6］赵金凌：《乐活旅游：探索旅游可持续发展的新战略》，《资源科学》2010 年第 32 卷第 1 期。

［7］王民：《小区域旅游可持续发展战略初探——以荣成市为例》，《人文地理》1997 年第 12 卷第 1 期。

［8］中国旅游业可持续发展研究组：《中国旅游业可持续发展研究》，河北科学技术出版社 1999 年版。

［9］严羨兰：《长江三峡区域旅游可持续发展战略研究》，硕士学位论文，湖北大学 2000 年版。

［10］史本林：《论区域旅游可持续发展战略》，《江西社会科学》2005 年第 1 期。

［11］邹晓明、熊国保：《对江西旅游可持续发展的战略思考》，《企业经济》2002 年第 11 期。

［12］李群、白滇生、邓艺：《云南旅游可持续发展的思路及战略重点探讨》，《区域经济与社会发展》2004 年第 12 期。

［13］张跃西：《浙江可持续旅游发展战略研究》，《中国人口·资源与环境》2002 年第 12 卷第 5 期。

［14］唐代剑、池静：《中国乡村旅游开发与管理》，浙江大学出版社 2005 年版。

［15］刘少英：《西部体育旅游产业开发的生态战略选择与可持续发展研究》，《中国体育科技》2005 年第 41 卷第 6 期。

［16］胡金鑫：《陕西省金丝大峡谷生态旅游发展战略研究》，硕士学位论文，西北农林科技大学 2007 年版。

［17］肖晓：《九寨沟旅游区旅游可持续发展战略及对策研究》，《软科学》2009 年第 23 卷第 5 期。

［18］姚丽芬、李庆辰：《河北省休闲旅游可持续发展战略研究》，《中国集体经济》2009 年第 9 期。

［19］何芸、吴长年、黄戟：《SWOT 量化分析古村落旅游可持续发展战略》，《四川环境》2009 年第 28 卷第 6 期。

［20］宋天华：《四川省体育旅游资源开发可持续发展战略研究》，《改革与战略》2010 年第 26 卷第 9 期。

［21］莫艳恺：《循环经济：欠发达地区乡村旅游可持续发展的战略选择》，《农业经济》2010 年第 1 期。

［22］郭英之：《中国旅游温点地区旅游市场营销的可持续发展战略研究——以平遥古城为例》，《人文地理》2003 年第 18 卷第 1 期。

［23］刘佳芳、刘纯：《景区规划与开发可持续发展的战略选择——以循环经济为视角》，《改革与战略》2010 年第 26 卷第 8 期。

［24］成伟光、陈建斌、邓保功：《广西旅游业的可持续发展初探》，《桂林旅游高等专科学校学报》1999 年第 9 卷第 3 期。

［25］梁涛：《浅论广西生态旅游业的发展》，《广西民族大学学报（哲学社会科学版）》2002 年第 11 期。

［26］陆元兆、朱小丽：《广西民族体育旅游开发与可持续发展》，《西安体育学院学报》2003 年第 20 卷第 3 期。

［27］谢雨萍、邓祝仁：《试论广西旅游市场促销策略的新选择》，《旅游学刊》2004 年第 19 卷第 2 期。

［28］［越南］陈廷武海：《中越边境旅游可持续发展——环北部湾地区边境旅游研究系列论文之三》，《西南民族大学学报（人文社科版）》2005 年第 1 期。

［29］李芳云、杨炎炎：《试论广西旅游业的可持续发展》，《经济与社会发展》2006 年第 4 卷第 8 期。

［30］南宁市地方税务局课题组：《促进广西旅游业可持续发展的税收政策研究》，《经济研究参考》2009 年第 71 期。

［31］陈文捷、阳国亮、温丽玲：《广西北部湾旅游可持续发展 SWOT 分析》，《东南亚纵横》2009 年第 11 期。

［32］周武生、李妍、陈文捷：《试论旅游业与工业化可持续发展的矛盾统一性——以广西北部湾经济区为例》，《商业时代》2010 年第 25 期。

［33］World Commission on Environment and Development；Wang Zhija & Ke Jinliang. Our Colnmon Future. 吉林人民出版社 1997 年版。

［34］孙发平、冀康平、张继宗：《循环经济理论与实践：以柴达木循环经济试验区为例》，青海人民出版社 2008 年版。

［35］王立红：《循环经济：可持续发展战略的实施途径》，中国环境科学出版社 2005 年版。

［36］吴季松：《循环经济：全面建设小康社会的必由之路》，北京出版社 2003 年版。

［37］赵涛、徐凤君：《循环经济概论》，天津大学出版社 2008 年版。

［38］洪阳、叶文虎：《可持续环境承载力的度量及其应用》，《中国人口·资源与环境》1998 年第 8 卷第 3 期。

［39］马爱锄：《西北开发资源环境承载力研究》，博士学位论文，西北农林科技大学 2003 年版。

［40］曹利军：《可持续发展评价理论与方法》，科学出版社 1999 年版。

［41］冯学钢、黄成林：《旅游地理学》，高等教育出版社 2006 年版。

［42］亚当·斯密：《国民财富的性质和原因的研究》，商务印书馆 1997 年版。

［43］李青松：《我国区域旅游合作理论与实践研究——以大三峡旅游圈为例》，硕士学位论文，重庆西南大学 2007 年版。

［44］陈才等：《蒙东地区与东北三省产业对接与跨区域合作研究》，东北师范大学出版社 2008 年版。

［45］吴国琴：《区域旅游合作的理论与实证研究——以中部六省为例》，硕士学位论文，华中师范大学 2006 年版。

［46］邹统钎：《区域旅游合作模式与机制研究》，南开大学出版社 2010 年版。

［47］崔功豪、魏清泉、刘科伟：《区域分析与区域规划》，高等教育出版社 2006 年版。

［48］冯云廷：《区域经济学》，东北财经大学出版社 2006 年版。

［49］赵桂慎：《生态经济学》，化学工业出版社 2009 年版。

［50］Wackernagel M, Onisto L, Bello P, et al. National natural captial accounting with the ecological footprint concept . Ecological Economics, 1999, 29 (3)：375—390.

［51］上海社会科学院生态经济与可持续发展研究中心：《上海可持续发展研究报告 2006—2007》，学林出版社 2007 年版。

［52］Wackernagel M, et al. Tracking the ecological overshoot of the human economy. PNAS, 2002, (14) .

［53］傅秀梅、王长云：《海洋生物资源保护与管理》，科学出版社 2008 年版。

［54］张友、肖红波、王龙：《岷江上游生态环境保护长效机制研究：基于"5·12"汶川地震灾后生态环境恢复与产业重构视角》，四川民族出版社 2009 年版。

［55］魏小安：《广西北部湾经济区旅游发展规划》，广西壮族自治区旅游局 2009 年版。

［56］课题组：《省域旅游产业实力综合评价理论及应用》，中国经济出版社 2006 年版。

［57］刘峰：《中国西部旅游发展战略研究》，中国旅游出版社 2001 年版。

［58］陈绍友：《区域可持续发展战略的内容体系及实施》，《地理教育》2006 年第 3 期。

［59］王琳：《滨海旅游业可持续发展问题透析》，《海洋开发与管理》2008 年第 25 卷第 2 期。

［60］郑海燕：《循环经济指导下的广东旅游业可持续发展研究》，《经济师》2010 年第 11 期。

［61］付兆坤：《浅谈旅游业的可持续发展战略》，《中国商贸》2010 年第 22 期。

［62］周武生：《泛北部湾旅游合作进程中的政府主导型战略研究》，《中国商贸》2010 年第 9 期。

［63］周武生：《广西滨海旅游经济效益分析》，《人民论坛》2010 年第 7 期。

［64］刘颂：《城市旅游可持续发展初探》，《地域研究与开发》1999 年第 18 卷第 4 期。

［65］朱海华、白仲安：《城市休闲与旅游的可持续发展》，《山西建筑》2008 年第 34 卷第 10 期。

［66］颜丽丽、朱海森：《促进我国城市旅游可持续发展的新思考》，《社会科学家》2004 年第 2 期。

［67］王良健：《旅游可持续发展评价指标体系及评价方法研究》，《旅游学刊》2001 年第 16 卷第 1 期。

［68］牛亚菲：《旅游业可持续发展的指标体系研究》，《中国人口·资源与环境》2002 年第 12 卷第 6 期。

［69］叶文虎、仝川：《联合国可持续发展指标体系述评》，《中国人口·资源与环境》1997 年第 3 期。

［70］程道品、何平、张合平：《国家生态旅游示范区评价指标体系的构建》，《中南林学院学报》2004 年第 24 卷第 2 期。

［71］曲福田：《可持续发展的理论与政策选择》，中国经济出版社2000年版。

［72］朱启贵：《国内外可持续发展指标体系评论》，《合肥联合大学学报》2000年第3期。

［73］周海林：《可持续发展评价指标（体系）及其确定方法的探讨》，《中国环境科学学报》1999年第4期。

［74］李天元：《中国旅游可持续发展研究》，南开大学出版社2004年版。

［75］于玲：《自然保护区生态旅游可持续性评价指标体系研究》，博士学位论文，北京林业大学2006年版。

［76］明庆忠、李庆雷：《旅游循环经济发展研究》，人民出版社2007年版。

［77］明庆忠、李庆雷：《发展旅游循环经济的科技支撑研究》，科学出版社2008年版。

［78］崔兆杰、张凯：《循环经济理论与方法》，科学出版社2008年版。

［79］广西壮族自治区旅游局：《北部湾旅游发展规划》，2008年。

［80］张祎、黄永忠：《北部湾区域旅游资源整合研究》，《沿海企业与科技》2008年第2期。

［81］吴必虎：《区域旅游规划原理》，中国旅游出版社2001年版。

［82］马勇、李玺：《旅游规划与开发》，高等教育出版社2002年版。

［83］朱文伟：《自然保护地旅游资源管理模式研究》，硕士学位论文，西南林学院2007年版。

［84］陈洁：《武陵源风景名胜区生态自然保护研究》，硕士学位论文，中南林业科技大学2006年版。

［85］李莉：《广西北部湾经济区旅游域群研究》，硕士学位论文，桂林工学院2008年版。

［86］王尔康：《生态旅游与环境保护》，《旅游学刊》1998年第2期。

［87］魏小安、韩健民：《旅游强国之路：中国旅游产业政策体系研究》，中国旅游出版社 2003 年版。

［88］郑荣富：《促进区域旅游与合作加速发展福建旅游业》，《旅游学刊》1997 年第 5 期。

［89］张广瑞、魏小安：《2003—2005 年中国旅游发展——分析与预测》，社会科学文献出版社 2005 年版。

［90］薛莹：《对区域旅游合作研究中几个基本问题的认识》，《桂林旅游高等专科学校学报》2001 年第 12 期。

［91］马晓京：《民族旅游保护性开发的新思路》，《贵州民族研究》2002 年第 22 卷第 2 期。

［92］卞显红、王苏洁：《长江三角洲城市旅游空间一体化分析及其联合发展战略》，经济科学出版社 2006 年版。

［93］卞显红：《城市旅游空间分析及其发展透视》，中国物资出版社 2005 年版。

［94］翁瑾、杨开忠：《旅游空间结构的理论与应用》，新华出版社 2005 年版。

［95］颜敏：《江苏省旅游空间结构与区域旅游发展》，硕士学位论文，南京师范大学 2004 年版。

［96］陈志军：《江西省旅游空间结构优化研究》，硕士学位论文，南昌大学 2007 年版。

［97］周恺、王丽、汪德根：《黄山市旅游空间发展战略研究》，《资源开发与市场》2009 年第 25 卷第 3 期。

［98］张立明：《湖北区域旅游空间发展模式与战略布局》，《资源开发与市场》2005 年第 21 卷第 5 期。

［99］李莉：《广西北部湾经济区旅游域群开发研究》，《创新》2008 年第 12 卷第 6 期。

［100］阳国亮、李莉：《导入 CIS 战略塑造广西北部湾经济区旅游形象》，《广西大学学报（哲学社会科学版）》2009 年第 31 卷第 2 期。

［101］王祖正：《旅游系统的空间分层拓扑结构研究》，《人文地理》2007 年第 5 期。

北部湾旅游可持续发展战略研究

［102］陆大道：《关于"点—轴"空间结构系统的形成机理分析》，《地理科学》2002 年第 22 卷第 1 期。

［103］曾慧娟：《基于点—轴系统理论的闽西南四市旅游合作开发研究》，《龙岩学院学报》2008 年第 26 卷第 5 期。

［104］寇晓东、杨养锋、郭鹏：《基于"点—轴系统"理论的西安地区空间关系定位》，《西安电子科技大学学报（社会科学版)》2005 年第 15 卷第 3 期。

［105］石培基、李国柱：《点—轴系统理论在我国西北地区旅游开发中的运用》，《地理与地理信息科学》2003 年第 19 卷第 5 期。

［106］杨永德：《泛北部湾旅游合作的探讨》，《东南亚纵横》2008 年第 10 期。

［107］闭煜超：《北部湾（广西）经济区"4＋2"城市旅游合作的探讨》，《现代商场》2009 年第 3 期。

［108］王雪芳：《区域旅游合作理论对广西北部湾旅游合作发展的启示》，《东南亚纵横》2008 年第 8 期。

［109］周英虎：《泛北部湾合作有关问题研究》，《广西财经学院学报》2007 年第 10 期。

［110］范恒君：《加快推进北部湾旅游合作的几点建议》，《企业科技与发展》2008 年第 8 期。

［111］陈武：《泛北部湾区域合作发展的对策研究》，《国家行政学院学报》2007 年第 15 期。

［112］刘又堂：《泛北部湾区域旅游合作战略研究》，《企业经济》2009 年第 6 期。

［113］梁继超、阳国亮、罗霁：《泛北部湾旅游合作的整体战略构想》，《广西经济干部管理学院》2008 年第 1 期。

［114］李世泽：《泛珠三角与泛北部湾的合作对接》，《广西经济管理干部学院学报》2007 年第 7 期。

［115］黄素心、王春雷：《环北部湾旅游合作中的防城港旅游开发研究》，《特区经济》2009 年第 1 期。

［116］唐茸：《深化闽台旅游合作的思考》，《黑龙江对外贸易》

2009 年第 7 期。

[117] 刘金峰、高晓东、覃春益：《北部湾（广西）经济区发展循环经济的研究》，《甘肃科技》2009 年第 1 期。

[118] 黄振庆：《审核北部湾（广西）经济区的竞争与合作关系研究》，《世界地理研究》2007 年第 3 期。

[119] 刘浪浪：《泛珠三角区域旅游合作中政府的制度》，《企业家天地》2008 年第 1 期。

[120] 韦红萍：《广西参与"泛珠三角"区域旅游合作研究》，硕士学位论文，中央民族大学 2007 年版。

[121] 陈武：《泛北部湾区域合作发展的对策研究》，《国家行政学院学报》2007 年第 5 期。

[122] 周玉明：《广西在多边区域经济合作中的轮轴作用》，《广西社会科学》2007 年第 9 期。

[123] 中共广西壮族自治区委员会宣传部，北部湾（广西）经济区规划建设管理委员会办公室：《风生水起北部湾》，广西师范大学出版社 2007 年版。

[124] 曹伯纯：《加快北部湾（广西）经济区开放开发的重大意义及主要任务》，《当代广西》2006 年第 10 期。

[125] 陈佳贵：《北部湾（广西）经济区将成为我国新的经济增长极》，《当代广西》2006 年第 12 期。

[126] 黄选高：《环北部湾战略与广西发展研究》，《改革与战略》2004 年第 12 期。

[127] 黎鹏：《区域经济协同发展研究》，经济管理出版社 2003 年版。

[128] 张培刚：《农业与工业化》，华中工学院出版社 1998 年版。

[129] 张培刚：《张培刚选集》，山西人民出版社 1997 年版。

[130] 郝寿义、安虎森：《区域经济学》，经济科学出版社 2004 年版。

[131] 李晓君：《试论我国加快发展服务业与促进新型工业化的关系》，《商场现代化》2006 年第 26 期。

［132］刘志彪：《发展现代生产者服务业与调整优化制造业结构》，《南京大学学报（哲学·人文科学·社会科学）》2006 年第 5 期。

［133］严先溥：《产业结构升级亟待服务业的快速发展》，《金融与经济》2005 年第 3 期。

［134］王海正：《中国内生性新型工业化发展道路初探》，《宏观经济研究》2008 年第 1 期。

［135］张凤琦：《重工业优先发展的战略选择及其引申》，《改革》2007 年第 3 期。

［136］张莉莉、熊远光：《广西北部湾经济区工业发展现状及问题研究》，《今日南国》2009 年第 4 期。

［137］Battle. Inter Sartorial Growth Linkages in India：Implications for Policy and Liberalized Reforms，2003.

［138］刘云、甘开鹏：《国际公约与可持续旅游发展研究——兼论我国可持续旅游发展之路径》，《经济问题探索》2010 年第 1 期。

［139］贾晔：《广西建设沿海发展新一极的思考》，《桂海论丛》2010 年第 4 期。

［140］李娟：《鄂西地区旅游可持续发展研究》，硕士学位论文，中南民族大学 2009 年版。

［141］黄耀东：《如何在开放开发中保护北部湾的生态环境》，《经济与社会发展》2008 年第 6 卷第 12 期。

［142］陶晓燕：《海滨旅游城市可持续发展研究》，博士学位论文，河海大学 2006 年版。

［143］宋昭辉：《从渤海湾污染谈北部湾的环境保护》，《东南亚纵横》2007 年第 4 期。

［144］熊清华：《休闲度假旅游是新时期旅游发展的主旋律——以云南省保山市为研究个案》，《学术探索》2007 年第 2 期。

［145］冯振伟：《论我国金融企业风险管理模式》，《大众商务（投资版）》2009 年第 5 期。

［146］陈鑫峰、王剑波：《生态旅游与森林公园中开展生态旅游实

践的探讨》,《世界林业研究》2001年第14卷第4期。

[147] 王利华:《滨海旅游地的开发与保护研究》,硕士学位论文,河北师范大学2007年版。

后　记

　　本书是在 2008 年国家社会科学课题的基础上充实和完善后而成的，该书得到了广西大学 211 工程项目的资助而出版的。

　　在研究过程中既有遇到了困难的迷惑，也有成功的喜悦，对于这么一个大的课题感到心理压力很大，以至于觉得自己没有能力胜任和完成，经常焦虑万分，在许多良师益友的指导和帮助下总算顺利完成了。

　　我要感谢广西大学前党委书记阳国亮教授，他有十分繁忙的政务活动和教学科研任务，在百忙之中，他自始至终鼓励我、鞭策我，给予我无微不至的关怀和帮助。他严谨的治学态度、广博的专业知识、高尚的人格风范，以及宽厚、谦逊、儒雅之风深深地影响着我、感染着我、激励着我。

　　感谢课题组所有成员的辛勤劳动，在研究过程中，王宝荣教授、杨永德教授对研究发表了许多真知灼见，特别是周武生老师反复思考、推敲，提出许多中肯意见，课题组成员还帮助收集、整理许多重要的中外文资料，在此深表感谢！

　　在写作过程中，广西壮族自治区旅游局、南宁市旅游局、北海市旅游局、防城港旅游局等部门、机构给予了大力支持和帮助，使我能方便地查询相关数据资料，并使这项研究工作得以顺利完成，在此表示感谢！

　　我还要感谢我的家人给予我大力的支持和理解，特别是我的儿子面临初三中考，为了能减轻我的负担，主动提出晚上在学校就餐和晚自习，使我坚定信心，支持我渡过一个又一个的难关。

由于本人的水平有限，本书难免存在差错，还有些地方需待进行修改与补充，真切希望读者对本书提出意见及建议，使之更趋于完善。

陈文捷

2011 年 4 月 8 日于广西大学

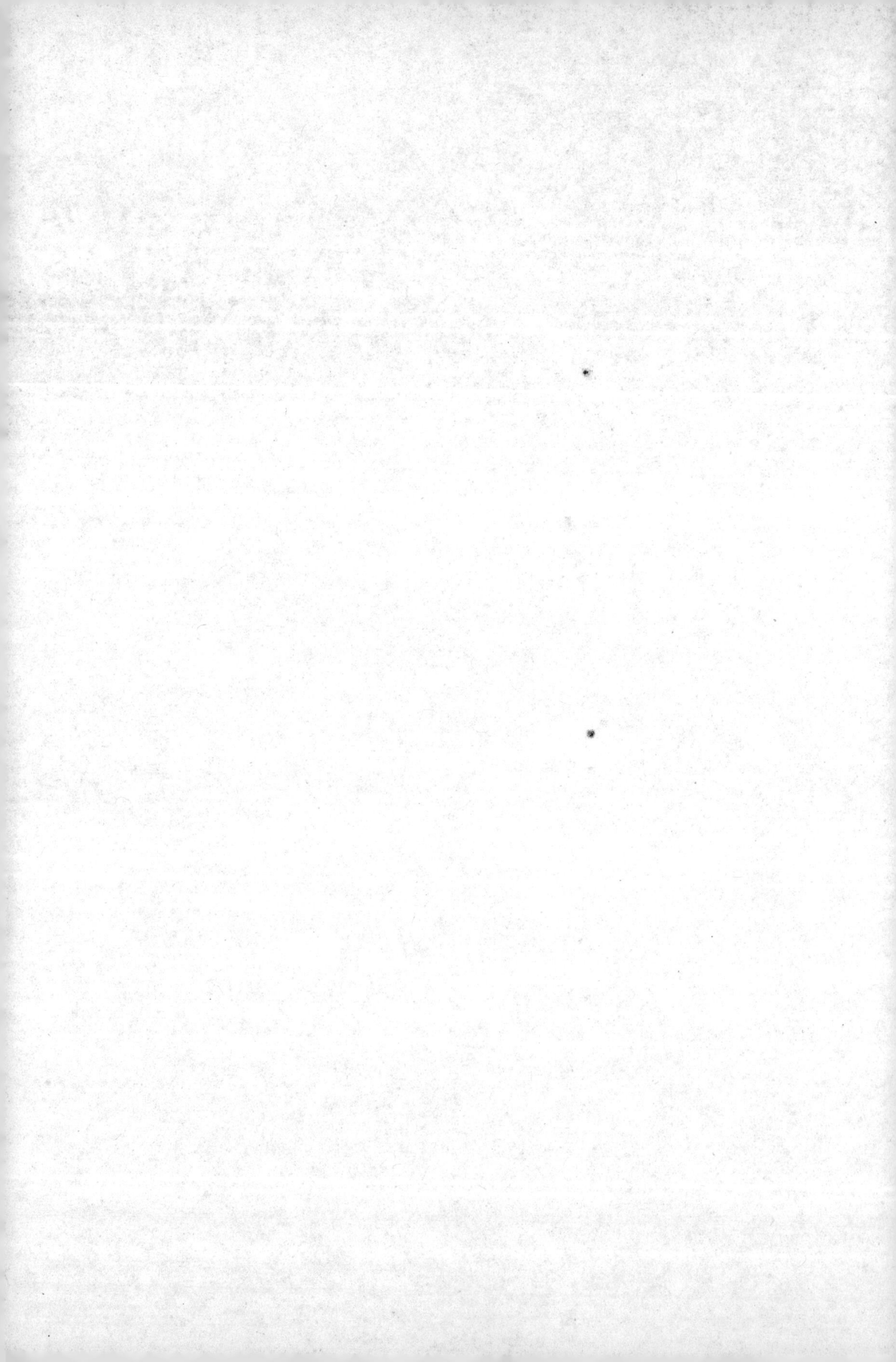